国有大型企业校园招聘应试指南

万学教育科技
企业招聘考试研究院 编

中国石化出版社

内 容 简 介

《国有大型企业校园招聘应试指南》介绍大型国企统一招聘笔试的流程、形式及内容，重点讲解“通用职业能力测试”，以及国企通用的招聘笔试题型及相关的解析。包括“通用就业能力测试”四大基本模块：言语理解、数量关系、判断推理、资料分析；四大模块近200种题型，涵盖了近年各单位考试的多种常见、重点题型，并且根据题型提供了详尽的解题方案，每种题型讲解后均提供了还原真题。本书适用考试有：中国石化校园招聘考试、中国银行校园招聘考试、中国工商银行校园招聘考试、交通银行校园招聘考试、中国建设银行校园招聘考试、中国农业银行校园招聘考试、国家电网校园招聘考试、国家公务员招录考试、地方公务员招录考试。适合作为高校应届毕业生参加国有大型企业校园招聘考试的参考书。

图书在版编目(CIP)数据

国有大型企业校园招聘应试指南／万学教育科技，企业招聘考试研究院编．—北京：中国石化出版社，2016.9
ISBN 978-7-5114-4267-3

Ⅰ.①国… Ⅱ.①万… ②企… Ⅲ.①职业选择-基本知识 Ⅳ.①C913.2

中国版本图书馆CIP数据核字(2016)第216870号

中国石化出版社出版发行
地址：北京市东城区安定门外大街58号
邮编：100011　电话：(010)84271850
读者服务部电话：(010)84289974
http://www.sinopec-press.com
E-mail:press@sinopec.com
北京富泰印刷有限责任公司印刷
全国各地新华书店经销
*
710×1000毫米 16开本 16.25印张 299千字
2016年9月第1版　2016年9月第1次印刷
定价：49.00元

《国有大型企业校园招聘应试指南》
编　委　会

主　编： 张　强（万学教育科技集团）

副主编： 李印福（辽宁石油化工大学）
张　磊（西南石油大学）
刘跃文（中国石化出版社）
李　达（万学教育金路公务员考试中心）
戈红日（万学教育金路公务员考试中心）

编　委： 曾　劲（中国中化集团公司）
牛　晋（万瑞腾达投资基金管理公司）
范德录（万学教育职业发展中心）
魏仲凯（万学教育职业发展中心）
李晓东（企业招聘考试研究院）
王　元（企业招聘考试研究院）

前 言 Preface

据不完全统计，2016 年全国高校毕业生超过 770 万，加上出国留学回来的约 30 万海归，以及没找到工作的往届毕业生，今年全国将有超过 1000 万大学生同时竞争工作岗位。

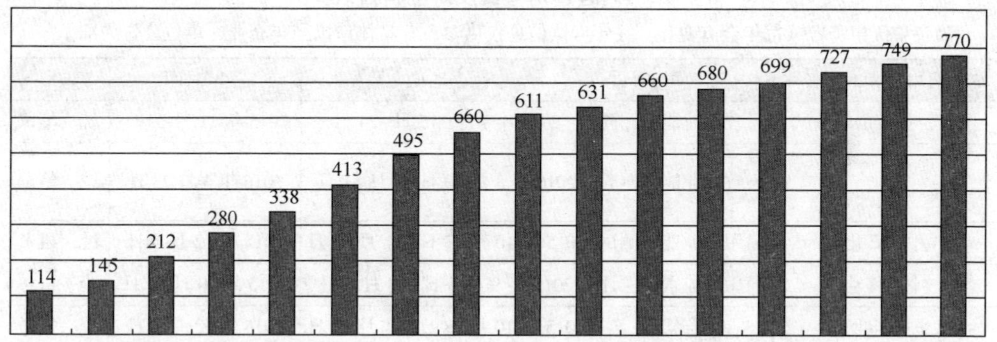

根据一份大学生就业调查报告显示：2015 年大学生毕业后所做出的职业选择中，国有企业和政府部门占 64%，民营企业占 9%，外贸企业占 18%，9%会选择自主创业。

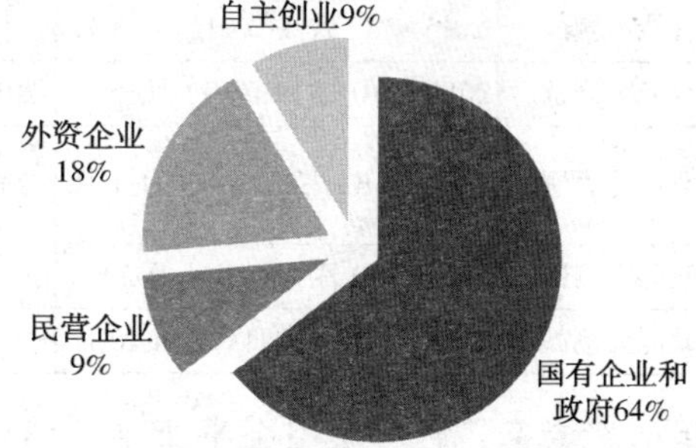

对于应届毕业生来说，毕业求职似乎是残酷的竞争，如不能尽快找到最好的岗位，就等于将更好的机会留给其他竞争对手，所以越来越多学生在大三、大四就开始准备未来的求职考试，参加各种实习集训等活动以提升自己。

想进入倍受欢迎的国有企业或政府部门，第一关就是要参加笔试考试。我国最大规模、最结构化、正规化的求职选拔考试就是“中央机关及其直属机构公务员录用考试”，简称“国家公务员考试”或“国考”。国考采用全国统一笔试考试，考试形式和大纲已多年稳定不变，是一套成熟的人力资源选拔测评考试体系。近年来，越来越多的大型国有企业校园招聘也相继采取了全国统一考试初选的方式，并采用了同一套科学的职业能力测试体系，这套测试体系在“国考”中称作“行政职业能力测验”，在各大国企的统一初选考试中叫做“职业能力测试”或“综合能力测试”或者“通用就业素质能力测试”等，无论叫什么，都是以言语理解、数学(数字)运算、判断(逻辑)推理、资料分析这几项素质能力测评为核心的测评体系，本书统称“通用职业能力测试”。

本书内容适用考试及对应科目表

因各单位招聘考试每年会有变化，往年考试信息仅供参考，具体请以当年企业、单位公告为准。

本书适用招考单位名称	本书对应考试科目	报名时间	考试时间	考试形式
国家公务员招录考试	行政职业能力测验	2015年10月15日-24日	2015年11月29日	统一笔试
地方公务员招录考试(联考)	行政职业能力测验	2016年3月10日-4月11日	2016年4月23日	统一笔试
中国石化	通用就业能力测试	2015年10月27日-11月20日	2015年12月5日	统一机考
中国移动	通用就业素质测评	2015年9月8日-10月8日	2015年10月31日	统一机考
国家电网	综合知识	2015年10月28日-11月22日	2015年12月6日	统一机考
中国银行	综合能力测试	2015年10月10日-11月5日	2015年11月15日	统一机考
中国农业银行	综合能力测试	2015年9月14日-10月23日	2015年11月15日	统一机考
中国工商银行	综合能力测试	2015年9月19日-10月18日	2015年11月14日	统一机考
中国建设银行	综合能力测试	2015年10月22日-11月17日	2015年12月8日	统一机考
交通银行	综合能力测试	2015年9月21日-10月23日	2015年11月7日	统一机考
中国邮政	综合能力测试	2015年12月1日-12月28日	子、分公司自行组织	
中国五矿	综合能力测试	2015年10月19日-11月15日	2015年11月21日	
国家烟草专卖局、中国烟草总公司	行政职业能力测试	2015年10月23日-11月1日	2015年12月5日	
中国联通	行政能力测试	2015年10月15日-11月30日	子、分公司自行组织	
中国电信	行政能力测试	2015年9月30日-12月10日	子、分公司自行组织	

本书汇集18位考试研究专家，针对大型企事业单位招聘考试，筛选83套历年真题，甄选出覆盖全面的通用题型库，深入浅出讲解“通用职业能力测试”的所有常考题型、重点题型。由于篇幅限制，需要更多题目训练的考生，建议选择本书的线上辅导系统(详见封底)，来补充学习，可获得更好的学习效果！

目 录 Contents

第一部分 大型国企校园招聘流程

一、大型国企校园招聘流程概述

目前我国大型国企的校园招聘，主要流程可以分为以下 5 个步骤：

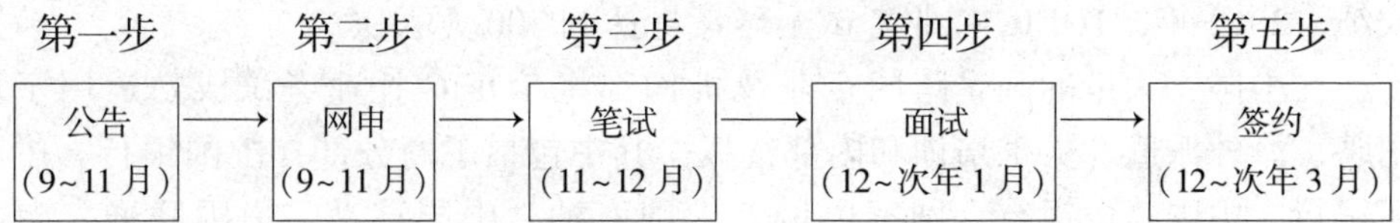

（一）公告

每年秋季，各大国企的校园招聘公告都会在其官方网站公布，通常会在 9~11 月期间发布，例如中国银行通常于 10 月 10 日在官网发布公告，流程最快的企业当年就可以签约。

（二）网申

通过网络申请职位，企业在官网设置招聘入口，网上接受求职者的申请信息，并加以审核，申请者通过审核后即可参加笔试。求职者应先在官方网站注册个人细信息，填写简历，并确保信息的真实有效性，例如专业名称，错一个字都可能导致应聘失败；上传所需证明如成绩单、英语四级证书、获奖证书等；根据单位公布的岗位进行职位选填，请认真阅读相关说明，有的单位允许一人申请多个岗位，根据笔试成绩择优面试。

（三）笔试

对于校园招聘，大型国企的笔试几乎都采用了统一笔试，多数委托给第三方，如全美在线公司（ATA），它可以通过遍布全国的计算机考试网点，提供大型统一考试，并提供成熟专业的考试方案，比如：

EPI（Employability Profile Inventory）通用就业素质测评，是一种针对应聘者应

具备的基本就业素质进行综合考核的能力测试产品，EPI 测试结果能够有效地反映应聘者的基本工作能力状况，进而预测其未来顺利完成工作的可能性。

Saville Consulting Wave(个性和职场行为风格测评)是由世界著名的测评内容提供商 Saville Consulting UK Ltd. 研发的个性测评产品，可全面评估个体在性格、才能、动机、胜任力特征和企业文化及环境适应五个方面的特征和倾向，从而预测个体的职场行为风格。

TOEIC 托业考试(Test of English for International Communication)是由美国教育考试服务中心(ETS)开发的、专门针对在国际工作环境中使用英语交流的人们的英语能力的测评标准和考试。如今，TOEIC 托业考试是全球最大的商务及职业英语考试，150 个国家和地区约 14000 家企业、机构、政府和大学承认并使用托业成绩。2012 年，TOEIC 托业考试全球考量达到 700 万人次。

在中国，大量的国企跨国企业及机构都将 TOEIC 托业考试成熟运用于员工招聘、海外派遣、员工培训和内部选拔，其中包括了商务部、中国银行、中国工商银行、中国建设银行、国家电网、中国海油、中国移动、中国联通、南方航空、海南航空、IBM、宝洁、一汽集团、上海大众、沃尔沃、福特、施耐德、玛氏、三星、LG、现代、佳能、松下、联想、华为等。

(四) 面试

笔试成绩公布后，会根据比例公布面试名单通知面试时间和地点。通常面试工作由各用人单位自行组织，形式包括但不限于结构化面试、半结构化面试、无领导小组面试、自由演讲问答等形式，内容根据不同岗位，通常有专业面试和综合面试，也有两者组合的情况。根据各项得分取不同权重进行量化对比评分。最终根据笔试面试表现综合选拔出最合适的人选。

(五) 签约

面试通过后，会通知签约，有单位还要公示拟录用人员名单。应聘者需要准备所有证明的材料，去用人单位报到签约。至此恭喜你已经被录用了。

二、大型国企校园招聘经验分享

下面以“中国石油化工集团公司 2016 校园招聘”为例看一下大型国企招聘的具体细节：

(一) 中国石化 2016 年度毕业生招聘流程

正规的大型招聘考试会发布招聘公告，到每年公告发布附近日期，请频繁关

注官网及新闻，以便及时了解公考信息。公告中会介绍本次招聘的所有流程，和部分细节，必须认真查看。

标题：中国石化 2016 年度毕业生招聘公告

2015 年 10 月 27 日中国石化官网发布

中国石油化工集团公司（简称中国石化）是我国特大型石油石化企业集团，公司主营业务涵盖油气勘探开发、炼油生产经营、化工生产经营、产品营销与服务、石油和炼化工程服务、新能源开发利用、国际贸易等，在 2015 年《财富》世界 500 强企业中排名第 2 位。一流企业需要一流人才，一流人才成就一流企业。真诚欢迎优秀毕业生加盟中国石化，共创美好未来！

一、招聘基本条件

国内普通高等院校统招统分应届毕业生，或具有教育部留学服务中心派遣资格的国（境）外留学回国（境）人员；遵纪守法、品行端正、团结协作，热爱石油石化事业；身体健康，能适应招聘单位岗位工作需要。具体招聘岗位及招聘条件，请登陆中国石化人才招聘网站（http：//job. sinopec. com）查询各单位招聘信息。

二、招聘程序

（一）网上报名

（1）采用网上报名方式，不接受其他方式报名。

（2）请应聘毕业生登陆中国石化人才招聘网站（以下简称招聘网站）注册，在线填写简历，上传学习成绩单、外语成绩证明、获奖证书等附件，申请应聘岗位。每名毕业生最多可应聘两个岗位（可为同一单位或不同单位），岗位应聘申请一经提交，将无法修改，请慎重考虑后选择。

（3）报名时间为 2015 年 10 月 27 日 00：00~11 月 20 日 17：00。

（二）资格审查

（1）2015 年 10 月 27 日 ~11 月 25 日，招聘单位对照招聘公告中的招聘基本条件和招聘信息中的岗位招聘条件，对应聘毕业生的毕业时间、所学专业、学历（学位）等进行资格审查。学历按应聘毕业生填报的最高学历认定。所学专业按应聘毕业生最高学历对应的所学专业认定，辅修双学位的按主修专业认定。

（2）招聘单位对照应聘毕业生上传的本人学习成绩单、外语成绩证明等附件，对应聘毕业生的院校、专业、外语成绩、主要课程等信息进行查证。相关信息与注册简历中填报信息不一致的，以上传附件为准。

（3）符合招聘条件的毕业生给予资格审查通过。不符合招聘条件、主要材料不全或主要信息不实的应聘毕业生，资格审查不予通过，招聘单位通过招聘网站发送“站内消息”告知。毕业生可通过招聘网站“个人信息”栏中“我的应聘信息”查询资格审查结果。

（三）统一初选考试

（1）资格审查通过的应聘毕业生参加统一初选考试。

（2）中国石化委托第三方考试机构组织实施统一初选考试。第三方考试机构全程负责考场准备、考试通知、准考证生成、试卷命制、监考组织、判卷评分等全部考务工作。统一初选考试时间为2015年12月5日下午14：00，考试时间、内容方式、注意事项等具体安排另行公告。

（3）招聘单位根据参加统一初选考试应聘毕业生的成绩，按最高不超过8：1、最低不低于3：1的比例（考试人数少于发布招聘需求人数3倍的按实际人数），分招聘岗位择优确定测试面试人选，并在招聘网站公布测试面试人员名单。统一初选考试成绩不带入测试面试。

（四）测试面试

（1）测试面试由招聘单位组织实施。招聘单位通过招聘网站“站内消息”发送测试面试通知，请参加测试面试人员在规定时间内通过招聘网站“个人信息”栏中“站内消息”进行测试面试确认。逾期未确认，视为自动放弃测试面试。

（2）参加测试面试时，须携带本人身份证、学生证、就业推荐表、学习成绩单、外语成绩证明等证书证明材料的原件和复印件，以及从招聘网站下载打印的《应聘中国石化毕业生基本信息表》。主要材料不全、主要信息不实，取消应聘资格。

（3）测试面试主要包括专业测试和综合素质面试，招聘单位根据招聘岗位特点和实际需要，确定测试面试的考核维度、计分规则等。同一招聘岗位执行同一测试面试标准。

（4）招聘单位根据测试面试成绩，分招聘岗位择优提出拟录用人选和递补人选，递补顺序按测试面试成绩从高到低确定。

（五）人选公示

招聘单位拟录用人选和递补人选经本单位领导班子审定后，在招聘网站进行公示，公示期为7天。公示期满，对反映有严重问题并查有实据的，取消录用资格。

（六）签约录用

（1）公示无异议人选由招聘单位与毕业生签订就业协议。拟录用人选未在规定时限内完成签约的，视为自动放弃。拟录用人选放弃签约或未在规定时限内完成签约，出现空缺时，按递补人选顺序依次递补。

(2) 请签约毕业生按规定时间到招聘单位办理报到手续，逾期未报到视为自动放弃录用资格。招聘单位对报到毕业生的毕业证、学位证(国(境)外学历学位认证证书)、就业报到证、外语水平成绩证明等相关材料进行查验，材料不全、不实的，取消录用资格。

三、优才引进

连续两年获得过国家奖学金，或获得过全国石油工程设计大赛、全国化工设计竞赛、全国大学生机械创新设计竞赛、全国大学生结构设计竞赛、“挑战杯”全国大学生课外学术科技作品竞赛、全国(或美国)大学生(研究生)数学建模竞赛一等奖及以上奖项的应聘毕业生，经资格审查，符合优才岗位招聘条件的，纳入优才引进范围。招聘单位根据实际需要，明确优才引进的岗位和具体招聘条件，符合岗位优才引进条件的，免予参加统一初选考试，经招聘单位综合考评，择优确定为拟录用人选，并在招聘网站另行公示。申请应聘优才岗位的毕业生，须在注册简历同时，上传相应获奖证书证明附件。

四、特长生引进

为促进企业文化建设，传播健康向上的正能量，根据招聘单位需要，引进个别在体育、艺术等方面有突出特长的主体专业和通用专业毕业生。获得国家二级运动员及以上证书，且在全国大学生综合运动会或单项比赛取得优异成绩的毕业生；取得全国社会艺术水平考级最高等级证书，且在涉及范围较广、影响较大的文艺汇演或比赛中取得优异成绩的毕业生，可对照特长生招聘岗位条件申请应聘。经资格审查，符合岗位招聘条件的，免于参加统一初选考试，经招聘单位综合考评，择优确定为拟录用人选，和其他拟录用人选一并公示。申请应聘特长生岗位的毕业生，须在注册简历同时，上传运动员证书、艺术水平考级证书、获奖证书等附件。

五、其他事项

(1) 通过中国石化人才招聘网站(http：//job. sinopec. com)应聘，是中国石化毕业生招聘唯一渠道，没有其他任何招聘方式和途径。

(2) 中国石化各招聘单位不以任何形式收取应聘毕业生报名费、考试测试费、保证金等。

六、监督

(1) 中国石化集团公司成立监督小组，对重点关键环节进行监督。各招聘单位纪检监察部门参与毕业生招聘工作，对招聘过程进行监督。

(2) 集团公司监督邮箱为 job@ sinopec. com，各招聘单位也将公布举报邮箱或电话。欢迎广大毕业生和社会各界监督。

（二）中国石化 2016 年度毕业生招聘统一初选考试内容与形式

中国石化年度毕业生招聘分为笔试和面试，针对笔试这部分的内容、考试形式，官方也给出了具体的公告。这部分公告说明了考试的细节，也是所有参加初选考试的人必须要提前了解的，注意这份公告的发布时间：2015 年 12 月 1 日 09：40。

中国石化 2016 年度毕业生招聘统一初选考试公告

按照《中国石化 2016 年度毕业生招聘公告》公布的招聘程序，毕业生招聘统一初选考试将于 2015 年 12 月 5 日进行。本次考试委托第三方考试机构 ATA 公司（全美在线（北京）教育科技股份有限公司，http：//www. ata. net. cn）组织实施。××大学为考点之一。现将有关事项公告如下：

一、参加考试人员

各招聘单位根据招聘条件，对应聘毕业生进行资格审查，审查通过的由考试机构通知参加考试。

二、考试时间和地点

（一）考试时间：2015 年 12 月 5 日 14：00-15：30。

（二）考试地点：××大学××校区综合实验中心（我校只能容纳部分考生，考生的考试点由考试机构根据毕业生所选城市统一安排，具体考试地点以本人准考证为准）。

三、考试方式和内容

（一）考试方式：机考。

（二）考试内容：

考试内容	分数
通用就业素质能力测试	
言语理解	20 分
资料分析	20 分
数字运算	20 分
逻辑推理	20 分
思维策略	20 分
创新能力测试	
创新能力	20 分
总分	120 分

四、注意事项

(一) 2015 年 11 月 30 日-12 月 4 日，考试机构通过手机短信发送考试通知。毕业生按通知提示下载打印准考证。考试有关安排和具体要求见准考证。

(二) 按照"准考证"上所规定的要求带好证件(身份证、准考生)。12 月 5 日 13：15 分考生开始进场、拍照，14：00 准时开考。

(三) 统一初选考试结束，系统自动评分判卷，在屏幕显示考生考试成绩总分。

(四) 2015 年 12 月 10 日前，各招聘单位在中国石化人才招聘网站(http：//job.sinopec.com)公布测试面试入围人选。

(五) 严格遵守考试纪律。

(六)注意路途安全。

五、特别说明

我校考点只能容纳部分考生，其他考生要到××市内其他高校考点参加考试，请考生严格按照"准考证"上所指定的考点前往考试。

祝应聘毕业生考试顺利！

××大学毕业生就业指导中心
2015 年 12 月1 日

考前收到 ATA 短信

[ATA]考生您好，欢迎报考中国石化 2016 年度毕业生招聘统一初选考试，本次考试将于 12 月 5 日下午 14：00 举行，准考证已开放打印，请尽快登录 sinopec. campustest. cn 打印准考证。推荐使用谷歌、tE1O、IE11 以及 360 极速浏览器)。如有问题，请联系 021-61651＊＊＊，预祝您考试顺利！

中国石化校园招聘统一初选考试注意事项

(1) 提前了解考试地点，规划好路线及备用路线，避免迟到。

(2) 不要忘记携带准考证与身份证、计算用笔、手表。

(3) 考场严禁携带手机、计算器、演草纸。考试过程中监考老师会发放演算纸，演算纸不能带出考场。

(4) 初选考试为机考，机器阅卷，现场出成绩。第一部分 70 分钟，65 题共 120 分。(通用就业素质能力测试 60 题+创新能力 5 题)平均 1 分钟 1 题，时间紧张，必须加强训练，也要懂得放弃自己不擅长的题目。第二部分是 20 分钟"个性和职场行为风格测评"，选择题，不统计分值。

(三)初选考试模块考察能力及重点题型

中国石化 2016 年度应届毕业生招聘初选考试模块考察能力及复习重点

考试科目	模块	分值	考察能力	对应本书模块	重点题型
通用就业素质能力测试	言语理解	20 分	考察个体对书面文字的理解、表达和运用能力	言语理解与表达（第二部分）	病句判断
	资料分析	20 分	考察个体对复杂书面材料或图表数据进行分析、判断和综合处理能力	资料分析（第五部分）	全部重点
	数字运算	20 分	考察个体对基本数字运算能力和对数据的理解、处理能力	数量关系（第三部分）	全部重点
	逻辑推理	20 分	考察个体根据事实或规律等进行推理，及对复杂图形、空间的处理转换能力	定义判断、类比推理、逻辑判断（第四部分）	逻辑判断
	思维策略	20 分	考察个体在解决问题时思维的发散程度及提出多重方案的能力	数字推理（第三部分） 图形推理（第四部分）	基本数列 空间类 立体类
创新能力测试	创新能力	20 分	考察个体对视觉符号的细微特征及差异的快速而准确的辨别、比较、转换等的加工和快速反应能力	图形推理（第四部分） 数学运算（第三部分） 创新能力（第三部分）	
总分		120 分			

(四)初选考试应对策略及复习方案

中国石化 2016 年度初选考试题目共 65 题 70 分钟，平均 1 分钟 1 题，考试时间是非常紧张的。经过 64 个应试者的随机调查，认为时间不够用的人达到 98%，而关于最后一个模块“创新能力题”，更是根本就没有时间做，91%的人只做了不到 2 题，有的人还没看到这部分时间就已用完。这么短时间内完美答完所有题目是非常艰巨的任务，对于大部分人来说几乎是不能完成的任务。效率和质量能不能同时保证呢？我们需要做好以下两点以达到效率最大化！

第一，通过训练养成速算、估算、带入排除等快速解题的习惯。这需要大量练习和时间才可以，根据考试成功的毕业生调查，他们的平均复习时间是 98 小时，最少的用了 59 小时，最多的超过 200 小时。认真大量做题是提升答题速度的必选训练，每天两小时训练，不可忽视偷懒。

第二，整体思考，学会放弃。在考试时必须清楚哪些题型是自己无法逾越的短板，遇到短板题目千万别恋战，该放弃就果断放弃，把时间留给其他你更有把握的题型。把时间给最有把握的题型，无论是应对考试还是面对复习都是有效的方案。

具体复习方案(1 周为 7 天)：

第一轮基础阶段(1~2 周)：

将本书全部题型快速通测一遍，用铅笔在每一个题型处做标记，一看就会而且能做对的标记为√，看了书之后 3~4 分钟能搞定的标记为○，看了书、视频后 10 分钟也无法搞清楚的题目标记为×。这么做第一是熟悉全部常见题型，第二是可以了解自己擅长和薄弱的模块，并在日后的学习过程中有针对性的提高。本阶段注重对题型的认知，不用过于计较自己的答题时间。

第二轮提高阶段(2~5 周)：

将标记为○的题型作为第一训练目标，从 3~5 分钟提高至 1~2 分钟。把标记为×的题型作为攻坚任务，集中学习看视频，提升至 3 分钟内解决，此时会有一些无论如何也无法提高的×题型出现，这些题型可以放弃，把时间留给给更多标○的题型。本阶段主要是学习解题技巧，并使用熟练，注意学会解题方法和熟练使用方法中间还有很大差距，请努力成为后者，并以单题型的答题时间缩短为目标。

第三轮整体阶段(2~3 周)：

前两轮复习更多是对题型的认知，对解题方法的学习和应用，而第三轮复习锻炼的是整体训练，本轮复习应在考前一个月左右启动，持续至考前两周。本轮复习需要做套题训练，并计算时间。训练应对整套题目时，如何调整答题顺序把有把握得分的题目先做完，如何果断放弃不会的题目，把时间留给其他优势题型。这些需要根据自己的答题优势和习惯来自行调整(比如先资料分析，再数学，逻辑，最后是言语和其他)。本轮注意计时。套题可从网络获得，公务员考试的真题套题均可使用，尽量不要用模拟题。

第四轮冲刺阶段(1~2 周)：

本阶段是考前的最后复习阶段，进入本阶段前应该有一套属于自己的答题顺序了，最后这一两周时间，集中攻克上阶段暴露的问题，比如该放弃的时候不坚决，使用某些方法时犹豫不决，此时不能犹豫必须全部根据自己的整套方案进行答题训练。此阶段每日不宜过劳。

四轮复习时间相对灵活，是多年来老师们与各路考试高手分析总结再完善后的方案，虽然众多考生通过该方案获得了满意的成绩，但是方法再好也需要认真执行，对于应届毕业生来说，用 45~60 天的时间准备一门关系工作前途的考试，应该认真对待。

（五）面试注意事项

（1）及时确认：12 月 14 日左右，各单位陆续通过中国石化人才招聘网站中的“站内消息”向毕业生发送面试通知，参加面试的人员需在收到通知后查阅通知并进行确认，未及时确认的，视为自动放弃面试资格。

（2）面试地点：大多数单位是要去单位所在地点面试，极个别公司会安排面试团到地方。

（3）面试准备：须携带本人身份证、学生证、就业推荐表、学习成绩单、外语成绩证明以及简历中所列的各类证书等原件及复印件和《应聘中国石化毕业生基本信息表》(从中国石化人才招聘网站下载打印)。参加面试的毕业生所提交材料必须真实、准确、完整，主要材料不全或是主要信息不实的，将被取消测试面试资格。

（4）面试形式：大部分为半结构化，同一单位的面试形式是一样的，考察结构也是统一的。

（5）面试内容：分为专业部分和综合素质面试两部分，通常有 2 个专业题目，综合部分 1~4 个根据各单位不同岗位情况制定，这部分题型可参考公务员考试面试题。

（6）面试中的注意事项：面试者最好的状态是自信、自然。专业问题回答不出来不用紧张，有单位可以更换一次专业题目。综合素质面试，说的不精彩也没关系，但不要出现卡顿。对于各种问题的回答要说清楚这么做的原因和道理，考官更关注面试者的逻辑思维过程，并非问题本身。

（7）往年的面试项目分值表，仅供参考

各业务板块测试面试项目分值表

测试面试项目	油田企业	炼化企业	销售企业	设计施工单位	科研单位	其他单位
专业测试	30~50 分	30~50 分	30~50 分	40~60 分	50~70 分	30~50 分
综合素质面试	50~70 分	50~70 分	50~70 分	40~60 分	30~50 分	50~70 分
其他测试合计(加分项)	0~20 分					

用人单位根据面试成绩，和笔试成绩综合考量择优录取，最终将拟录取名单公布在用人单位网站，并通知面试成功者报到签约。2016 年度最快的应聘者在笔试 55 日后即顺利签订了三方合同。

通过中国石化的案例不难看出，大型国企本身对应届毕业生的巨大需求，以及巨大的社会责任都决定了它的校园招聘必须科学、公正、有效(可大规模执行)。越来越多的大型国企乃至私企都开始采用统一性的初选考试，并使用了先进的测试体系和专业的考试执行机构，这也使得我们应届生朋友们得通过一次努力复习而应对多种单位的招聘初选考试。

第二部分
通用职业能力测试之言语理解与表达

言语理解与表达主要考察运用语言文字进行思考、交流、迅速准确地理解和把握文字材料内涵的能力，包括根据材料查找主要信息及重要细节；正确理解阅读材料中指定词语、语句的准确含义；概括归纳阅读材料的中心、主旨；判断新组成的语句与阅读材料原意是否一致；根据上下文内容合理推断阅读材料中的隐含信息；判断作者的态度、意图、倾向、目的；准确、得体地遣词用字等。

言语理解与表达分为4种主要类型，包括片段阅读、选词填空、篇章阅读和病句判断。

一、片段阅读

片段阅读是言语理解与表达中最主要题型。这类题看起来简单，做起来较难。简单，是因为我们从小学就开始接触这类题目，所以比较熟悉。说其较难，是因为这类试题主观性很强，容易产生争议。原因在于：题干材料多是从一篇完整的文章中截取的，脱离了原文的语境之后，单看片段，较难把握；其次，命题人通过设置一些迷惑选项，增加了辨认正确选项的难度。

综合历年的各单位考题，片段阅读可分为8类主要题型，包括主旨类、观点类、细节判断类、词语+代词+语句理解类、推理类、语句衔接类、语句排序类和复述类。

（一）主旨类

【题型特征】

主旨类题型的提问方式主要包括：这段文字主要阐明（谈论、论述、强调）的是、这段文字的主要意思是、这段文字的主旨是、这段文字的中心思想是、对这段文字概括（归纳、总结、理解）最准确的一项是、最适合做这段文字标题的是、这段文字意在表明（说明）的是等。

【考点提炼】

主旨类题目考点：（1）概括文段的主要内容。即对文章主要内容作精确总结；（2）归纳文段主旨。主旨是作者在说明问题、发表主张或反映社会生活现象时，通过文章或作品的内容表达出的基本观点；(3)揣测作者的意图或者目的。在议论类文章中，主旨又称写作意图，而不称主旨；(4)查找关键词，在主旨类题的题干中，有些词对于总结题干的核心能够起到引导作用。比如，关联词。所以，在阅读的过程中，要善于把握这些关键词。

【解题指南】

1. 关键词法

主旨类的题目往往都是围绕着一个核心来阐述的，那么，这个核心就是片段的“灵魂”，而“灵魂”需要“骨架”的支持。具体来讲，“骨架”就是组成某一个片段的句子。组成片段的各个句子中，有些词对总结片段主旨具有导向性。从而，通过这些词就可以快速、准确地把握片段的主旨。这些词可以分为两大类：一类是关联词；另一类是可以表达作者倾向性的词语。

(1) 关联词

主旨题的核心是通过各个句子来表达的，并且，这些句子之间必定有逻辑关系，而最能明显表达这种逻辑关系的就是“关联词”。总结各单位真题可发现，最常见的有转折类、因果类、假设类、递进类、并列类等关联词。

1) 转折关系类

这种类型的关联词，在历年的真题中出现的频率非常高。这样的关联词有：

单用：但、但是、反倒、偏偏、却、可是、而、不过、然而、不料、可惜等。

连用：但……却……、而……却……、而……则……、可是……却……、而……却……等。

成对使用：虽然(虽、虽是、虽则、虽说、尽管、固然)，但是(但、却、而、可是、还)。

例1 气候变暖将会使中纬度地区因蒸发强烈而变得干旱，现在农业发达的地区将退化成草原，高纬度地区则会增加降水，温带作物将可以在此安家。但就全球来看，气候变暖对世界经济的负面影响是主要的，得到好处的仅是局部地区。

这段文字旨在说明气候变暖(　　)

A. 会使全球降水总量减少　　B. 对局部地区来说利大于弊

C. 将给世界经济带来消极影响　　D. 将导致世界各国农业结构发生变化

【答案】C

【解析】根据“但”，可知第二句话是重点，由此可知气候变暖对世界经济的负面影响是主要的，故正确答案是C。题干只说明了“中纬度地区变得干旱、现在农业发达的地区将退化成草原、高纬度地区则会增加降水”，但并没有说明全

球降水总量减少，故排除选项A。题干中说到了“得到好处的仅是局部地区”，但这并不是整个文段的重点，故排除选项B。选项D中的内容是妄加揣测，属于过度推断，与文段无关。

2）因果关系类

这类关联词考查的频率很高，主要包括：

单用：由于、因此、因而、故而、所以、以致、致使、从而、因为、是因为、是由于、可见、原来、原因是、就因为、正因为如此、其结果、由此看来等。

成对使用：因为……所以(故而、于是)……、由于……就(因而、因此、所以)……、之所以……是因为……、既然(既)……就(那么)……等。

例2　中国古代的科学著作大多是经验型的总结，而不是理论型的探讨，所记各项发明都是为了解决国家与社会生活中的实际问题，而不是试图在某一研究领域获得重大突破。从研究方法上来说，中国科技重视综合性的整体研究，重视从总体上把握事物，而不是把研究对象从错综复杂的联系中分离出来，独立研究它们的实体和属性，细致探讨它们的奥秘。这使得中国古代的科学技术没有向更高层次发展。

这段文字意在说明(　　)

A. 中国古代的科学研究关注的重点及其历史背景

B. 解决实际问题是推动中国古代科技发展的动力

C. 中国古代的科技水平没有长足进步的根本原因

D. 研究方法的缺陷使中国古代科技长期停滞不前

【答案】C

【解析】此题属于因果结构。前两句话均是并列关系，而这两句话所表达的是一层意思，分别从科学著作和研究方法两个角度说明了中国古代的科学技术没有向更高层次发展，故选项C正确。选项A、D都是题干中的部分内容，故不能选。题干中只说明了中国古代的科学著作是为了解决国家与社会生活中的实际问题，并没有说明这是中国古代科技发展的动力，故排除选项B。

3）递进关系类

这种类型的关联词也经常在试题中出现，这样的词常用的有：

单用：又、况且、甚至、尤其、而且、并且、更、还、尚且、何况、甚至于、更有甚者等。

连用：不但(不仅、不光、非但)……而且(还、也、又、更、反而)……、别说……连(就是、尚且)……何况……等。

例3　某公司的经验充分显示出，成功的行销运作除了有赖专门的行销部门外，还需要有优异的产品，精密的市场调研，更少不了专业的业务部门、公关部门、擅长分析的财务部门以及物流后勤等部门的全力配合与支持。如果行销部门独强而其他部门弱，或是行销部门与其他部门不合，或是公司内部无法有效地整合，都会让行销运作无法顺利有效进行，难以发挥应有的强大威力。

这段文字主要强调的是(　　)

A. 该公司各个部门的有效整合是其成功的关键

B. 注重团队合作是该公司取得成功的宝贵经验

C. 成功的行销运作可以给企业带来巨大经济效益

D. 行销部门只有与相关部门紧密配合才能更好地发挥作用

【答案】D

【解析】此题可以通过核心词直接进行判断。此题共有两句话，第一句话通过"除了"、"还"、"更"等递进关联词突出了行销部门需要与其他部门合作。第二句话运用一个假设类的关联词说明了行销部门需要与其他部门合作。总结这两句话的意思，可知本题强调其他部门对行销部门的配合与支持，由此可知选项D正确。

4）假设关系类

假设这种类型，一般从两个方面说明观点或中心思想：一是从正面的角度；另一个就是从反面的角度来说明。因此，如果对中心把握不住，可以从这方面入手；如果对中心有比较明确的认识，这部分内容就可以略读。

单用：就、那就、那么、那、则、便、……的话等。

连用：如果(假设、假如、假若、假使、倘若、倘使、要是、若是、若、万一)……就(那就、那么、那、则、便)……，即使(即便、就是、就算、纵使、纵然)……也(还)……等。

例4　政府每出台一项经济政策，都会改变某些利益集团的收益预期。出于自利，这些利益集团总会试图通过各种行为选择，来抵消政策对他们造成的损失。此时如果政府果真因此而改变原有的政策，其结果不仅使政府出台的政策失效，更严重的是使政府的经济调控能力因丧失公信力而不断下降。

这段文字主要论述了(　　)

A. 政府制定经济政策遇到的阻力　　B. 政府要对其制定的政策持续贯彻

C. 制定经济政策时必须考虑到的因素　　D. 政府对宏观经济的调控能力

【答案】B

【解析】前两句话可以看成一种因果关系，是一层意思，说明了一种背景。最后一句话，作者用一个假设关系的复句表明了自己的观点，即"如果政府果真因此而改变原有的政策，其结果……"，由此可知选项B是作者想要表达的意思。选项A、C、D的内容在题干中根本就没有涉及，故而排除。

5）并列关系类

这一类题型考查的频率也很高，常用的关联词有：

单用：也、又、还、同时、同样、另外、而、而是等。

连用：既……也（又）……、又……又……、也……也……、有时……有时……、一方面……一方面（另一方面）……、一会儿……一会儿……、是……不是……等。

例5　甜菜的上部叶片垂直生长，叶簇呈漏斗形，这种生长方式所形成的叶面空间的配制结构，极有利于光照的吸收，提高植株和群体的光合效率。而车前草的叶片是轮生的，叶片夹角为137.5度，这正是圆的黄金分割的弦角，叶片按照这个角度生长，可以充分利用光照。梨树随着树干长高，叶片沿对数螺旋上升，每个叶片都不会遮蔽下面的叶片。

这段文字意在说明（　　）

A. 光照吸收率是影响植物生长的关键因素

B. 暗合数学规律的叶片结构对植物生长有利

C. 不同的生长环境造成了植物叶片生长的差异

D. 对光照的吸收影响叶片的生长角度

【答案】B

【解析】文段共有三句话，为并列的三层意思，分别写甜菜、车前草、梨树。整个材料里面有很多数学概念：夹角为137.5度、圆的黄金分割的弦角、对数螺旋。总的来说，文段说的是植物叶片和数学的关系，B项正确。

（2）倾向性的词

在某些题干中，有些词并不是关联词，但是，却对应试者把握片段的主旨起到了导向性作用，有利于应试者快速、准确地解决问题。比如应该、笔者认为、我感觉、情况绝非如此、×××说等，这些词或者直接、或者间接地表达了作者的观点或者意图。因此，这类词也是我们重点关注的词。

例6　改革开放以来，我国经济总体上保持了高速增长态势，但劳动就业的增长却远低于经济增长的速度。目前，尽管我国服务业吸纳劳动就业的比重在不断上升，甚至已经成为吸纳就业的主力军，并且基本消化了包括从农业和制造业中转移出来的劳动力存量在内的所有新增劳动力，但与发达国家相比，它对劳动就业的贡献率还是太低。我们务必利用产业结构调整和增长模式转变的机会，发掘服务业对发展经济和扩大就业的巨大潜力。

这段文字主要说明了（　　）

A. 产业结构调整是我国服务业快速发展的重要契机

B. 服务业是保障我国就业快速增长的重要推动因素

C. 我国服务业对劳动就业的吸纳能力有待进一步拓展

D. 就业与经济增长不一致的主要原因在于服务业发展滞后

【答案】C

【解析】题干中最后一句话中的“务必”表明了作者的观点，即我们在面对此种情况的时候，应该怎么办。所以，根据“务必”就可以判断出正确的选项是C。

2. 举例论证法

在这种题目中，作者会举一个例子，然后通过例子表达出自己的观点。关于片段中的例子，可能是符合作者观点的例子，也可能是与作者观点相反的例子，不管是哪种例子，它只是作者表达观点的一个“媒介”。作者举例子是用来说明其论点的，而说明的方式主要有两种：一种是作者先表明观点，然后通过举例进行论证；另一种先举一个例子，然后，通过对例子的评析，再引申出自己的观点。

例7 在公共场合演讲，有的人长篇大论，滔滔不绝；有的人则把自己的意思浓缩成一句话，而这句话犹如一粒沉甸甸的石子，在听众平静的心湖里激起层层波浪，让人称道与回味。1936年10月19日，在上海各界人士公祭鲁迅先生的大会上，我国著名新闻记者、政治家、社会活动家邹韬奋先生发表了仅33个字的演讲：“今天天色不早，我愿用一句话纪念先生：许多人是不战而屈，鲁迅先生是战而不屈。”

这段文字主要讲述的是(　　)

A. 简短的演讲，如邹韬奋的一句话演讲含义深刻，有着强烈的表达效果

B. 一句“战而不屈”准确地勾勒出鲁迅先生的战斗风骨

C. 一个“战”字包含着人们对鲁迅先生多少敬仰和赞誉之情

D. 许多无耻的文人不仅“不战”，还要奴颜婢膝；而先生却是横眉冷对，铁骨铮铮

【答案】A

【解析】第一句话点明了自己的观点，接着用邹韬奋先生发表演讲这样一个事例，证明了自己的观点，即精短的演讲往往所起的作用更加明显、强烈，故正确答案是A。

3. 引用论证法

在这种题目中，首先，作者会引用一些名言、警句；其次，作者会对这些名言、警句作出分析；最后，作者通过分析引申出自己的观点。

例8 《庄子》说：“人们都知道有用的作用，而不知道无用的作用；知道了无用的用处，才可以和他谈论用。”所以，看到一个人已知的，还要看到其未知

的；看到一个人有用的，还要看到其无用的；看到一个人有能的，还要看到其可能的……看发展，就要看到一个人发展的态势，发展的定位，发展的方向；看到一个人的思想能量和行动轨迹。

对这段文字概括最准确的是(　　)

A. 用变化的眼光看人　　B. 用全面的眼光看人

C. 用发展的眼光看人　　D. 用联系实际的眼光看人

【答案】B

【解析】第一句话是引用《庄子》中的一句话，表明了应该知道“有用”和“无用”的作用。因此，说明了应该全面地看问题。文段的后面就此做了一个结论，而且是一个并列关系结构。由此可知选项A、C、D三项只是一部分内容，故而排除。因此，选项B正确。

4. 反面论证法

这类试题属于先破后立，即作者会先列举一个反面的观点或事实，然后，通过反驳这种观点或事实，再表达出自己真正的观点。

例9　有人说，经济领域与道德领域的规则不一样，经济领域强调的是“经济人”角色，以取得更大、更多利润为做事原则；而道德领域则要求奉献、利他、互助等。其实，经济领域固然有供求信号、等价交换、产权明晰、利润最大化等规则，但既然它是人们的社会活动，道德原则也会每时每刻渗透其中，两者难以清晰地割裂开来。

这段文字意在表明(　　)

A. 社会性是经济领域和道德领域的共同属性

B. 在社会活动中需要兼顾经济原则与道德原则

C. 市场经济中伦理道德的作用是必然存在的

D. 社会活动中各领域的价值观念在互相渗透

【答案】C

【解析】此题的第一句话说明了经济领域与道德领域的规则不一样，第二句话否定了第一句话所提到的观点，并且提出了自己的观点，即在经济活动中道德必然是存在的，故选项C正确，选项B属于过度推论。

5. 关键符号法

在某些题目中，会有一些标点符号对应试者快速准确地把握文段的主旨具有导向性的作用，这些符号主要包括分号、冒号、破折号、问号等。

例10　因特网作为一种媒体，与19世纪的报刊和20世纪的广播、电视不同的是：跨越时空，全球一网，信息无限，时效更快；文、图、动画、声音等多种媒体为一体；每个人可选择自己所需要的内容，发表意见，每一个新闻机构甚至个人都可以随时向全世界发布新闻。

这段文字的主要内容是(　　)

A. 因特网是一种媒体

B. 因特网的优势

C. 因特网的时效快、跨越时空、全球一网

D. 因特网会取代报刊、广播和电视的作用

【答案】B

【解析】由题干中的冒号可知，后面的内容讲的是因特网和报刊、广播、电视的不同。因此，选项B正确。选项C、D只是文段的部分内容，故而排除。选项A本身并没有错，但这并不是题干重点突出的内容。题干重点说的是，因特网作为一种媒体，它的优势是什么。所以，排除选项A。

【真题回顾】

1. 图腾产生之前的原始群尚处在自然状态中，各群体之间没有什么必然的联系，因此也就不可能有什么组织原则。图腾产生之后，每一个群体以一种图腾作为名称和标志，而且同一部落的各群体的图腾互相不重复。这是当时约定俗成的社会组织原则。法国学者倍松说，图腾制度“把各个‘个人’都区分属类，造成一种‘图腾的户籍制’，所以这种制度是一种真正的社会组织制度，而且以母亲的血缘关系的维持为基础”。

这段文字意在说明：(　　)(中国石化)

A. 图腾的产生使各自为营的群体建立联系

B. 不重复的图腾是每个部落独一无二的象征

C. 图腾制度可以说是最早的社会组织制度

D. 图腾制度的建立以母系亲缘关系为基础

2. 文凭不等于水平，学历不等于能力。要从根本上消除就业歧视，还是要立足于每个人“认真对待权利”，在制度和法律层面规制毕业生就业，以刚性手段纠正学历歧视的行为。因此，立法加强政府的人为干预非常必要，只有制定“反就业歧视法”，才能为劳动者争取平等权利提供法律保障。只有让所有人都有机会角逐各类职位，“不唯学历、不唯职称、不唯资历、不唯身份，不拘一格选人才”的人才观才能成为普遍的规则，维护所有毕业生的发展权益，我们的社会才能在更广泛的范围内选拔更多优秀的人才。

这段文字意在说明的是：(　　)(中国石化)

A. 在人才竞争激烈的今天，文凭并不能作为能力的唯一标签

B. 要想从根本上消除就业歧视，还需要政府立足个人权利加强干预

C. 我国的人才选拔机制缺乏相应合理完善的体系，急需建立竞争规则

D. 选拔人才时，只有摒弃“院校歧视”，才能真正实现平等的就业竞争

3. 人口老龄化虽然不可避免地带来劳动力的短缺，但劳动供给短缺将激励改进要素利用的技术创新。从而加速技术进步。在知识经济不断发展的今天，物质资本投资的折旧率高，投资回报呈不断下降的趋势，相反。人力资本投资的报酬率却能持续维持在高水平。人口老龄化将诱发由重视物质资本投资向重视人力资本投资的转变，从而潜在地促进生产率提高，并且健康老年人口的经验、技能等人力资本，也可以扩大人力资源的供给，从而使经济中的生产力提高。

这段文字意在说明：（　　）(中国石化)

A. 人口老龄化并不必然损害经济增长

B. 劳动供给短缺有助于加速技术进步

C. 知识经济时代人力资本投资的报酬率高

D. 人口老龄化将诱发重视人力资本投资

【参考答案与解析】

1. C【解析】文段指出图腾产生之前各群体之间没有组织原则，也就不存在组织制度；图腾产生后有了约定俗成的社会组织原则．使得“个人”有了区分属类，造成了-种“图腾的户籍制”，所以图腾制度可以算是最早的社会组织制度。C项与此表述-致，当选。A、B、D均为文段部分论述内容，不宜作为主旨。故本题答案为C。

2. B【解析】文段首先指出“要从根本上消除就业歧视，还是要立足于每个人‘认真对待权利’，在制度和法律层面规制毕业生就业，以刚性手段纠正学历歧视的行为”，继而说明，解决这一问题，需要政府“立法加强人为干预”，并据此进行了进一步的阐述和说明。故文段侧重论述的是消除就业歧视，政府的人为干预问题。所以本题答案为B。

3. A【解析】文段首先指出人口老龄化有助于加速技术进步，然后说明人口老龄化将诱发由重视物质资本投资向重视人力资本投资的转变，从而潜在地促进生产率提高，最后进一步提出健康老年人口的经验、技能等人力资本，可以扩大人力资源的供给，从而使经济中的生产力提高。由此可知，文段围绕“人口老龄化”问题展开。首先排除与此无关的B、C项。D项只是人口老龄化影响的一个方面，排除。所以本题答案为A。

(二)观点类

【题型特征】

观点类题目在题干的设置上和主旨题相似，题干往往是作者对一种社会现象的看法。

这类题目通常的问法包括：这段文字的核心(主要)观点是、作者的态度是、这段文字直接支持的观点是、上文支持的一个观点是等。

【考点提炼】

此类题型的考点和主旨题基本相似，主要包括：(1)概括文段的主要内容，即对文章的主要内容做一个精确的总结。(2)查找核心词。这一类题目往往都会围绕着一个主题或是一个中心，所以也有核心词。(3)归纳文段的观点。主旨是作者在说明问题、发表主张或反映社会生活现象时，通过文章或作品的内容表达出的基本观点。(4)揣测作者的意图或者目的。在议论类文章中，主旨又称写作意图，而不称主旨。(5)考查区分主要观点和直接支持观点的能力。

【解题指南】

这类题的阅读题干的方法可采用主旨类题的技巧。除此之外，还需要明确的是主要观点和支持类观点题的区别。在主要观点类的题目中，四个选项中可能有两个或者是三个符合题干的选项，但是，在符合题干的选项中，只有一个是作者想表达的主要观点，这一类的题和主旨类的题没有什么区别，只是在问法上不一样。而在支持的或者直接支持类题目中，四个选项只有一个是符合题干的选项。最后，语气判定法，即根据作者在字里行间透露出的语气，判断作者对某一事物是持肯定的或是否定的态度。

例1　逆差与顺差，应当辩证地看，贸易平衡永远是相对的、动态的。中美经贸关系是双赢而非零和，经济互补性注定了美对华逆差将是一个长期问题。今后，中美两国参与全球化和产品内分工的程度会继续加深，只要不改变现行统计方法，美对华逆差仍将持续，而中美经贸规模也仍将不断扩大。

这段话表达的核心观点是(　　)

A. 中美经济是互补的　　B. 逆差还是顺差要看使用的统计方法

C. 美对华贸易逆差不会改变　　D. 美对华贸易逆差不应影响中美经贸关系

【答案】D

【解析】第一句是主题句，说明了中美贸易平衡是相对的，动态的。下面就是对首句的观点进行展开，并结合中美贸易现状进行分析，得出结论，即“中美经贸规模也将不断扩大”，也就是意味着逆差不会影响中美经贸关系，从而与首句呼应。所以，正确答案是D。选项A并不是核心观点，所以不选。而B、C两项只是表面现象的陈述，故排除。

例2　有一种很流行的观点，即认为中国古典美学注重美与善的统一。言下之意则是中国古典美学不那么重视美与真的统一。笔者认为，中国古典美学比西方美学更看重美与真的统一。它给美既赋予善的品格，又赋予真的品格，而且真的品格大大高于善的品格。概而言之，中国古典美学在对美的认识上，是以善为灵魂而以真为最高境界的。

通过这段文字我们可以知道，作者的观点(　　)

A. 正确而不流行　B. 流行而不正确　C. 新颖而不流行　D. 流行而不新颖

【答案】C

【解析】本段先援引一种流行的观点，接着用“笔者认为”引出作者的观点。所以，作者的观点是不流行的，排除选项B、D。题意并没有说明作者的观点是对的，故A是不正确的。所以，正确答案是C。

【真题回顾】

1. 文化“必定有异”，文明“难免有异”；文化“必须存异”，文明“可以存异”。这就是文化与文明的区别。所以，文化可以交流，甚至融合，但最终“存异”。文明的趋向，却是“求同”。因为文明的背后，是核心价值；而只有人类的共同价值，才最有价值。由此可见，只要把握了全人类的共同价值，又能兼收并蓄各民族的不同文化，那就能打造出自己的“文化航母”。

根据这段文字，不能得出的观点是：(　　)(中国石化)

A.“求同”是打造文化航母的根本

B. 文化对“异”的包容程度要宽于文明

C. 世界文明存在着不同价值取向

D. 文化即使融合也难以消除差异

2. 能源价格高并非全是坏事，因为价格杠杆自会调节石油的流向，确保人类以剩下的石油找到更好的新能源，而不是全用到几十年前根本不存在的使夏天变凉爽的能源需求上。实际上，如果我们遵循价格杠杆，甚至无需教育消费者，人人都会做出理智的选择。那些价格杠杆不起作用的地方，多是机制本身有问题的地方，改进机制，才能使价格杠杆更有效。

这段文字的核心观点是(　　)

A. 改革体制是充分发挥价格杠杆作用的前提

B. 能源的无谓浪费问题应该受到应有的重视

C. 提高能源价格有利于合理利用与节约能源

D. 要充分发挥价格杠杆调节能源流向的作用

3. 汽车是对环境影响较大的商品，汽车厂商支持环保事业、进行环保宣传，似乎是理所应当的。环保应当是汽车企业在发展中必须认真考虑的因素，但要求汽车企业没有利润甚至亏损来做环保，显然是不现实的，而且也不会持久。汽车企业在发展的同时采取新的技术措施，尽量减少对环境的污染，符合社会发展大趋势，才是长久之策。

这段文字的核心观点是(　　)

A. 环保与实现企业利润存在矛盾

B. 发展环保事业应该注重从实际出发

C. 技术革新是解决汽车影响环境问题的关键

D. 汽车企业应在发展的同时充分重视环境保护

【参考答案与解析】

1. A【解析】由“只要把握了全人类的共同价值，又能兼收并蓄各民族的不同文化，那就能打造出自己的‘文化航母’”可知，“求同存异”是打造文化航母的根本，A 项只说了“求同”，不全面。因此 A 项错误，当选。

2. D【解析】第一句话通过能源价格高，引申出了价格杠杆的作用。“实际上”一转，接着用一个假设复句指出了价格杠杆的作用。综合以上，本题的正确答案是 D。

3. C【解析】第一句话指出了汽车行业应当进行环保宣传，但应该怎样做环保事业，最后一句话给出了答案，即采取新的技术措施。所以，本题的正确答案是 C。

（三）细节判断类

【题型特征】

细节类常见的提问方式包括：下列说法中正确（不正确）的一项是、下列说法中错误的一项是、下列说法符合文意（不符合文意）的一项是等。

【考点提炼】

这一类试题主要考查细节信息，包括以下几个方面：(1)对概念的考查。在这类题中，往往会偷换题干中的概念。具体的手段包括改变概念的适用范围；改变概念所知对象的主客体；甚至用非常相似的概念直接替换原文中的概念等。(2)改变数量。这种类型包括将确切数量改变成模糊数量，或在轻重以及大小上做一个改变等。(3)模糊时间。常用的方法就是改变时态，比如将过去的时态混淆成现在时态，或者把现在的时态变成将来的时态等。(4)改变题干的语气。如将肯定性的语气改变成或然性的语气，反之，也能起到迷惑考生的目的。(5)混淆句子之间的逻辑关系。比如颠倒句子之间的因果关系、充分必要条件关系、并列关系等。

【解题指南】

针对以上的考点，在做这种题型时需要采用以下方法：(1)在平时的练习中，培养对时间、空间、多少、大小等概念的敏感度。(2)比较法。由于这类题重在考查细节信息，所以，考生可以将选项带到题干中，看是否符合题干的意思。(3)常识判断法。在这种类型题中，有一部分题和常识相关，因此可通过常识直接判断正确选项。(4)画线法。这种题目中的细节信息通常较多，把比较敏感的概念或者词语用直线、圆圈等标记表示出来，可方便记忆并节省再查信息的时间。

例题　每个人睡觉时都要做梦，人在做梦时的睡眠叫有梦睡眠。有梦睡眠时，控制四肢和躯体的神经传导被阻断，除了脚和手指有知觉外，身体其他部分均处于麻木状态。心跳和呼吸的次数与清醒时差不多，但变得不那么均匀。体温调节机制受阻，打寒颤和出汗都很难。

根据本文，理解正确的是(　　)

A. 人在做梦时，呼吸和清醒时不完全一样

B. 人在做梦时，心跳和清醒时是相同的

C. 人在做梦时，常常出汗

D. 人在做梦时，全身处于麻木状态

【答案】A

【解析】根据题意，人在做梦时，心跳和清醒时差不多，而不是相同，故排除B。题干说的是，人在做梦时出汗很难，而选项C说的是常常出汗，故排除。根据题意，人在做梦时，除了手和脚有知觉外，身体其他部分均处于麻木状态，故排除选项D。题干说的是，人在做梦时，呼吸和清醒时差不多，就意味着还是有些区别，选项A说的是不完全一样，所以，A符合题意。

【真题回顾】

1. 美国交通运输业正逐渐从以石油为基础过渡为采用多种替代能源，如乙醇、生物柴油、电力或氢能等。为了更加壮大这支队伍，能源部阿贡国家实验室的研究人员已经开始调查将压缩天然气(CNG)作为轻型轿车和卡车能源选择的可能性。CNG汽车是指主要由甲烷构成的天然气在25兆帕左右的压力下储存在车内类似于油箱的气瓶内、用作汽车燃料。使用CNG替代汽油作为汽车燃料，可大量减少温室气体排放和噪音污染，而且其不含铅、苯等致癌的有毒物质。

下列说法与原文不符的是(　　)(中国工商银行)

A. CNG作为卡车能源可能性很大

B. CNG可能会成为一种替代能源

C. 美国交通运输业现在仍以石油为基础

D. CNG替代汽油作为汽车燃料好处很多

2. 碳汇造林正逐渐成为北方某市市民履行义务植树责任的形式之一。在经过几十年的营造和平原大造林后，该市适宜大规模造林的地方越来越少，由于路

途遥远、交通不便、活动统筹困难等原因，组织大型植树活动也越来越困难，而人人都能参加的碳汇造林从根本上解决了这个问题。相关细则规定，个人购买碳汇达到60元的，折算为3株植树义务。购买碳汇的资金将由专业人员实施碳汇造林、营林，协助单位和个人履行义务造林和应对气候变化的社会责任。(中国工商银行)

对这段话的理解正确的是：(　　)(中国工商银行)

A. 该市不再适宜大规模造林，以后将不再组织大型植树活动

B. 关心环境和气候变化的该市市民可以成为“买碳人”

C. 碳汇造林辅助解决了该市的交通问题，有利于市民的身心健康

D. 人人都要参加碳汇造林．这是个人要履行的造林义务

3. 目前在火电领域诞生的新技术很多，联合循环技术就是其中之一。简单来说，联合循环技术就是“一气两用”：将燃气轮机排出的高温废气，通过余热锅炉回收转换为燃汽，进入蒸汽轮机后驱动其运转，两台轮机都将动能输送至发电机进行发电；废气再次进入锅炉，进一步将其中蕴含的热能转化为动能，降低最终排除气体的温度。这样不仅环保，还能节省燃料。启动速度快也是一大优点，其工作原理是在开机之初关闭运转较慢的蒸汽轮机，只启动蒸汽轮机，产生足够的热能后，再切换到联合循环模式。这一特点对于电力应急事件频发的大城市十分实用。

关于联合循环技术，下列说法与上述文字不相符的是：(　　)(中国工商银行)

A. 明显提高了发电效率　　B. 高温废气得以循环利用

C. 停电时可在短时间内迅速启动　　D. 蒸汽轮机早于燃气轮机启动

【参考答案与解析】

1. A【解析】A项偷换逻辑关系，文中只说CNG有作为轻型卡车和卡车能源的可能性，并不是可能性很大。B、C、D项都可从原文找到。故正确答案为A。

2. B【解析】由文段“该市适宜大规模造林的地方越来越少”、“组织大型植树活动也越来越困难”可知，A项中的“不再适宜”、“不再组织”表述均不正确，排除。C项“辅助解决了该市的交通问题”在文段中没有体现，排除。根据文段首句可知，D项“人人都要”表述过于绝对，排除。B项表述正确，符合文意。故本题正确答案为B。

3. D【解析】选的是和原文不相符的一项，问中说的是燃气轮机启动后排出的废弃进入蒸汽轮机将其驱动，可见蒸汽轮机的驱动后于燃气轮机，而不是早于，D项错误。所以答案选D。

（四）词语（代词）+语句理解类

【题型特征】

此种题型的问法包括：文段中的“××”指代的是、对文段中的“××”理解正确的是、对划横线文字理解正确的是、下列对“××”概述正确的是等等。

【考点提炼】

此类题的考点主要包括：(1)对代词的考查。考查考生对某些代词的理解；(2)对一个实词或短语的考查。在考查的词中，除了代词之外，就是一些实词或者短语；(3)从题干中抽取一句话，然后考查考生对这句话的理解；(4)考查对题干的语境的理解。虽然这一类题是对词语或者句子的理解，但是，无论是词语还是句子，都不能“就事论事”，一定要在正确理解语境的基础上，判断词语或句子的意思。

【解题指南】

针对此种题的考点，解主旨题的技巧均可以运用。除此之外，还有一些独特的方法或技巧。主要包括：(1)就近原则，此种方法适合代词类的题目；(2)针对所考查的实词，可以根据词语的本意，进一步推断词语在句子中的意思；(3)根据上下文，理解句子的含义。语境是一个大的背景，为考生理解题干中的某些片段奠定了基调。一旦脱离了具体的语境，就如无水之鱼，自然不能准确、生动地表明其所代表的意义。所以，要紧扣语境，才能够正确理解句子的含义；(4)根据句子在文中所处的位置，理解句子的含义。在这类考题中，有些句子跟其在文中所处的位置有很大的关系。比如，如果是处在开头，就有总结概括之意；在文段的中间，有承上启下的作用；如果在末尾，就有总结全文之意。所以，有时候根据句子的位置也可以判断出句子的含义。

例1　今年2月份，科尔尼公司对全球134家公司进行调查时，85%的公司表示今年将保持或增加外国直接投资。在这次调查中，95%的公司决策人表示对目前世界经济的担心甚于去年，但他们当中2/3的人表示，外国直接投资保持去年的水平。

文段中的“他们”指代的是(　　)

A. 科尔尼公司的工作人员　　B. 调查中85%的公司人员

C. 调查中95%的公司决策人员　　D. 134家公司中的决策人

【答案】C

【解析】本题根据就近原则，可知“他们”就是此次调查中的95%的公司决策人。所以，本题的正确答案是C。

例 2 也许有人认为，“写文章只要不妨害所表达的义理，材料细节有点出入是无所谓的。”义理是文章的灵魂，大凡写文章，不会不关注这一点。这种关注就应包含对支撑义理的材料的审慎核查与选用。

对画横线文字理解最准确的一项是(　　)

A. 批评了只重视表达义理，但是不重视材料真实性的错误认识

B. 肯定了既重视义理的表达，也重视材料细节必须真实的主张

C. 批评了借口不妨害表达义理，而忽视材料真实性的错误认识

D. 肯定了材料对表达义理的作用，不主张苛求材料细节的真实

【答案】C

【解析】划线句是一个偏正复句，“不妨害义理”表示的是条件，“有点出入无所谓”是一个结果。所以，就可知道作者批评的是以不妨害义理为由忽视材料真实性的看法。所以，选项 C 正确。

【真题回顾】

1. 高新技术的发展，应包括健全其抗御“灾害”的功能。但迄今为止，高新技术进步并未与高可靠性工艺、高可靠性监控、高可靠性管理的系统支撑及质保体系相匹配。因此，频频出现难以预料的尴尬局面。海湾战争中，美国“爱国者”导弹命中率并不是 100%，美军启用的高新技术武器竟然演出过误伤多国部队的“悲剧”。至于一位患关节炎的病人在接受微波治疗时，因重编他的心脏起搏器程序出现问题而致死，更迫使人们正视高新技术发展的负效应。

下列对“高新技术发展的负效应”理解正确的一项是(　　)

A. 高新技术未与高可靠性工艺、高可靠性监控、高可靠性管理的系统支撑及质保体系相匹配

B. 高新技术发展中因不可避免而产生的各种风险事故，影响了高新技术的推广

C. 高新技术系统运行中出现的“尴尬局面”对其再发展带来的障碍

D. 当今高新技术系统的抗御“灾害”功能不够健全使其在实施中出现的危害性

2. 1941 年，美国正式参加了反法西斯战争，大批美国士兵来到英国。美国和英国都是使用英语的国家，美军与英国军民的接触没有语言障碍。但是随着双方接触的增加，逐渐发生了一些摩擦。英国人指责美国人没有礼貌，少教养，喜欢表现自己，待人接物太随便。美国人则责备英国人自高自大，自以为是。这种情况使英美关系有些紧张。在盟军即将进行诺曼底登陆，攻占欧洲大陆的情况下，这显然是一个不利因素。

“这显然是一个不利因素”的“这”指的是(　　)

A. 大批美国士兵来到英国　　B. 美国人英国人互相指责
C. 英美之间关系有些紧张　　D. 盟军即将攻占欧洲大陆

3. 有人说，凡是知识都是科学的，凡是科学都是无颜色的，并且在追求知识时，应当保持没有颜色的态度。假使这种说法不随意扩大，我也认同。但我们要知道，只要是一个活生生的人，便必然有颜色。对无颜色的知识的追求，必定潜伏着一种有颜色的力量，在后面或底层加以推动。这一推动力量不仅决定一个人追求知识的方向与成果，也决定一个人对知识是否真诚。

这段文字中"有颜色的力量"指的是(　　)

A. 研究态度　B. 价值取向　C. 道德水准　D. 兴趣爱好

【参考答案与解析】

1. D【解析】高新技术的发展，并没有健全其抗御灾害的功能，因此，就必然会出现负效应，故本题的正确答案是 D。本文并没有提到高新技术的推广和再发展，由此，可以排除 B 和 C，"负效应"应该指的是危害性，所以排除选项 A。

2. C【解析】根据题意可以得知双方接触的增加，发生了摩擦，致使两国关系紧张，对诺曼底登陆带来了不利的因素。根据就近原则，可以得知"这"代表的是英美关系有些紧张。故本题的正确选项是 C。

3. B【解析】通过"这一推动力量不仅决定一个人追求知识的方向与成果，也决定一个人对知识是否真诚。"可知与人的价值取向有关，故此题的正确选项是 B。

(五) 推理类

【题型特征】

推理类试题常用的提问方式有：通过这段话，我们可以知道(得知)、从这段文字我们可以推出(不能推出)、下面哪项不能推出、从上下文的表述中我们可以得出(知道)等。

【考点提炼】

此类试题和逻辑判断有些相似，侧重考查考生的逻辑推理能力。其考点主要包括：(1)总结概括与推理能力。这类题中，有些题目需要先总结、归纳出文段的主旨，在此基础上进一步做推断；(2)抓关键细节与推理能力。有些题目，只需要根据题干中的某些细节，就可以推断出结论。

【解题指南】

根据这类题目的特征及其考点，解这类题的解法可以采用解主旨题和细节题的方法，除此之外，还有一种特色的方法，即在此类题目中，如果选项是题干的原话，那么，该选项是不选的。

例题 颐和园附近要建的电塔工程，在一片反对的声浪中进入环保听证程序。事件到此并没有画上句号，它不仅考验着市民维护家园的决心和城市决策者的智慧，还关系到类似颐和园的众多风景名胜资源和文物的命运。

从这段文字我们不能推出的是( )

A. 电塔工程至此还没有正式开工　B. 电塔工程不是一个错误的决策

C. 多数市民维护家园的决心比较强　D. 受到此种威胁的景点不止是颐和园

【答案】B

【解析】这道题属于对材料意义的延伸进行评价的题型。题干中提到“电塔工程，在一片反对的声浪中进入环保听证程序”，后面也没有告知这件事的结果，由此可以推出A；从“一片反对的声浪”可以推出C；从“关系到类似颐和园的众多风景名胜资源和文物的命运”可以推出D；题干中并没有对电塔工程的对错进行评价，因此，不能推出电塔工程不是一个错误的决策。所以，答案是B。

【真题回顾】

1. 正常儿童一时专注于一种或两种事情是常见的现象，比如学某部广告片里面的叮当声，或者要用某种米老鼠碗吃麦片。一般来说，这些临时的狂热最终都会过去。有些正常儿童天生就不爱表示热诚，不喜欢人抱，这并不说明他们就一定有孤独症。

根据这段文字，可以推出的是( )

A. 孤独症儿童喜欢叮当声或米老鼠　B. 不喜欢人抱的儿童容易患孤独症

C. 异常专注与冷漠是孤独症的表现　D. 广告片有可能成为孤独症的诱因

2. 对于外人来说，武陵源有着难以描述的神奇与秀丽。而在当地土家族人眼中，每座形态各异的石峰，都能演绎出一个神奇古老的传说。

通过这段文字我们可以知道( )

A. 居住在武陵源的人都是土家族人

B. 武陵源在当地人眼中并不怎么秀丽

C. 外人对武陵源的古老传说大多不怎么了解

D. 武陵源无论对外人还是对当地人都是有魅力的

3. 有关权威人士表示，13亿人口规模的到来，使我国人口和计划生育工作面临新的严峻挑战。现在是人口低增长率、高增长量并存的时期，人口规模庞大的基本国情没有变，目前的低生育水平并不稳定，出生人口性别比持续升高，流动人口、老龄人口将进入高峰期，劳动力人口剧增给充分就业增添了明显压力。

根据这段话，可以得出的结论是( )

A. 近年来我国人口增长率持续升高

B. 近年来我国人口增长量持续升高

C. 我国老龄人口占总人口的比例将增加

D. 我国人口持续增长的趋势将得以改变

【参考答案与解析】

1. C【解析】根据“正常儿童一时专注于一种或两种事情是常见的现象”和“有些正常儿童天生就不爱表示热诚，不喜欢人抱”并不说明他们就一定有孤独症，即“一时的专注或不热诚”并非孤独症的表现。从其反面可推知“异常专注与冷漠”是孤独症的表现，所以，选项C正确。A、D两项明显错误，予以排除。原文是“不喜欢人抱，并不说明就一定有孤独症”，所以，选项B错误。

2. D【解析】第一句话点明了，对于外人来讲，武陵源是神奇、秀丽的；第二句话说明了，对于当地人来讲，武陵源的每座石峰都能演绎出神奇古老的传说，所以，对当地人也是有魅力的。据此可知，选项D是正确的。选项A过于绝对，予以排除。选项B、C的否定说法，都不是原文所表达的意思，和原文无关，属于无关项，故排除。

3. C【解析】根据“老龄人口将进入高峰期”可推知我国老龄人口占总人口的比例将增加。A、B项中的“近年来”是偷换概念，原文中指的是“现在”。文中并没有说“持续”的发展状态，而只是叙述了目前的情况。所以，A、B、D三项均不正确。

（六）语句衔接类

【题型特征】

这类试题分两类：一类是填充句子。这类题的题干是不完整的，需要从选项中选出一个句子补充到题干中，使句意完整；另一类是引起下文类的题目。这类题是给出一个完整的题干，然后推测作者接下来说的是什么。

提问问题的形式有：填入横线上最恰当的一项是、填在横线上最恰当的句子是、作者接下来最有可能主要介绍的是、文章后面将要谈论（论及）的可能是等。

【考点提炼】

此类试题的考点包括：(1)把握题干的语境。无论是填充类，还是引起下文类，都离不开对语境的理解，而且所选的选项也必须要符合题干的语境；(2)分析所缺句子前后文的结构形式。需要填充的句子，在形式上也要和前后文一致；(3)划分文段的层次。在引起下文类的题目中，需要对文段的意思进行分层。这是因为，下文肯定是要紧接着文段的最后一层意思进行阐述。

【解题指南】

对于此类题目，在解题的时候需要注意以下几个方面：(1)在前面提到的理解主旨题的技巧都可以运用到此类题目中；(2)前后一致法。对于题干中空缺的句子，对于所要填充的句子，不仅要在内容上和题干相匹配，而且在形式上也要和前后文保持一致；(3)位置法。对于所缺的句子，如果是在开头的位置上，往往是概括性的句子；如果出现在中间，一般是要起承上启下的作用。因此，在形式上的一致就显得更加重要；(4)关键词法。在对文段分好层次以后，一定要找出最后一层意思的关键词。因为，下文一定是和这个关键词相关的。

例1 孔子作为儒家的创始人，奠定了儒家理想人格的基本格局。孔子理想人格的基本内容是“礼”和“仁”。“礼”是外在的行为规范，“仁”是内在的精神原则。__________。

填入横线上最恰当的是(　　)

A. 孔子发展了前人的学说，把“礼”和“仁”统一起来了

B. 孔子认为“礼”和“仁”是区分庸人和圣贤的根本标志

C. 孔子把“礼”视为立身之本，并用“仁”来补充规定“礼”

D. 孔子的理想人格就是内仁外礼的“仁——礼”人格

【答案】D

【解析】本题共有四句话。第一句说明了孔子奠定了儒家理想人格的基本格局。第二句解释这个人格的内容是什么。第三句是分开说。第四句话是结束语，应该具有总括性的作用。所以，选项D正确。选项A、B、C在原文中并没有提到，属于无关项，故排除。

例2 欣赏你的同事，你和同事之间会合作得更加融洽；欣赏你的下属，下属会更加努力地工作；欣赏你的爱人，爱情会更加甘甜；欣赏你的学生，学生会更加可爱。__________。

横线处应填入的句子是(　　)

A. 用欣赏的眼光打量周围，你会觉得世界变得更加和谐

B. 用欣赏的眼光打量他人，你会觉得他人都对你友好

C. 世界并不缺乏美好，就看你有没有发现美好的眼光

D. 自己的心情美好，世界就美好

【答案】A

【解析】根据题干的形式，可以排除选项C、D；根据所缺句子在题干中的位置，可以推测出最后一句话，应该是一个总结性的句子。所以，排除选项B。因此，选项A正确。

例3 几千年前，在非洲湿热的原始森林里，土著居民围着火堆，跟随各种复杂节奏自由而热烈地边舞边唱。这种歌声，也许在某些“文明人”眼里算不上音乐。然而，这样的声音却是最原始的，是在恶劣环境里顽强的本能所发出的生

命之音。如果说布鲁斯音乐是很多音乐的根源，那么，上面所说的便是这个根源的根源。

这段文字是一篇文章的引言，文章接下来最应该讲述的是(　　)

A. 土著音乐产生的历史背景　　B. 自然环境与音乐风格的关系

C. 人类本能在原始音乐中的表现　　D. 布鲁斯音乐与土著音乐的源流关系

【答案】A

【解析】此题可以根据关键词法。根据题干，可以得知题干是围绕着“土著音乐”来写的，因此，可以排除选项B、C。但是，土著音乐是怎么产生的文中并没有提到，所以，作者接下来最有可能介绍土著音乐产生的历史背景。选项D突出的是“关系”，并没有突出“土著音乐”。所以，排除选项D。

【真题回顾】

1. 信息时代，信息的存在形式与以往的信息形态不同。它是以声，光、电、磁，代码等形态存在的。这使它具有“易转移性”，即容易被修改，窃取或非法传播和使用，加之信息技术应用日益广泛，信息技术产品所带来的各种社会效应也是人们始料未及的。在信息社会，人与人之间的直接交往大大减少，取而代之的是间接的、非面对面的，非直接接触的新式交往。这种交往形式多样，信息相关人的行为难以用传统的伦理准则去约束。

作为一篇文章的引言，这段文字后面将要谈论的内容最可能是(　　)

A. 信息存在形式的更新　　B. 信息社会与信息伦理

C. 人际交往形式的多样化　　D. 信息技术产品与生活方式

2. 放弃了宗教的人，若没有代替宗教的东西，______。不过幸好除了宗教还有哲学为人类提供了获得更高价值的途径——一条比宗教提供的途径更为直接的途径，通过哲学而熟悉的更高价值，比通过宗教而获得的更高价值，甚至要纯粹得多，因为后者混杂着想象和迷信。

填入横线上最恰当的是(　　)

A. 便会很自然地去寻求哲学的帮助

B. 只好把自己限于尘世事务，而与精神事务绝缘

C. 也不会感到生活有太大的变化

D. 他们照样可以保持内心的平静怡和

3. 近日，广东省人大常委会终审通过了《广东省预防未成年人犯罪条例》，该条例在第26条规定任何经营场所不得向未成年人提供或者出售烟酒。任何人不得向未成年人提供烟酒，不得要求未成年人为其购买烟酒。对于是否应将这种最为普通的生活行为上升到法律层面，以及立法能否达到预想的效果，人们议论纷纷，莫衷一是。

文章作者在后面最有可能提到的是(　　)

A. 条例颁布的背景　　B. 条例的可行性及必要性

C. 条例通过的条件　　D. 社会对该条例的议论

【参考答案与解析】

1. B【解析】前三句话说明了信息的存在形式、特点；第四句话说明了在信息社会，交往出现了新形式；最后一句话指出了在这种背景下，传统的伦理规则已经不适应，这也是一个结果句，表明了作者的观点，但并没有展开。因此，下面的论述将会对其展开。所以，本题的正确答案是B。

2. B【解析】根据第一句话中的"若"可知，第一句话中的前两个分句是条件句，所缺的句子应该是一个"结果句"。通过"不过幸好"可知，第一句话中所缺的句子应该表达的是一种消极的结果。据此，可以排除选项A、D。根据题干中的"宗教"、"哲学"和"价值"可知，题干侧重的是精神上的探讨，而不是现实生活。所以，排除选项C。

3. D【解析】由最后一句可以推断，作者在后面将会总结出社会对该条例的看法，因此本题选D最合适。其他三项本片段没有提到，是无关项。

(七) 语句排序类

【题型特征】

这类试题的题干不是一个有顺序的片断，而是给出几个句子，要求我们按照一定的逻辑顺序，将这些句子进行重新组合。

此种题目的提问方式包括：将以上6个句子重新排列语序正确的是、将以下6个句子重新排列组合等。

【考点提炼】

总体上讲，此类试题的考点主要就是考查句子之间的逻辑关系。具体来说，可以分为以下几个方面：(1)对关键词的考查。这类词包括关联词、时间或空间类的词、代词等；(2)考查事理的发展顺序；(3)对句子结构形式的考查。

【解题指南】

针对此类试题的特点，解题的方法和技巧主要包括：(1)关联词法。在这类题目中，往往会有关联词，比如转折类、因果类、递进类等关联词，由此就可以判断句子之间的先后关系；(2)分析时间、空间顺序。有些题目的设计的出发点是根据时间顺序或者空间顺序。因此，根据时间或空间同样可以判断句子的先后关系；(3)代词辨别法。一般来讲，有代词类的句子不能放在首位，否则的话，容易造成主题不明；(4)代入法。此种方法是根据选项的特点进行判断的。在这些题目中，在题干中有六个句子，而选项只有四个，所以，可以根据每个选项的首个数字判断题干中的哪一句作为第一句更为合理。然后，把所确定的选项代入到题干中，判断正确的选项。

例1　将以下6个句子重新排列组合：

① 那么取得的效果肯定适得其反。

② 实质上，自吹狂总给人底气不足，用吹嘘来装声势的感觉。

③ 但是如果你推销自己的欲望时刻一触即发。

④ 在与你相处一段时间以后，上司、同事很可能把自吹自擂认作是你的头号本领。

⑤ 反而忽视了你的其他长处。

⑥ 懂得证明自己价值的你固然勇气可嘉。

排列组合最连贯的是(　　)

A. ④⑥③①⑤②　B. ⑥③⑤①②④　C. ⑥③①④⑤②　D. ②④⑤①③⑥

【答案】C

【解析】根据“固然”、“但是”、“如果”、“那么”，可以推知⑥③①是在一起使用的，可以排除选项B、D。运用代入法，可知把④放在⑥③①的前面，不符合题意，故排除选项A。

例2　将以下6个句子重新排列组合：

① 在新民主主义革命中，党领导全国各族人民，经过长期的革命斗争，取得了胜利，建立了人民民主专政的中华人民共和国。

② 无论是在革命时期还是在建设时期。

③ 中国的革命实践证明没有中国共产党的就没有新中国，没有中国共产党的领导，中国人民就不可能摆脱受奴役的命运，成为国家的主人。

④ 党都是中国社会主义事业的领导核心。

⑤ 中国的建设实践证明，中国只有在中国共产党的领导下，才能走向繁荣富强。

⑥ 建国后，我国顺利地进行了社会主义改造，确立了社会主义制度，社会主义的经济、政治和文化得到了很大的发展。

排列组合最连贯的是(　　)

A. ②④③①⑤⑥　B. ①④②③⑥⑤　C. ②④⑤①③⑥　D. ④⑤③①⑥②

【答案】A

【解析】通过阅读可以发现，六个语句可以分为三组。②④句无疑是这组句子的主题句，根据关联词“无论……都……”的搭配可以确定顺序，强调党是中国社会主义事业的领导核心。③①和⑤⑥分别从革命时期与建设时期对中国共产党的地位加以论述，属于对主题句的辅证，也不能分开。其中①是对③所表达观点的具体说明，⑥是对⑤所表达观点的具体说明，因此③在①前，⑤在⑥前。而新民主主义革命在新中国的建设之前，③①无疑处于⑤⑥之前。因此正确顺序为A 项。

【真题回顾】

1. ① 修建一所房屋或者布置一个花园，要让住在别地的朋友知道房屋花园是怎么个光景，就得画关于这所房屋这个花园的图。

② 编纂关于动物植物的书籍，要让读者明白动物植物外面的形态跟内部的构造，就得画种种动物植物的图。

③ 读者看了，明白了，住在外地的朋友看了，知道了，就完成了它的功能。

④ 这类的图，绘画的动机都在实用。

⑤ 咱们画图，有时候为的实用。

将以下 5 个句子重新排列组合，语序正确的是(　　)(中国石化)

A. ⑤②①④③　　B. ⑤①②④③　　C. ②①③⑤④　　D. ⑤③①②④

2. ① 所以“小清新”一度被定义为“矫情做作”、“不识愁滋味”的少年“为赋新词强说愁”

② “小清新”拥有淡定的心态，冷静思考，不抑郁不消沉，不寂寞不孤独，享受和珍惜独自生活的时间

③ 随着这个“年轻温暖、干净清新”新群体的不断壮大

④ 曾经有人批评“小清新们”集中了文青的矫情、小资的虚伪、愤青的偏激

⑤ 也许它能给予日益浮躁的社会一种柔软的反击

⑥ 不过，我们必须看到另一面，与社会上的“浮躁”、“浑浊”相对的，正是“清新”

将以上 6 个句子重新排列，语序正确的一项是：(　　)(中国石化)

A. ③⑤④①⑥②　B. ④⑥①②③⑤　C. ④①⑥②③⑤　D. ④①⑥③②⑤

3. ① 为了使艺术作品完美，需要艺术家所说的是崭新的，且对一切人而言是重要的，需要表现得十分优美

② 为了做到这一点，艺术家任何时候也不应反复打量自己的工作，不应欣赏它，不应把技巧当作自己的目标，正如行走的人不应想到自己的步态并欣赏它那样

③ 一部艺术作品好或坏，取决于艺术家说什么，怎样说

④ 为了使艺术家所说的能够表现得优美，需要艺术家能够掌握自己的技巧，以致在写作时，很少想到这技巧的规则

⑤ 为了使艺术家说的是崭新的和重要的，就需要艺术家是有道德修养的人，

因此不是过非常自私的生活，而是人类共同生活的参与者。

将以上 5 个句子重新排列，语序正确的是：(　　)(中国石化)

A. ③①⑤④②　　B. ③①②⑤④　　C. ①⑤④③②　　D. ①③②⑤④

【参考答案与解析】

1. A【解析】⑤总说，提到画图，②①分说举例说明，讲具体用途，④③总结，联系到实际。故选 A。

2. C【解析】③句中含有代词“这个”，放在段首不恰当，排除 A。分析可知，①与④构成因果关系，⑥与①构成转折关系，因此这三句的顺序应为④①⑥，排除 B。③中的“这个……新群体”指的是②的“小清新”，⑤句的“它”指的也是“小清新”，因此②应放在③⑤之前，再结合③句的“随着”可知，这三句顺序为②③⑤，排除 D。故本题答案为 C。

3. A【解析】分析五个句子可知，①中提到的“崭新”、“重要”、“优美”分别与⑤、④两句相对应，故这三句应紧密相连，且顺序为①⑤④，排除 B、D。②主要说明的是“艺术家不应过分重视技巧”，这与④所表达的意思一脉相承，故②应紧跟在④后。本题答案为 A。

(八) 复述类

【题型特征】

提问问题的形式有：最能准确复述这段话意思的是、最能准确复述这段话主要意思的是、对这段话复述最准确的是等。

【考点提炼】

复述类的题考查的点包括：(1)划分文段的层次，如果要准确地复述原文，首先应该清楚文段一共有几层意思，否则的话就容易出现复述不全；(2)总结、概括文段的层意。既然是复述，那就意味着不是重复原文的话，应该在分析的基础上，概括每一层的意思。

【解题指南】

解主旨类的方法同样可以适用于这类题型。除此之外，在做这类题时，一定要看清出题人问的是什么，目的主要是要区分“最能准确复述这段话意思的是”和“最能准确复述这段话主要意思的是”，后一种强调的是文段的主要意思。

例 1　外语或第二语言教学，正在走出“就语言教学语言”的局限境地，而把构成人们语言交际能力所不可或缺的社会文化因素也导入语言教学。这就必然对作为语言教学重要环节的语言测试提出相应的要求：语言测试中应该包含对相关文化内容的测试，不妨可以说，这是语言测试中的“文化测试”。

最能准确地复述这段文字意思的是(　　)

A. 语言测试中应该包含对相关文化内容的测试，即语言测试中的“文化测试”

B. 社会文化因素教学的导入要求语言测试中应该包含对相关文化内容的测试

C. 外语或第二语言教学，正走出“就语言教学语言”的局限境地，这要求把社会文化因素也导入语言教学

D. 社会文化因素教学的导入，要求外语或第二语言教学走出“就语言教学语言”的局限境地

【答案】B

【解析】本题有两层含义：一层是社会文化因素导入语言教学；另一层含义是语言测试中应该包含相关文化内容的测试。所以，选项B正确。

【真题回顾】

1. 现在的学术发言环境比过去好多了，可知识分子中存在一种奇怪的犬儒主义，不敢把自己的思想讲出来，唯恐得罪什么人。之所以存在这种情况，有些是过去搞怕了，有些是胆小。但你在学术界，不把真正的问题讲出来，看别人的脸色行事，是做不成学问、搞不成研究的。

对这段文字的主要意思概括最恰当的一项是：(　　)(中国石化)

A. 做学问要敢于挑战权威

B. 没有骨气的人成不了学术大家

C. 敢于表达自己的思想才能做好学问

D. 学术环境是影响学术成就的重要因素

2. 在少数民族地区要大力推广农业科学技术，提高科技含量，增加科学技术对经济的贡献份额，促进科技与经济的紧密结合。要做到这一点，关键又在于积极发展民族教育，各级政府应下大决心，加大对民族地区教育事业、各种实用技术培训的投入，提高劳动者素质，促进民族地区经济社会协调发展。

最能准确复述这段话主要意思的是(　　)

A. 认真实施“科教兴农”战略，把民族地区的经济发展真正转移到依靠科技进步和提高劳动者素质上来

B. 要大力提高民族地区农业科技含量

C. 积极发展民族教育，促进民族地区经济社会协调发展

D. 增加科学技术对经济的贡献份额

3. 常常抱怨旁人不理解自己的人糊涂了。人人都渴望理解，这正说明理解并不容易，被理解就更难，用无休止的抱怨、解释、辩论、大喊大叫去求得理

解，更是只会把人吓跑了的。不理解本身应该是可以理解的。理解“不理解”，这是理解的初步，也是寻求理解的前提。他连别人为什么不理解都理解不了，又怎么能理解别人？一个不理解别人的人，又怎么要求旁人的理解呢？

对这段话的主要意思复述最准确的是(　　)

A. 不理解自己的人是糊涂的，爱抱怨和发牢骚的

B. 理解自己容易，被他人理解却是很困难的

C. 要获得别人的理解，首先要理解别人

D. 事物总是有一个由不理解到理解的发展过程

【参考答案与解析】

1. C【解析】第一句谈到知识分子中存在犬儒主义。第二句解释了犬儒主义存在的原因，第三句由转折关联词“但是”引导，转折之后是文段主旨句，“你在学术界，不把真正的问题讲出来，看别人的脸色行事，是做不成学问、搞不成研究的。”也就是说，不讲真问题是做不成学问，搞不成研究。观察四个选项，C 项是对主旨句的同义替换，因此答案为 C 项。

2. A【解析】全文主题是发展少数民族地区的经济。第一句指出要依靠科技进步，第二句提出要加强民族教育。A 项涵盖了这两句的内容，B 项和 D 项只概括了第一句的内容，C 项是第二句的内容。故正确答案为 A。

3. C【解析】片段中指出理解“不理解”是理解的初步，即是指出要获得别人的理解就要先理解别人，“一个不理解别人的人，又怎么要求旁人的理解”更是确定地指出了这一点。故选 C。

二、选词填空

选词填空这类题目就是要求考生选择合适的词或成语补充到横线上，使原来的语句句意完整连贯，表达准确。这类题目属于各大考试常见题型。

这部分题目和片段阅读有相同点，也有不同点。相同点主要指的是二者都强调对题干的理解，需要正确把握语境。不同点主要包括两个方面：一个是题干难度的不同，另一个则是选项比较方面的不同。尽管二者都讲究对题干的理解，阅读难度要小于片段阅读。但这并不意味着这部分试题就简单，而是恰恰相反，这一部分试题比片段阅读要难。原因就在于这类题目和片段阅读的题目相比，考察的侧重点不一样，选词填空注重对选项的考查，而其选项是近义性词语或成语，所以，这就给我们带来了难度。因为只是懂得了题干还不行，还必须能正确地区分近义词的意思。而对于基础比较差的同学来说，这是致命的，所以有很多同学在这部分失分更加严重。

基于以上的分析，在备考这部分内容时，就要从两个方面入手：第一个方面

是储备词汇量。该储备哪些词汇量呢？就目前出现过的题目来讲，主要考查三大类的词汇：一是近义词。考题中的近义词一般都是常见的词语；二是成语，当然这些成语的意思一般也都是词义相近；三是关联词。针对这三种词汇，我们该如何准备？首先，关联词方面，在片段阅读中，我们已经讲得很详细了。所以，我们重点就是要储备近义词。当然，这个打基础的时间可能会比较长。第二个方面，在现有的词汇量的前提下，我们该如何把他们发挥到极致呢？这就涉及选词填空技巧性方面的内容。

（一）近义词

【题型特征】

这类题的特征主要包括：(1)在四个选项中给出的是意义相近的词语。这类题和片段阅读不太一样，通过提问的方式就可以直接判断是哪类题型，而是必须借助于选项才能够判断出来。(2)这类题型是重点考查的题型。在选词填空所重点考查到的词类中，近义词又是重中之重，被考查到的频率远远高于关联词、反义词。

【考点提炼】

此类题所考查的考点包括：(1)题干的语境。语境就是词语所处的语言环境，也就是文意。因此，它是判断选项的重要依据。尤其是这两年的试题，更加侧重于对语境的考查。(2)近义词的本身意义。语境是做题的一个重要依据，但是，仅仅知道语境还不足以解决问题。因为考查的是近义词，所以，还需要对选项中的词语进行辨析。

【解题指南】

结合此类题型的特征和考点，解题的方法和技巧主要包括两大原则和四大技巧。

1. 两大原则——宏观

(1) 找关键词，确定语境

语境是正确使用词语的前提。通过分析题干，找出关键词，就很容易掌握题干的语境。这一原则是从宏观的角度来讲的，适用于选词填空所有类型的题目。

例1 研究发现，睡眠存在障碍与很多疾病有着难以______的联系。有时候通过改善睡眠状态，可连带对另一种疾病的治疗起到______的功效。

依次填入划横线部分最恰当的一项是( )

A. 区分　釜底抽薪　　　　B. 割裂　一石二鸟

C. 确认　投石问路　　　　D. 分割　正本清源

【答案】B

【解析】通过第二句中的“连带”就可以判断出改善睡眠可以起到双重的功效，而符合这一要求的只有选项B。

例2　成本过高是可再生能源发展的最大________。就电力而言，风电是最接近商业化的可再生能源，但成本仍然比火力发电高；太阳能发电成本就更高了，是火电的数倍。因而降低成本是可再生能源________化发展的关键。

依次填入划横线部分最恰当的一项是(　　)

A. 瓶颈　现代　　B. 障碍　规模　　C. 问题　市场　　D. 阻碍　产业

【答案】B

【解析】片段中表达的意思是现在已经拥有利用可再生能源的技术，但是由于成本较高，限制了其发展。据此，可排除选项A、C；阻碍一般用作动词，后面跟宾语，而障碍一般用作名词，因此第一个空应选择障碍。因此答案为B。

(2) 转移视线原则

这一原则的目的就是迅速找到突破口。换句话，就是迅速有效的破题。具体地讲，有些题目不是一个空，有的是两个或三个。需要我们注意的是，第一个空格如果不是解题的突破口，就要学会灵活，不要纠缠下去，快速寻找下一个空格，根据后面的空格确定选项。

例3　人们一般都认为艺术家是“神经质”的，他们的行为像16个月大的婴儿，这种观点是________的。事实上，“发疯”的艺术家是很________的，我所遇到的许多艺术家都是极具组织头脑、非常成熟的个体。

填入划横线部分最恰当的一项是(　　)

A. 正确　普遍　　B. 片面　稀少　　C. 偏颇　稀缺　　D. 错误　少见

【答案】D

【解析】根据“事实上”，可知前后句之间是转折关系，作者是要否定前面的观点，所以，A项可以被排除。而后三项的第一个词表达的都是否定的意思，因此，在这儿就不足以确定答案是哪一个。再看第二个空，通过分析可知，只有“少见”才能和原文段搭配。所以，正确选项是D。“稀少”通常是指物种，“稀缺”通常指资源，均与原文段搭配不当。

2. 四大技巧——微观

这四大技巧来源于我们辨析同义词的方法。同义词是意义相同或相近的一组词，其中意义完全相同的词叫等义词。事实上，在理性意义、色彩意义上完全相同的等义词是很少的，例如，演讲——讲演、觉察——察觉，而且多数等义词在使用中一般也会淘汰掉其中不常用的一个，如照相机——照相器、米——公尺。

根据现代汉语语法，近义词的差异性主要表现在意义、色彩和用法上。意义方面主要包括：词义的轻重、词义的范围、词语的侧重点；色彩方面主要包括：感情色彩、语体色彩；用法方面主要包括：搭配的对象不同。结合试题，我们可采用以下技巧。

(1) 看搭配

在汉语形成、发展过程中，有些词搭配的对象是不同的，词的搭配有一定的限度，不能任意组合。词语的搭配要符合两个原则：一是合乎事理；另一个是合乎习惯。由于有这种固定的用法，所以，这种方法是既快又准的方法。

例4 由于疏于________，院里的房屋大多十分陈旧，与旁边修建得簇新的正乙祠戏楼相比要________得多，不过在院中我们依稀还可以看到正乙祠戏楼当年的身影。

填入划横线部分最恰当的一项是(　　)

A. 修饰　寒酸　　B. 修葺　逊色　　C. 管理　破败　　D. 维护　杂乱

【答案】B

【解析】"修葺"是专门用来和房屋的修缮相搭配的词，考生要是对此词语有所了解，答案就是一目了然。

(2) 品色彩

色彩是从主观方面讲的。就色彩而言，有感情色彩、语体色彩、形象色彩、时代色彩、外来色彩、民族色彩、地方色彩等等。而考题中最常见的是感情色彩和语体色彩，其中，又以感情色彩为主。

1) 感情色彩

人们在使用现代汉语进行交际时，总要选择一些恰当的词语来表达自己特定的态度、特定的感受，或赞美，或贬斥，或喜爱，或憎恶，或喜悦，或悲伤等等，这就是我们经常所说的褒义词、中性词和贬义词。

例5 发展与壮大文化产业，既要盯着市场做文章，________文化生产部门的自我生存能力，最大限度地让文化产品增值；又不能唯市场是从，一味________市场低层次需求，让那些格调不高的文化产品大行其道。

填入划横线部分最恰当的一项是(　　)

A. 扩大　限制　　B. 维护　满足　　C. 提高　降低　　D. 增强　迎合

【答案】D

【解析】由"让那些格调不高的文化产品大行其道"可以推知第二个空格处应该是消极意义的词。所以，选项D合适。

例6 "诗是不可译的，中国古典诗歌更是不可译的。"爱好古典诗歌的中国人包括不少作家、学者、翻译家常常如是说，语气中带着七分________三分

________。然而，话说回来，如果没有翻译，中国古典诗歌如何走出国门、走向世界呢？

依次填入划横线部分最恰当的一项是(　　)

A. 自豪　遗憾　　B. 无奈　悲伤　　C. 感伤　埋怨　　D. 骄傲　惭愧

【答案】A

【解析】题干中的第二句话是爱好古典诗歌的中国人的态度，因此，他们对中国的古典诗歌是持赞成态度的。所以，第一个空应该填的是积极性的词语。由此，就很容易排除选项B、C、D。“无奈、感伤和骄傲”明显与题干所想表达的意思不匹配。

2）语体色彩

语体色彩是指不同的词语适用于不同的语体的风格而形成的风格色彩意义。语体色彩的两极是书面语和口头语。

如：观看——瞧　　出恭——解手　　吝啬——小气

3）词语的时代色彩、外来色彩、地方色彩

时代色彩：大跃进、红卫兵、万岁万岁万万岁、最伟大的舵手。

外来色彩：卡拉OK、巧克力。

地方色彩：汾酒、长城、故宫。

(3) 明词义

在理性意义上，试题中经常考查的是词义的轻重、词义的侧重点不同。

1）词义的轻重

有的近义词之间基本意义相近，但是词义的轻重程度有所不同。一般来说，词义的轻重主要是意义相近的动词、形容词表现出来的差别，有的词语适用于比较重要的、较大的事物，有的则适用于一般性的事物；有的表示的程度深、性质重，有的则表示的程度浅、性质轻，这就是词义的轻重。

例7　新古典经济学以市场为导向的主张在西方环境政策的形成中起到了重要作用，但其研究方法也受到广泛的________，有人认为，完全市场化的环境政策其结果会适得其反，由人类活动引起的环境损害将有增无减。

填入划横线部分最恰当的一项是(　　)

A. 批评　　B. 怀疑　　C. 关注　　D. 批判

【答案】A

【解析】比较词义的轻重。批判，一般是针对错误或反动的思想、言行进行分析、批驳，语气较重。怀疑，只是表示不相信，语气太轻，不合题意。由题意可知，已经有人对“完全市场化的环境政策”带来的结果提出了自己的意见，所以，就不仅仅是“怀疑”。因此，本题用“批评”最合适。

2）词义的侧重点

不同的词语，尽管意义差不多，但是其语义上的侧重点却不一定相同。

例8 我在农村________了我的童年。

填入划横线部分最恰当的一项是(　　)

A. 度过　　B. 渡过　　C. 经历　　D. 回顾

【答案】A

【解析】“度过”指的是让时间在工作、生活等中消逝，“度过”强调的是时间。“渡过”指的是通过、跨过遇到的障碍，强调的是空间，所以排除B。经历是指亲身遇到过，强调的是“经历……事情”。如果用“经历”了童年，显然是动宾搭配不当，故排除C。回顾指的是回头去看，回想过去的事情，显然与题意是不符的，故排除选项D。

例9 颜真卿“守其正，全其节”的气节备受后世________，人见其书，往往________他的人品。欧阳修称“其字画刚劲独立，不袭前迹，挺然奇伟，有似其为人”，即使对其楷书有些________的米芾，也感到颜体具有一种“昂然不可犯之色”。

依次填入划横线部分最恰当的一项是(　　)

A. 推崇　联想　微词　　B. 仰慕　追怀　保留

C. 称颂　认同　不满　　D. 赞誉　映照　非议

【答案】A

【解析】片段中的第二个空需要填的词语应该要表达这样一个意思，即人们见其书之后有什么样的表现或行为，“认同”、“映照”、“追怀”均无此意，排除C、D，“推崇”与“仰慕”不太好区分，但是，“保留”与“微词”相比较，明显微词更合适。因此答案为A。

3）词义的范围大小

例如：边疆、边境和边界：边疆是指远离内地靠近国界的大片领土；边境是指紧靠国界的地区，其词义所指范围比“边疆”小；边界是指地区和地区之间的界线，词义所指的范围比“边疆”、“边境”都要小。

时期、期间和时间：时期是指一段较长的时间；期间是指某一时期里的一段时间；时间所指的时间范围比“期间”更小。

（4）联想法

联想是通过赋予若干对象之间一种微妙的关系，从中展开想象而获得新的形象的心理过程。我们在做题时，可以借用这种思维模式。如果所给选项中，有的词语很不容易区别或很难理解，就可以把词语中比较费解的语素，通过联想或想象的方式进行组词或造句。而且，组的词或造的句是我们生活中耳濡目染的，人人皆知的。这样可以化难为易，把抽象变为具体，把知识联系生活，自然做题就不是很困难了。

例 10 两会期间，许多代表明确提出，对乱收费的现象，人民群众早已深恶痛绝，政府必须采取强有力的措施(　　)这种现象。

填入划横线部分最恰当的一项是(　　)

A. 禁止　　B. 制止　　C. 阻止　　D. 停止

【答案】B

【解析】此题主要就是辨别“禁止”和“制止”。二者都有不准做的意思，但是要具体说出区别，比较困难。这样采用联想想象，如在公共场所“禁止吸烟”。而“制止”可以联想为：我们必须制止恐怖事件的再次发生。从生活中的具体用法就可以得出一个简单的结论：“禁止”是命令性(法令或习俗)的不准、不许可，主语不明确，或没有主语(社会约定俗成的)；“制止”则是采取强硬措施来迫使停止，有主语，是比较主动的行为。

【真题回顾】

1. 读书不仅能________人生修养、________人生道路、________人生真谛，而且它还是不断能获得新的力量的源泉。

填入划横线部分最恰当的一项是：(　　)(中国石化)

A. 提高　规划　领悟　　B. 提升　规划　领会

C. 提高　计划　感受　　D. 提升　计划　感悟

2. 坐在餐桌前，举筷享用食物，我们早已司空见惯，却浑然不知盘中羹餐在全球范围内________的利害关系。现代社会高度分工，我们远离春耕秋收，只有食品价格飙升的时候，粮食生产才会引起我们的关注，去年，粮价一路攀升，为我们的长期________敲响了警钟。

填入划横线部分最恰当的一项是：(　　)(中国石化)

A. 盘根错节　漠然　　B. 纷繁芜杂　冷淡

C. 扑朔迷离　无视　　D. 眼花缭乱　疏忽

3. 无论当下的生活多么衣食无忧，中国人还是爱假想将来可能遇到的________，即使这些真正发生的机率接近于零，这只能从中国人________的传统心理方面进行解释。

填入划横线部分最恰当的一项是：(　　)(中国石化)

A. 困难　任劳任怨　　B. 困难　克勤克俭

C. 变故　未雨绸缪　　D. 麻烦　居安思危

【参考答案与解析】

1. A【解析】此题的切入口为第二空，“计划”是指工作或行动以前预先拟定的具体内容和步骤；而“规划”则是指比较全面的长远的发展计划。文中“人生道路”是比较长远的，用“规划”恰当。“领悟”和“领会”都侧重于明白道理，但前者是主动的意识形态，后者是被动的意识形态；而“感受”和“感悟”都侧重于感情上的变化。文中“人生真谛”是要人主动去“领悟”的，是各种真实道理的集合体。再来看第一空，“提升”和“提高”是一对近义词，都是指在原来的基础上抬高了。“提升”是呈直线上升的，速度比较快；而“提高”呈斜线上爬的，速度比较慢的。总体来看，修养变高是一个比较慢的过程，所以用“提高”。故正确答案为 A。

2. A【解析】句意说的是粮食在全球范围内有着错综复杂的关系。“纷繁芜杂”侧重于强调多而杂乱。没有条理，与句意不符，排除 B 项。“扑朔迷离”、“眼花缭乱”都含有不易看清的意思，侧重的是认识上有困难。而“盘根错节”侧重强调的是客观事物的关系很复杂，难以切断。故填“盘根错节”最合句意，答案选 A。

3. C【解析】根据“这些真正发生的机率接近于零”可知是人们在事情发生前做准备或有所知晓，所以根据成语的理解则“未雨绸缪”或“居安思危”符合语境，排除 A、B，再辨析“变故”和“麻烦”，根据文段中主体是中国人的概念，与之搭配的需要语意和范围比较广的实词“变故”，而“麻烦”偏狭窄可排除。所以选择 C。

（二）关联词

【题型特征】

这类题的特征包括以下几个方面：(1) 不能够通过提问的方式判断其属于哪种类型的题，需要通过选项来判断；(2) 从数量上看，这类题的数量较少；(3) 从难度上来看，这类试题的难度相对较小。这是因为，关联词比较容易区分。

【考点提炼】

此类题所考查的考点包括：(1) 题干的语境。这一点和近义词一样，在判断正确选项时，都得需要语境的支持。同样，近两年的试题，更加侧重于对语境的考查；(2) 关联词词义的考查。在做这类题时，除了理解语境之外，还需要对关联词本身的意义及其用法要有了解。

【解题指南】

这类题的解题方法和技巧同近义词类的题没有什么区别，但是，这类题更加侧重对语境的考查。

例 1　由于古人视彗星出现为不祥，________对其非常重视，几乎每一次出现都有比较________的记录。

依次填入划横线部分最恰当的一项是(　　)

A. 因此　隐晦　　B. 加之　准确　　C. 故而　详细　　D. 反而　迷信

【答案】C

【解析】根据题意可以得知第一个空填的是表结果的关联词，故排除选项B和D，根据非常重视，可以得知第二个空应该填“详细”。

【真题回顾】

1. 现代社会，科学传播不可能起到________的效果，如果谁这样想，谁就会________科学，最终将会危害科学。

依次填入划横线处最恰当的一项是(　　)(中国石化)

A. 立竿见影　误解　　B. 马到成功　误会

C. 一蹴而就　曲解　　D. 立见成效　歪曲

2. 承受是一种精神，是人生________而美丽的一番心境。不论你愿意与否，生活本身的内容。决定了我们终将是山、是海，是那只________、默默跋涉的戈壁骆驼，终将以胸怀以肩膀去承受生活的各种施加。

填入划横线部分最恰当的一项是：(　　)(中国石化)

A. 甜蜜　孑然一身　　B. 奇异　形单影只

C. 酸涩　孤苦伶仃　　D. 苦涩　踽踽独行

3. 19世纪的西方建筑师大多满足于把钢铁作为一种________手段应用于当时流行的古典式或哥特式建筑。很久以后，建筑师才________了古典和哥特模式，充分发挥了钢铁构架结构的各种潜能。

填入划横线部分最恰当的一项是：(　　)(中国石化)

A. 次要　放弃　　B. 补充　摆脱　　C. 主要　超越　　D. 典型　淘汰

【参考答案与解析】

1. A【解析】第一空中，只有“立竿见影”能够用来修饰“效果”。且“误解”代入句中也恰当，故本题正确答案为A。

2. D【解析】由句意和表转折的“而”字可知，第一空所填词语应与“美丽”构成转折关系。“甜蜜”、“奇异”均不符合要求，排除A、B。“踽踽独行”孤零零地独自走着，形容非常孤独；“孤苦伶仃”形容孤独困苦，无依无靠。由句意可知，此处主要强调的是“孤独”，而非“孤苦”，故排除C。故本题选D。

3. B【解析】题干分为两部分，从“很久以后……才充分发挥了钢铁构架结构的各种潜能”可推知前文19世纪时不是“主要”或“典型”手段，排除C、D。“放弃”侧重主观，而“摆脱”侧重客观，是被动中寻求主动，而后面提到发挥其本身潜能，所以选“摆脱”，选择B选项。

（三）反义词

【题型特征】

这一类题的特征和关联词类题的特征基本上相同，包括：(1)需要通过选项来判断题型；(2)考查的数量不是很多；难度也比较小。

【考点提炼】

这类题的考点和关联词类题的考点基本上也一样，也是主要考查两个方面的内容，包括语境和词义本身的理解及其运用。这两者相比较，同样侧重于对语境的考查。

【解题指南】

至于方法，参考辨析近义词的技巧。但做这种题型，最常用到的就是找关键词，理解语境。

例1 那些诗句________，却深深地打动了我的心。

填入划横线部分最恰当的一项是(　　)

A. 美丽　　B. 奇妙　　C. 美妙　　D. 平淡

【答案】D

【解析】根据“却”可知，前后的意思应该是相反的，后一句用的是“打动”。所以，用所缺词语用“平淡”符合题意。

【真题回顾】

1. 目前，能影响电子书走向大众的关键因素在于传统阅读习惯。手指翻过书页，会有自由的感受，电子书则是冰冷之物。传统书籍的阅读体验，是不可能________的。不过，人的生存压力越来越大。很难陷入长久阅读，多是快餐、零碎式的浏览。电子书倒能填补这种零碎的时间，在________中打发时间。

填入划横线部分最恰当的一项是：(　　)(中国石化)

A. 模仿　轻描淡写　　B. 移植　浮光掠影

C. 复制　删繁就简　　D. 效法　浅尝辄止

2. 根据历史上的真人真事进行文艺创作时，为了使人物表现的更为________，可以对人物进行符合本身和时代背景的“适当”创作，但是大的历史事实、人物命运、主要矛盾、重要事件都必须符合历史，不能对历史人物的“人生层面”进行________和歪曲。

填入划横线部分最恰当的一项是：(　　)(中国石化)

A. 完整　杜撰　B. 真实　虚构　C. 形象　改编　D. 丰满　臆造

3. 亚洲有中印两个人口大国，然而人口的庞大却与人才是否________没有必然关系。人才供应缺口在一些国际化的行业中尤为________，例如金融业从业

人员、工程研发人员等在全亚洲都供不应求。

填入划横线部分最恰当的一项是：(　　)(中国石化)

A. 饱和　突出　　B. 充裕　明显　　C. 过剩　严峻　　D. 流失　巨大

【参考答案与解析】

1. B【解析】本题可先从第二空入手，“轻描淡写”形容说话或写文章把重要问题轻轻带过；“浮光掠影”比喻观察不细致，学习不深入，印象不深刻；“删繁就简”删除繁杂部分，使其趋于简明；“浅尝辄止”略微尝试一下就停止。比喻不肯下功夫深入钻研。与“快餐、零碎式的浏览”相对应，A、C 明显不符合，排除。“效法”照着别人的做法去做，与“体验”不搭配，排除 D。本题答案为 B。

2. D【解析】由句意可知，“适当”创作是指发挥合理的想象，使人物形象更丰富、更饱满，故第一空填“丰满”比“完整”、“真实”更合适，排除 A、B 两项。再看第二空，与“歪曲”相呼应，这里应填一个带贬义色彩的词语，显然“臆造”比“改编”更契合句意。

3. B【解析】“缺口”不能与“严峻”搭配，排除 C 项。“流失”比喻人员、财物等从本地、本单位流动或转移出去而散失，与句意不符，排除 D 项。“饱和”比喻在某个范围内某种事物的数量达到最大限度；“充裕”表示充足富裕；“供应缺口”、“供不应求”都表示需求不能被满足，出现了短缺状况，与此相对的应是人才是否足够的问题，故应填“充裕”。

(四) 成语

【题型特征】

成语就是语言经过长期使用、锤炼而形成的固定短语。它虽然比词大，但是语法功能和词相当。它是表示一般概念的固定词组或句子，绝大部分是由四个字组成的。比如，“杯水车薪”、“城下之盟”、“出神入化”等。但有的成语不是四个字，如“敲门砖”、“莫须有”、“桃李满天下”等。通常考查的是四字成语。还需要注意的是，就目前的试题来讲，在一道题中把成语和词语综合在一块儿考，这是一种趋势，希望同学们注意。

【考点提炼】

这一类题的考点和近义词类题的考点基本上相同，对成语的考查，主要是集中在意义相近的成语上。

【解题指南】

就解法而言，由于词和成语在语法功能上是相当的，所以，解法也就无二。综合区别近义词和反义词的方法，就是解决成语类试题的方法。由于上面已经讲到，这里就不再重复。

例 1 胡蜂在本能的作用下________地营造自己的生活、生育中心，它的巢是________的房子。蔡伦如果在改进造纸术之前目睹过胡蜂的建筑过程并受到启发，无疑是世界上最早的仿生学家了。

依次填入划横线部分最恰当的一项是(　　)

A. 独具匠心　名不虚传　　B. 自然而然　货真价实

C. 兢兢业业　巧夺天工　　D. 无师自通　名副其实

【答案】D

【解析】片段中说胡蜂是在“本能”的作用下营造自己的巢，直接就可以选出无师自通一词，因为独具匠心、自然而然、兢兢业业与“本能”所表达的涵义毫不相干。

例 2 明代工艺品的名字大都先强调年号，然后再强调东西本身。但景泰蓝不是在景泰年间出现，而是在元代就出现了。到了景泰年间，皇家的重视使它________，因此有了今天这样一个通俗易懂且带有文学色彩的名字——景泰蓝。

依次填入划横线部分最恰当的一项是(　　)

A. 名声大噪　B. 享誉中外　C. 声名鹊起　D. 如日中天

【答案】C

【解析】片段通过一个“但”字表达了景泰蓝的与众不同，因为景泰蓝在元代已经出现却由于皇家的重视在景泰年间才发扬光大。很明显，这体现了一个从毫不知名的小品牌迅速发展为知名品牌的飞跃过程，而声名鹊起恰好就是知名度迅速提高的意思，其余选项不合适。如日中天：好像太阳正在天顶。比喻事物正发展到十分兴盛的阶段。名声大噪：由于名声高而引起人们的极大关注。享誉中外：享誉，在社会上取得声誉；中外，国内外。

例 3 我在繁忙的工作之余，时常拿起相机，游走于城市的大街小巷，去探寻城市中那些________的古迹和古迹后面那些有韵味的老故事。

依次填入划横线部分最恰当的一项是(　　)

A. 闻名遐迩　B. 门庭冷落　C. 鲜为人知　D. 人迹罕至

【答案】C

【解析】根据“城市”可知，用“人迹罕至”是不切合题意的，故排除 D。根据“探寻”，可知用“闻名遐迩”就不符合题意，故排除 A。门庭冷落，指很少有人拜访，宾客稀少，它与“古迹”不合适，故排除 B。鲜为人知，是指很少被人知道，所以，选项 C 符合题意。

【真题回顾】

1. 当我们在谈论创意的时候，大多会认为这没有什么规律可循，或者说，创意应该是________的，我们会说：如果给创意制定一个框架的话，可能会束缚创意，让创意变成________的工匠活。

依次填入划横线部分最恰当的一项是(　　)(中国石化)

A. 天马行空　按部就班　　　　B. 稍纵即逝　循规蹈矩

C. 自由自在　循序渐进　　　　D. 标新立异　熟能生巧

2. 事后控制不如事中控制，事中控制不如事前控制，可惜大多数事业经营者均未能________到这一点，等到错误的决策造成了重大的损失才如梦方醒，结果往往是请来了名气很大的“空降兵”也________。

依次填入划横线部分最恰当的一项是(　　)(中国石化)

A. 意识　于事无补　　　　B. 体会　无力回天

C. 观察　无济于事　　　　D. 认识　一事无成

3. 在微博上，不同群体表现出的特征各异：“60后”________，指点江山，________；“70后”，________，常制造深度话题；“80后”从不________，参与度高；“90后”则基本上是娱乐。

依次填入划横线部分最恰当的一项是(　　)

A. 激扬文字　一泻千里　讷言敏行　深思熟虑

B. 好为人师　胸有成竹　谨言慎行　袖手旁观

C. 深思熟虑　激扬文字　敏锐多思　袖手旁观

D. 激扬文字　胸有成竹　袖手旁观　深思熟虑

【参考答案与解析】

1. A【解析】根据文段中“大多数会认为这没有什么规律可循”，那么后面应该也指无规律之意，所以根据语境排除B、D选项，选项C“自由自在”不能与“创意”搭配，所以选择A选项。

2. A【解析】四个词语，都含有认识事物的意思，但“观察”仅仅是认识具体事物的表象，范围较窄，用在此处不合适，排除C。“体会”一般用于对某种境界或事物的感受，“事后控制不如事中控制，事中控制不如事前控制”不是一种感受，排除B。再看第二空，“于事无补”意为对事情毫无补益；“一事无成”指什么事情都做不成，形容毫无成就。句中说的是未能事前控制，等到造成重大损失后再花大力气去补救已经没有用了，“于事无补”符合句意，而“一事无成”明显与此意不符，排除D。

3. C【解析】第四空，填“袖手旁观”与“参与度高”相呼应，排除A、D。第三空，“敏锐多思”与“制造深度话题”的特点相呼应。第一空“深思熟虑”也符合60后成熟稳重的特点。所以选C项。

三、篇章阅读

【题型特征】

有了片段阅读这种题型后，篇章阅读这种题型比较少见，极其偶尔会出现。

如果考生有时间的话，学习这一部分内容以免在考试中重新出现，另外对片段阅读也有很好的促进。因为就写作结构来讲，片段阅读和篇章阅读有很多的相同之处，不同点就是在篇幅的长度上不同。

从已出现的题目情况来看，这类试题大多是采用社科类或科普类的文章，每篇文章的字数在 500 字左右。题型主要包括：对词或语句的理解；概括类的题(对某一段或整篇文章)；细节判断类的题和推理题。

从难度上讲，这一部分试题相对于片段阅读来讲，可以说既难又简单。“难”在于，篇幅比较长，信息量比较大，需要考生用更多的时间和精力去阅读材料，而且往往记不住材料上的信息，导致做题的时候不会，或者再回头去找，从而浪费时间。所以，这类题型对考生的阅读速度和反应速度有更高的要求。“简单”在于，他的语境比较确定，所以，不像片段阅读那样容易引起歧义，所以，概括类的题就相对来说比较简单。从考查的侧重点讲，这类题更加侧重于对细节判断题目的考查。因此，在题型上要特别注意细节类的题目。

【考点提炼】

篇章阅读类考题的考点主要包括：(1)阅读速度。这一类题由于字数较多，一般在五、六百字左右，所以，阅读速度的快慢直接影响到这一部分得分率的高低；(2)查找细节信息。这一类题侧重考查题干中的细节信息；(3)概括某个文段或整篇文章。这一类题虽然侧重于考查细节信息，但是概括类的题也比较容易出现，但所占比例不高；(4)推断论点。在这种题中，会有一种题型，像片段阅读中的推理题，即可以从文章中推出什么样的观点，或者推不出哪一个的观点；(5)选择正确的词语或成语。这一类和选词填空类的题相似，也是考查词语的运用。

【解题指南】

通过对这类试题的特征和考点的分析，可知这一类题的重点是如何更快、更准确地查找题干细节信息。为了达到这一目的，可以从以下几个方面着手：

(1) 可以用 5~10 秒钟的时间，浏览后面的问题，注意考查的题型是什么，其目的就是从问题中寻找篇章中的重点信息。比如，如果有对词或句的理解类的考题，就一定要牢牢把握这些关键词，这样就可以做到有重点地阅读，既能保证正确性，又能提高做题的速度。

(2) 开头、结尾的第一句话。这是因为某一段的中心句一般会出现在首尾，而且往往比较精短。如果是这样，就有利于我们在读下面的文章时，有些内容就可以略读，以节省时间。

(3) 文中所提及的人物及其观点。在很多篇章中，往往会提到一些人物，以及这些人物所表达的一种观点，这就是我们在读的过程中重点了解的内容。这是

因为，作者引用某一人的观点，不是从正面说明自己的观点，就是从反面说明观点。所以，这些人物及其观点有助于我们总结出作者的观点是什么。如果一篇文章所引用的作者较多，以致记不住的话，就可以做一个记号，做到醒目、突出，为再次寻找节省时间。

(4) 注意特殊词语。表达观点性的词语：应该、因此、从此、我觉得、我认为、总之、某某表明等；表达重点内容的词语：主要包括、主要区别等。因为由这些词语所引导的句子，往往是作者想表达的观点或者重点内容。因此，也就是考题非常容易考查到的关键点。

(5) 注意题干中的数字，尤其是百分比。根据历年的真题，数字信息是经常被考查到的信息。

(6) 注意某些特殊的符号，比如冒号、破折号、问号等。

例1　阅读短文，完成下面的问题。

像《红楼梦》这样的经典名著，在世界文学史中是可以陈列满满一个艺廊的。我国的古典诗文，从诗三百、楚辞，到李、杜，到龚自珍，小说从“四大奇书”，到《聊斋志异》、《儒林外史》；外国的名著，从荷马史诗到莎士比亚的戏剧，从塞万提斯的《堂吉诃德》，到托尔斯泰的《复活》，再到卡夫卡的《变形记》……几乎都是一座座永难挖掘尽的精神矿藏，其历史的深度和文化反思的力度，特别是他们永恒的艺术魅力与文化底蕴，值得我们和我们的后人反复品味。

名著需要重读。这不仅仅是因为它们经过时间的淘洗和历史的严格筛选，其本身的存在证明了它们的不朽，因而需要反复阅读；也不仅仅因为随着我们人生阅历的积累和文学修养的不断提高，而需要获得新的情感体验与生活感悟。我这里所说的重读名著，乃是从文化历史发展阶段着眼的。仅就我们这些年龄稍长的人的亲身经历来说，在“文革”前的一段时间和“文革”期间，阅读心态是何等的不正常，阅读空间和环境是何等的狭小和残破。那种以阶级斗争和阶级分析为经纬的阅读定势，使我们只懂得给书中人物划成分，或者千方百计地追寻作者的阶级归属和政治派别。那种刻板的经济决定论，使我们阅读名著时，到处搜罗数据，以理解时代背景。那种“通过什么反映什么”来概括作品的主题的阅读公式，死死地套住我们的阅读思维。那种所谓“受阶级局限，如何如何”的万能标签，夺去了多少传世之作鲜活的生命，使人们对名著产生了多少误解！

新时期以来，名著重印，给读书界带来了从未有过的生气。但如何重读名著呢？我想，所谓“重读”，决非“再看一遍”，也非多看几遍。如果仅仅停留于“看几遍”，那也许只是“无用的重复”。“重读”应是指把名著完全置于新的阅读空间之中，即对名著进行主动的、参与的、创造性的阅读。而这首先需要阅读者在面对名著时有一种开放的阅读心态，同时应该破除过去在某种力量束缚下的阅读方式，在心态上积极开辟多向多元多层次的思维格局，培育自身的建设性的文化性格。否则，仍可能导致重读名著的失败。

1. 从全文看，第一段引述了许多作家作品，其主要表述的意思是(　　)

A. 像《红楼梦》这样的经典名著在世界文学史上是非常多的

B. 每一本经典名著都是取之不尽的精神矿藏

C. 经典名著具有永恒的艺术魅力和丰富的文化底蕴

D. 中外文学史上的经典名著值得反复品味

2. 对名著需要重读的原因，分析不恰当的一项是(　　)

A. 名著经过历史的严格筛选，其本身具有不朽的价值

B. 读者的水平不断提高，需要获得新的情感体验和生命感悟

C. 过去“左”的一套夺去了许多经典名著的生命

D. 过去“左”的清规戒律使读者对名著产生了许多误解

3. 下列名著、作者、时代(国别)及体裁对应正确的是(　　)

A.《儒林外史》——龚自珍——清代——小说

B.《长恨歌》——白居易——唐代——诗歌

C.《九歌》——屈原——春秋——诗歌

D.《复活》——列夫·托尔斯泰——苏联——小说

4. 对“名著需要重读”的“重读”，理解不正确的一项是(　　)

A. 对名著进行主动的、参与的、创造性的阅读

B. 破除陈旧的阅读方式，用开放的阅读心态去阅读

C. 破除简单化的思维格局，用多向多元多层次的思维格局去阅读

D. 为提高自身的文化修养、培养自身的文化性格而阅读

1. D【解析】通过例举作品只是做一个铺垫，作者接着说明了这些作品是有价值的，是值得去读的。所以，选项 D 正确。

2. C【解析】原文“夺去了多少传世之作鲜活的生命，使人们对名著产生了多少误解!”这一句是一个形象的说法，表意的重点在于后面的“产生误解”。所以，本题的正确答案是 C。

3. B【解析】《儒林外史》的作者是吴敬梓；屈原是战国时期人；列夫·托尔斯泰(1828~1910)是俄国人。

4. D【解析】根据“也不仅仅因为随着我们人生阅历的积累和文学修养的不断提高，而需要获得新的情感体验与生活感悟。”可知作者是否定了这一点，所以选项 D 正确。

【真题回顾】

生物柴油一直被誉为是减少我们对化石燃料的依赖的可能的解决办法。最近

通过大肠杆菌进行的试验已经暗示，这种细菌可能是把植物成功转变成生物柴油的关键。目前大部分采用生物柴油的车辆使用的都是经过再加工的食用油，这种原材料非常昂贵，而且也很稀缺，因此很难进行大规模商业生产。如果生物柴油想对现实生活产生不可磨灭的真正影响，它就必须直接起源于植物。斯坦福大学的研究人员现在表示，生产价格低廉的植物生物柴油的化学过程很快就会变成现实。

利用植物生产切实可行的生物柴油是一个非常复杂的过程，迄今为止还没有用植物大规模生产这种燃料的可行方法。大肠杆菌能把植物糖分转变成脂肪酸衍生物，一种与肥皂类似的化学物质，也是一种行得通的燃料的好前体。但是科学家还不确定这种细菌是否具有可供大规模生产的足够的化学"能力"斯坦福大学的查坦-科奥斯拉教授进行了相关研究，他想看一看大肠杆菌在把糖转变成脂肪酸衍生物方面是否存在理论上的"限制"，例如这种细菌是否有能力释放出常规植物体内的燃料。相关研究报告称，这个问题的答案显然是肯定这个问题的。研究人员表示："好消息是大肠杆菌里制造脂肪酸衍生物的机制具有令人难以置信的超强能力。它能以极高的速度把糖转变成燃料。"

但是这一过程受到细菌的严密控制，因此我们需要更好地了解大肠杆菌。科研小组已经开始进行这方面的工作，并在实验室环境下隔离了产生脂肪酸衍生物的分子机制。他们说："我们想弄明白是什么限制了大肠杆菌处理糖的能力。我们正在询问的这个问题就像是我们想弄明白是什么限制汽车的速度达到每小时150英里的问题。"

我们发现，大肠杆菌限制脂肪酸衍生物产生的目的，显然是为了阻止这种物质对它造成伤害。它采取的"防御措施"非常有效，但是研究人员已经开始研究如何能让这种细菌产生更多脂肪酸衍生物。如果研究取得成功，生物柴油将会突然从一个传奇转变成切实可行的商用燃料。(中国农业银行)

1. 目前以食用油为原材料的生物柴油很难大规模生产，主要原因是(　　)

A. 市场的认可度不高　　B. 生产技术尚不成熟

C. 原材料昂贵而稀缺　　D. 无法用于现有车型

2. 根据本文，下列最可能作为生物柴油的原材料的是(　　)

A. 植物　　B. 细菌

C. 脂肪酸衍生物　　D. 石油

3. 本文第2段中划线部分"这个问题"指的是(　　)

A. 大肠杆菌是否具有制造脂肪酸衍生物的超强能力

B. 大肠杆菌能否以极高的速度把糖转变成燃料

C. 大肠杆菌能否将常规植物转变成燃料

D. 大肠杆菌把糖转变为脂肪酸衍生物在理论上是否可行

4. 第3段中划线部分意在说明(　　)

A. 目前尚不明确哪些因素会制约大肠杆菌处理糖的能力

B. 目前的技术条件很难让大肠杆菌产生理多的脂肪酸衍生物

C. 生物柴油在为汽车提供动力方面很难达到石油的水平

D. 将植物生物柴油变成商用燃料是可望而不可及的

5. 根据本文，下列说法正确的是(　　)

A. 由植物糖分转变成的脂肪酸衍生物就是生物柴油

B. 大肠杆菌生存环境对脂肪酸衍生物分子生成机制有影响

C. 细菌分解糖分过程中一定会产生脂肪酸衍生物

D. 目前生物柴油的商用生产尚处于研究阶段

【参考答案与解析】

1. C【解析】由文章第一段“这种生物柴油的原材料非常昂贵，而且很稀缺，因此很难进行大规模商业生产”可知，目前以食用油为原材料的生物柴油很难大规模生产的原因为昂贵且稀缺，即C项。

2. A【解析】由“如果生物柴油想对现实生活产生不可磨灭的真正影响，它就必须来源于植物”，“生产价格低廉的植物生物柴油的化学过程很快就会成为现实”可知，最可能成为生物柴油原材料的是植物，即A项。

3. C【解析】本题考查“这个问题”指代的内容。根据就近原则，离“这个问题”最近的问句为“这种细菌是否有能力将常规植物转变为‘燃料’”，与此相符的为C项。

4. A【解析】由“我们想弄明白是什么限制了大肠杆菌处理糖的能力”可知，本句是针对“大肠杆菌处理糖”而说的，选项中与此相关的只有A项。

5. B【解析】由“大肠杆菌能把植物糖分转变成脂肪酸衍生物，一种与肥皂类似的化学物质，是一种行得通的燃料的好前体”可知，脂肪酸衍生物并不是生物燃油，A项错误，C项“一定会产生”表达绝对，与文意不符，排除。D项“尚处于研究阶段”与第一段的“目前大部分采用生物柴油的车辆使用的都是经过再加工的食用油”不符，排除。B项可由倒数第二段得出。故本题答案为B。

四、病句判断

【题型特征】

病句，顾名思义，就是指在语法或逻辑上有毛病的句子。

这类试题常用到的提问方式包括：下列各句没有(有)语病的一项是、下列各句表达明确(不明确)的一项是等。

这类试题的难度比较大，从历年的考试情况来看，这一部分是考生们失分比

较严重的一部分。所以，对这类试题不可大意。就目前的考试情况来看，这类试题在中国石化校园招聘考试当中比重很大，其他单位也偶有考察。所以，对于这部分试题，还需我们认真对待。

【考点提炼】

通过总结历年的真题，这类试题的考点包括：成分残缺或赘余、搭配不当、结构混乱、语序不当、不合逻辑、表意不明等。

【解题指南】

1. 熟悉种类

如果对病句的种类不熟悉，那么在做这类题时，就会感觉无从下手。因此，熟悉病句的种类可以帮助我们寻找句子的病症，为我们指明了方向。根据目前公考考查的情况，这类试题主要考查六大类型：语序不当、不合逻辑、搭配不当、成分残缺或赘余、结构混乱、歧义句。关于这六大类型，将会在下面展开。

2. 语感辨析法

对于此类题型，我们最好充分运用自己的语感。在阅读的过程中，从感性上察觉语句的毛病，即按习惯的说法看是否别扭。如果感觉别扭的话，就要注意分析比较，辨别原因，加以修改。对于结构相对比较简单的句子，这是一种非常有效的方法。

例1　英雄的炮兵部队击落了许多飞机和坦克。

【解析】通过语感，就可以判断此题属于搭配不当，“击落”不能和“坦克”搭配。

例2　应该发挥广大青年的充分的作用。

【解析】通过语感就可以得知，此题属于语序不当。应该将“充分”移置“发挥”前，并删掉一个“的”。

例3　不管气候和地理环境都极端不利，登山队员仍然克服了困难，胜利攀登到顶峰。

【解析】通过阅读就会发现，这个句子的第一部分中的“不管……都极端不利”显然是不合习惯的，正确的说法是“不管……多么不利”，显然是关联词搭配不当。

3. 成分检查法

先找出句子的主干，即主语、谓语和宾语。然后，把这些成分中的修饰限制性成分先略去，提取主干成分进行检查，看是否存在成分残缺和搭配不当等问题。在检查了句子的主干成分后，要接着对枝叶成分进行检查，即对定语、状语和补语等进行检查。重点是检查与中心语是否搭配，是否有残缺等情况。

例4 他马上召集常委会进行研究，统一安排了现场会的内容、时间和出席人员，以及会议中应注意的问题。

【解析】主干成分，即他安排了内容、时间、人员及问题，可以明显看出“安排”与“问题”不搭配。

例5 考古工作者对两千多年前在长沙马王堆一号墓出土的文物进行了多方面的研究。

【解析】主干是：考古工作者对文物进行了研究，没有问题。再检查枝叶成分就会发现“两千多年前出土的文物”搭配不当，应该为“出土的两千多年前的文物”。

4. 体会语意法

如果结构没问题，可体味句子的意思，情趣和表达习惯，看逻辑方面是否有问题，否定是不是太多，指代是否明确，是否有歧义，用词是否妥帖，是否重复等。

例6 鲁迅先生一直认为“童年的情形，便是将来的命运”，因此他十分重视儿童文艺创作。

【解析】如果分析句子结构，没有任何问题。但是经过分析题意可知，上半句不是下半句的直接原因。因此，该题的问题属于不合逻辑。

例7 校长、副校长和其他学校领导出席了这届迎新会。

【解析】此题的结构没有问题，问题出现在“其他学校领导”。它到底是指同一学校的其他领导，还是指别的学校的领导，可见，这是一个歧义句。

例8 看来，提高人们保护生存环境的意识，在今天，显得更加至关重要了。

【解析】此题属于语意重复。“更加”与“至关重要”只能用其一。

5. 关联词语是否恰当

如果句子中有关联词语，就需要检查关联词是否配套使用、与主语的位置是否颠倒、分句间语意自然形成的关系，是否与关联词所表达的关系相符。

例9 这个村今年水稻获得了大丰收，不但向国家销售了六万斤大米，而且不吃国家救济粮了。

【解析】通过分析题意可知，“不但”和“而且”后面的内容应该互换。

例10 只要具备了自学能力，才能掌握更多的知识。

【解析】此题属于错误运用关联词。有些关联词需要配套使用，如“只要”和“就”搭配、“只有”和“才”搭配。

例11 他如果不能实事求是，事业就会受到损失。

【解析】在有关联词的情况下，如果两个分句主语一致，关联词应该放在主

语之后；如果不一致，关联词应该放在主语之前。本题的前后主语不一致，应该把“他”放到“如果”之后。

6. 抓关键词，找切入点

通过对历年真题的研究发现，有些词在这类试题中显得很重要。究其原因就是，这类词的出现往往代表着命题点，也就是一个句子的错误之处。因此，一旦这些词出现的时候，就需要引起我们的注意。这些词主要包括：

(1) 一面对两面的词，造成搭配不当

例题　加快西部地区的发展，除了积极争取国内外投资之外，搞好节水农业，办好乡镇企业，也是能否发展西部经济的一条重要途径。

【解析】前面是“搞好”、“办好”，后面是“能否”。前面是一面，后面是两面，所以搭配不当。

(2) 句首的介词造成主语缺失

例题　从大量的观测事实中告诉我们，要掌握天气的变化，务必每小时都进行观察。

【解析】“从、中”导致了句子缺少主语，应该把两者去掉。

(3) 否定句需要注意否定的层次

例题　为了防止这类事件不再发生，我们加强了法律常识的普及。

【解析】题干中的“防止和不”造成了否定不当，导致了意义相反。

(4) 抓代词

如果句子中出现代词，有可能会出现指代不明的错误。

例题　这幅名画将作为今天得分最高的嘉宾的礼品赠送给他。

【解析】题干中的“他”指代不明，可以使嘉宾，也可以是别人。

(5) 表示数量的词

如果句子中出现了数词，也应该引起考生的注意。

例题　我国约近百分之六十左右的青年认为尊老爱幼是优秀的传统美德。

【解析】题干中的“约近”和“左右”重复，去掉其中的一个。

(6) 句子太长时，容易漏掉成分

例题　国内文学大师的杰出创造无不以其对传统的广博和深刻的把握为基础的。

【解析】句子中的“无不”之后缺少谓语动词“是”。

1. 成分残缺或赘余

句子一般有主语、谓语、宾语、定语、状语和补语，成分残缺一般主要表现在主、谓、宾和修饰成分的残缺。句子成分赘余，指句子中出现了表达相同意思，起相同作用的成分或不必要的成分。

(1) 成分残缺

1) 主语残缺

A. 滥用介词造成主语残缺

例 1 经过学习，使我提高了文化水平。

【解析】全句的谓语是动词“使”，而“经过学习”是一个介宾短语，介宾短语不能做主语，这样就使得全句没有了主语，成为病句。改动的方法有两种：一是将介词“经过”去掉，让“学习”做主语；一是将“使”去掉，让“我”做主语，“提高”做谓语。

例 2 通过这次学习，使我提高了对环保重要性的认识。

【解析】此题属于滥用介词造成主语残缺。可改为：删去“通过”，“这次学习”作整个句子的主语。

B. 定语过长，丢掉了中心词，造成主语残缺

例 3 在社会主义市场经济体制建立的今天，任何脱离国际化市场需要去谈志愿、兴趣，都是不恰当的。

【解析】什么是“不恰当的”，题干中并未说明白，所以，在“兴趣”的后面加“的情况”，使“情况”作为主语。

2) 谓语残缺

例 4 鲁迅在《孔乙己》中的孔乙己是受到封建科举制度毒害的无数个读书人中的一个。

【解析】鲁迅是主语，孔乙己是宾语，中间缺少一个谓语，所以，应该在“中”后加一个“塑造”。

3) 宾语残缺

例 5 他们胸怀祖国，放眼世界，大力发扬了敢拼敢搏，终于夺得了冠军。

【解析】“发扬”后面缺少宾语，应在“敢搏”后加“精神”。

例 6 为了全面推广利用菜饼或棉籽饼喂猪，加速发展养猪事业，这个县举办了三期饲养员技术培训班。

【解析】“推广”后面缺少宾语，应该在“喂猪”的后面加上“技术”或“做法”之类的词。

4) 关联词残缺

例 7 新加坡的竹节虫不仅体色几乎和竹子一样，体形在安静时完全像一根树枝。

【解析】不仅和而且是一组关联词，所以，应该在体形前加“而且”。

(2) 成分赘余

句子结构已经完整，句意也已经明确，如果再多出些不必要的词语，就会出现成分赘余的毛病。常见成分赘余的毛病主要有以下两种情况。

1) 语义重复

例 8　昨天是转会截止日期的最后一天，中国足协又接到 25 名球员递交的转会申请。

【解析】“最后一天”跟“截止日期”重复，应删除其一。

例 9　他们按照民主程序，选出了自己信任的村长，负责掌握管理全村的行政事务。

【解析】“掌握管理”与前面的“负责”内容重叠，有堆砌词语的毛病，应该将其删去。

例 10　在甲 A 联赛期间，非常酷爱足球的老爸常常对着电视看到深夜，惹得老妈唠唠叨叨。

【解析】“非常”与“酷”语意重复。

2) 虚词多余

例 11　出人意料的是，今年三月，物价的下跌，后来慢慢地稳定了。

【解析】第二个助词“的”，使句子成了短语，意思变为“下跌”稳定了，可将第二个“的”删去。

例 12　这些问题，可以诉诸于司法部门来解决。

【解析】“诸”即“之于”的合音字，与其后的“于”重复，可将“于”删去。

【模块突破练习】

1. 初始阶段，由于对滩海地区的地质条件整体认识存在误区，导致了勘探队多次与遇到的油层擦肩而过。

2. 几组蝴蝶展框吸引了参观者，大家都以为这是标本，看到展框上方“仿真蝴蝶微型风筝”的标志，使大家恍然大悟。

3. 他就主动参与社会灾害性事故处理，化解风险，安定社会生活的责任。

4. 北京奥运会火炬接力的主题是“和谐之旅”，它向世界表达了中国人民对内致力于构建和谐社会，对外努力建设和平繁荣的美好世界。

5. 确保大熊猫入港随俗，科研人员专门安排它们接受语言训练，提升普通话、广东话和英语的能力，为在香港定居做好准备。

6. 联合国设立“国际家庭日”的目的，是为了促使各国政府和民众更加关注家庭问题，提高家庭问题的警觉性，促进家庭的和睦与幸福。

7. 他为家乡主编的致富信息小报，信息量大，可读性强。每月印出来后，不到一小时的时间里，数百份小报就被老乡们索要一空。

8. 我们在本月中旬前后有个重要会议，所以现在就要好好准备。

9. 不少学生偏食、挑食、导致蛋白质的摄入量偏低，钙、锌、铁等营养素明显不足，营养状况不容令人乐观。

10. 避免比赛过程中出现的不合法、不透明的暗箱操作现象，已经成为困扰本届组委会的首要问题。

【解析】

1. 主语残缺："由于"、"导致了"两词可删去其中一个。
2. 主语残缺。可删去最后一个分句中的"使"字。
3. 谓语残缺。可以在"主动"后面加上"承担"。
4. 宾语残缺。"表达"缺少宾语中心语，可在句末加上"的愿望"。
5. 定语残缺。应在"能力"前加"接受"。
6. 介词残缺。"提高家庭问题的警觉性"应改为"提高对家庭问题的警觉性"。
7. 重复累赘。应删去"的时间里"。
8. "中旬"本身就是一个表示一段时间的词，应删去"中旬前后"中的"前后"。
9. "不容"与"令人"语意重复。
10. "不透明的暗箱操作现象"有误，"不透明"与"暗箱"重复。

2. 搭配不当

搭配不当主要出现在配对的句子成分之间，相关成分如主语和宾语之间也有个相应与否的问题。成分搭配不当的现象主要有：主谓搭配不当、动宾搭配不当、主宾搭配不当、修饰成分与中心词搭配不当、关联词搭配不当、一面与两面搭配不当、并列短语做句子成分搭配不当。

（1）主谓搭配不当

主要表现为谓语不能陈述主语，有时主语或谓语由联合短语充当，其中一部分不搭配。

例1 近年来，我国专利申请一年比一年多，专利申请的持续快速增长，表明国内研究开发水平和社会公众专利意识在不断提高。

【解析】"社会公众专利意识"与"不断提高"不能搭配，可改为"研究开发水平不断提高，社会公众专利意识不断增强"。

例2 中国史学家在世纪之交进一步提升了自己的辨析能力，越来越显示出相当高的学术含量，从对外国史学的一般性介绍走向研究和判断的层面，从而为中外史学家的真正对话提供了可能和前提。

【解析】第二个分句的主语承前省略了，如果补出主语来，这个分句就是"中国史学家显示出学术含量"，属于主谓搭配不当。在"越来越"前加上"其作品"。

（2）动宾搭配不当

例3 以"和谐之旅"命名的北京奥运火炬全球传递活动，激发了我国各族人民的爱国热情，也吸引了世界各国人民的高度关注。

【解析】搭配不当，"吸引"不能与"关注"搭配。

例 4 在新形势下，我们应该树立新的文化发展观，推进和挖掘文化体制创新和特色文化内涵，着力开发富有时代精神和四川特色的文化产品。

【解析】“推进和挖掘文化体制创新和特色文化内涵”应为“推进文化体制创新和挖掘特色文化内涵”。

（3）主宾搭配不当

例 5 孩子的教育问题，是一个复杂的过程，它远不是一两句话就能奏效的。

【解析】删掉“孩子”后的“的”。

例 6 我们坚信，有这么一天，中国的工业和农业会成为发达的国家。

【解析】此句宾语是由一个主谓短语充当的，但这个主谓短语的主干是“工业和农业成为国家”。主宾意义明显不当，可将“国家”改为“行业”等。

（4）修饰成分与中心词搭配不当

1）定语和中心语搭配不当

例 7 自己有双聪明能干的手，什么都能创造出来。

【解析】“聪明”与手搭配不当，可将“聪明”改为“灵巧”。

2）状语和中心语搭配不当

例 8 我们严肃地研究了职工们的建议，又虚心地征求了专家们的意见。

【解析】“严肃”不能修饰研究，可以改为“认真”。

3）补语和中心语搭配不当

例 9 同学们把教室打扫得干干净净，整整齐齐。

【解析】教室不能打扫得“整整齐齐”，可改为“把桌椅摆放得整整齐齐”。

（5）关联词搭配不当

例 10 球员们深深理解这一点：一个球的输赢，不仅仅关系到个人的面子，而是关系到祖国的荣誉。

【解析】将“而是”改为“而且是”。

（6）一面与两面搭配不当

例 11 学习成绩的提高取决于学生自身是否努力

【解析】应该是“学习成绩的提高取决于学生自身努力”而非“是否努力”。

【模块突破练习】

1. 他做事认真，待人诚挚，在生活和工作中，确实用自己的行动塑造了巨大的人格力量，感动和引导着周围的人们。

2. 文艺作品语言的好坏，不在于它用了一大堆华丽的词，用了某一行业的术语，而在于它的词语用得是地方。

3. 由于加强了生产过程中的生态环境监控，该基地每年的无公害蔬菜的生产量，除供应本省主要市场外，还销往河南，河北等省。

4. 随着通讯日渐发达，手机几乎成为大家不可缺少的必需品，但使用量增加之后，关于手机质量的投诉也越来越多。

5. 法律专家的看法是，消费者当众砸毁商品只是为了羞辱或宣泄自己的不满。

6. 五一路乒乓球馆是经体育局和民政局批准的专门推广乒乓球运动的团体。

7. 当今世界，自主知识产权所占比重是衡量一个国家科学发展的标志，而科学技术进步与否是国家富强的标志。

8. 对调整工资、发放奖金、提高职工的福利待遇等问题，文章从理论上和政策上作了详细的规定和深刻的说明，具有很强的指导意义和可操作法。

9. 人们认为，团队有效性的关键因素不只是个体贡献的简单相加，而是能使队员行动一致、互相配合的团队协作技能。

10. 地铁紧张施工时，隧道突然发生塌方，工段长俞秀华奋不顾身，用身体掩护工友的安全，自己却负了重伤。

【解析】

1.“塑造了巨大的人格力量”，动宾搭配不当，可把“塑造”改为“显示”。

2. 两面对一面的错误，“好坏”应指两方面，后面却只有“好”的一面。

3. 主谓搭配不当，应改为“该基地每年生产的无公害蔬菜……”，去掉“生产量”。

4.“关于”用词不当，可改为“对于手机质量的投诉……”或“手机质量方面的投诉……”。

5.“羞辱”与“自己的不满”不能搭配。应改为“羞辱厂家或宣泄自己的不满”。

6. 主语“乒乓球馆”和宾语“团体”搭配不当，把“团体”改成“机构”或者“单位”。

7.“科学技术进步与否”是两方面，与“国家富强”一方面搭配不当。去掉“与否”。

8. 属于前后照应不周，应改为“从理论上和政策上作了深刻的说明和详细的规定”。

9. 属关联词语搭配不当，“不只是”不能与“而是”搭配，应将“不只是”改为“不是”。

10.“掩护”与“安全”搭配不当。去掉“的安全”。

3. 结构混乱

(1) 举棋不定

此类语病的特点是，作者时而用这种结构，时而用那种结构，结果两种结构都用了。

例1　这种无纺布环保袋经过工艺处理后，具备了防水、易清洗、容量大、满足消费者对环保袋的客观需求的优势。

【解析】句式杂糅，最后一句应改为“具备了防水、易清洗、容量大的优势，满足了消费者对环保袋的客观需求”。

常见的杂糅句式：

1. 本着……为原则——本着……原则；以……为原则
2. 以……即可——以……为宜；……即可
3. 是为了……为目的的——以……为目的的；是为了……
4. 对于……问题上——对于……问题；在……问题上
5. 原因是……造成的——原因是……；是由……造成的
6. 出于……决定的——是出于……；是由……决定的
7. 借口……为名——借口……；以……为名
8. 是因为……的原因——是因为……；……是原因
9. 有……组成——有……；由……组成
10. 靠的是……取得的——靠的是……；是……取得的
11. 关键在于……是十分重要的——关键于……；……是十分重要的
12. 围绕以……为中心——围绕……中心；以……为中心
13. 大多以……为主——大多是……；以……为主
14. 成分是……配制而成的——成分是……；由……配置而成的
15. 是由于……的结果——是由于……；是……的结果

（2）藕断丝连

此类语病的特点是，把结构完整的一句话的最后一部分用作另一句的开头硬凑起来。

例2　处理好人与自然的关系，要靠政府的力量，同时也不能不发挥民间力量在舆论动员、监督检查等方面起到无可替代的作用。

【解析】“民间力量”在前部分作宾语整个句子已经完整，但加上“在舆论……的作用”部分，又使它作了后部分的主语，整个句子的结构乱了。

（3）中途易帜

此类题的特点是：一句话说了一半，忽然另起炉灶，重来一句。

例3　观摩了这次关于农村经营承包合同法的庭审以后，对我们这些“村官”的法律水平有了很大的提高。

【解析】“观摩……庭审”的主语无疑是“我们”（省略了），但接下来的“对我们……”的主语显然不是“我们”，这种中途更换主语造成了结构的混乱，删去“对”。

（4）喧宾夺主

此类语病的特点是，把上半句主语以外的成分用来做下半句的主语，因此而纠缠。

例 4 当匪徒们偷袭游击队的时候，被游击队包围了，歼灭了无数的匪军。

【解析】“被游击队包围”的主语应该是“匪徒”，但“歼灭”的主语是“游击队”句子结构混乱。

【模块突破练习】

1. 专业人士告诫说，18 岁以前是孩子长高的重要时期，请家长们在起居、饮食、运动及心理等方面应该为孩子的健康成长做好相应的准备。

2. 为庆祝戛纳电影节 60 华诞，电影节组委会特别邀请了曾经摘取过戛纳金棕榈奖的 35 位导演，每人拍摄一部 3 分钟的纪念短片。

3. 在质量月活动中，他们围绕以提高产品质量为中心，进行了综合治理，尤其加强了对工艺流程、验收程序的监控。

4.《全宋文》的出版，对于完善宋代的学术文献、填补宋代文化研究的空白、推动传统文化研究的意义特别重大。

5. 读完徐志摩的《我所知道的康桥》，读者就会被这诗一般的语言所谱写的回忆梦幻曲所感染，使读者感到余味无穷，不忍释手。

6. 政府执法部门的各种罚没款必须依法上缴，不能截留自用，其经费来源只能来自国家财政拨款。

7. 如果我所管的“闲”事能给群众带来哪怕一点点的幸福和快乐时，我也很幸福，很快乐。

8. 这些事故给人民生命财产造成重大损失、究其原因，主要是一些主管领导和管理部门对安全生产没有引起高度重视。

9. 那几天阴雨连绵，造成他家住的平房因年久失修而大面积漏雨，屋内连个下脚的地方都没有，妻子只在这时才写信向他发一两句牢骚。

10. 这家老字号食品厂规模不大，但从选料到加工制作都非常讲究，生产的食品一直都是新老顾客备受信赖的。

【解析】

1. 句式杂糅引起的结构混乱，“请……做好相应的准备”与“应该……做好相应准备”保留一种说法。

2. 结构混乱，应在“每人”前加“让”。

3. “围绕以提高产品质量为中心”句式杂糅，应改为“围绕提高产品质量这个中心”或“以提高产品质量为中心”。

4. 结构混乱，可将“的意义特别重大”改为“有特别重大的意义”。

5. 结构混乱，可删去“使读者”。

6. 句式杂糅，可改成“其经费只能来自国家财政拨款”或“其经费只能来源于国家财政”。

7. 如果用假设关系，就应去掉“时”，或者把“如果”改成“当”。

8. 此题属于句式杂糅，删去“引起”。

9. 结构混乱，要么是“阴雨连绵”、“平房……漏雨”，要么是“连绵的阴雨”、“造成……平房……漏雨”。

10. “生产的食品一直都是新老顾客备受信赖的”错误使用了被动句，是产品备受信赖，而不能说是顾客备受信赖。应改为“生产的食品备受新老顾客的信赖”。

4. 语序不当

语序不当的类别：多层定语语序不当、多层状语语序不当、定语和中心语的位置颠倒、虚词的位置安排得不恰当；特别是“把”字短语位置不当、主语与关联词语或并列词语语序不当。

（1）定语和中心语的位置颠倒

例1　我国棉花的生产，长期不能自给。

【解析】“自给”的主语不是“生产”，而是“棉花”，应将“棉花的生产”改为“生产的棉花”。

（2）多项修饰语的次序不当

1）多项定语修饰不当

多项定语的正确次序一般可按以下次序排列：①表领属性的或时间、处所的；②指称或数量的短语；③动词或动词短语；④形容词或形容词短语；⑤名词或名词短语。另外，带“的”的定语放在不带“的”的定语之前。

例2　一位优秀的有20多年教学经验的国家队的篮球女教练。

【解析】正确次序：国家队的（领属性的）一位（数量）有20多年教学经验的（动词短语）优秀的（形容）篮球（名词）教练。

2）多项状语次序不当

复杂状语排列大致为：①表目的或原因的介宾短语；②表时间或处所的；③表语气（副词）或对象的（介宾短语）；④表情态或程序的。另外，表示对象的介宾短语一般紧挨在中心语前。

例3　在休息室里许多老师昨天都同他热情地交谈。

【解析】正确次序：许多老师昨天（时间）在休息室里（处所）都（范围）热情地（情态）同他（对象）交谈。

(3) 虚词位置不当

1) 介词位置不当

例 4 苏联著名的生理学家巴甫洛夫整天忙于做动物的条件反射试验，把动物用绳子缚在试验的架子上。

【解析】“把”字短语应紧挨动词中心语“缚”。

2) 关联词语的位置不当，复句中两个分句用同一主语时，关联词语应在主语后边；主语不同时，关联词语应在主语前边。如果颠倒，就属位置不当。

例 5 他如果不能实事求是，事业就会受到损失。

【解析】主语不一致。应该为“如果他不能实事求是，事业就会受到损失”。

3) 虚词位置不正确造成的主客体颠倒

例 6 张艺谋执导的《十面埋伏》对于中国青年是不陌生的。

【解析】可改为“中国青年对张艺谋执导的《十面埋伏》是不陌生的”。

(4) 相关联的并列词语或短语语序不当

例 7 这是一本好书，它能催人进取，促人猛醒，引人深思。

【解析】按事理、逻辑次序、先后、轻重、缓急、大小、因果等。应改为“引人深思，促人猛省，催人进取。

【模块突破练习】

1. 这里，昔日开阔的湖面大部分已被填平，变成了宅基地，剩下的小部分也在以 10%的速度每年缩减着，令人痛心。

2. 这篇文章介绍了传统相声所用的押韵、谐音、摹声等方面的详细的语音技巧和表达效果，内容丰富，饶有趣味。

3. 运动员的高超技能可以通过日常的刻苦训练获得，而良好的心理素质却要通过临场的无数竞技才能练就出来。

4. 玛丽安在路边的碎石堆里偶然发现了几个形状奇特的化石牙齿，兴奋异常，却始终认不出那是属于什么动物的。

5. 随着科技的发展，一种新型手机已经问世，它使用了太阳能电池，具有指纹识别功能，能耗较低，有光即可充电。

6. 树立和落实科学发展观，发展和重视农业产后经济，应当成为解决我国“三农”问题的重要组成部分。

7. 与作家不同的是，摄影家们把自己对山川，草木，城市，乡野的感受没有倾注于笔下，而是直接聚焦于镜头。

8. 南昌八一起义纪念馆里陈列着好多种当年周恩来使用过的东西。

9. 他每天骑着摩托车，从城东到城西，从城南到城北，把 180 多家医院、照相馆、出版社等单位的废定影液一点一滴地收集起来。

10. “2006 中国沈阳世界园艺博览会”是世界园艺博览会历届占地面积最大、活动最丰富、演艺最精彩的一次盛会。

【解析】

1. “每年”应放到“10%”前面。

2. “详细的”应放到“介绍了”前面。

3. “临场的无数竞技”应改为“无数的临场竞技”。

4. “化石牙齿”应为“牙齿化石”。

5. “具有指纹识别功能”并非“使用了太阳能电池”的结果，应把“具有指纹识别功能”提到“它使用了”的前面。

6. “发展和重视”应改为“重视和发展”。

7. 语序不当，“把”字句的否定应在“把”字前面，应改为“摄影家们没有把自己对山川，草木，城市，乡野的感受倾注于笔下”。

8. 句中定语“好多种”位置不当，应放在“东西”的前面。

9. 句中定语“180 多家”的位置不当，应放“单位”前面。

10. “世界园艺博览会历届”语序不当，应为“历届世界园艺博览会”。

5. 不合逻辑

不合逻辑指的是句子的意思在事理上讲不过去，不能正确地反映客观事物间的逻辑关系。可以从概念的运用是否准确，判断的构成是否恰当，推理的方式是否合理等多方面来分析。

不合逻辑主要包括：自相矛盾、范围不清、强加因果、主客倒置、否定失当、不合事理、数词不当。

（1）自相矛盾

例 1　过了一会儿，汽车突然渐渐地停下来了。

【解析】“突然”和“渐渐”矛盾。

（2）范围不清

例 2　从事业的发展上看，还缺乏各项科学专家与各项人才。

【解析】各项人才包括科学家，不宜并列，该说“各学科的专家与其他人才”。

（3）强加因果

例 3　最近我这位朋友去了一趟南方回来，结果他的思想依然如故。

【解析】去了南方回来思想变了，可以说是去了一趟南方的结果，现在“思想依然如故”，怎么能说是去了一趟的“结果”呢？

例 4　李先生早年积极投身政治运动，最终成为蜚声海内外的文学家。

【解析】两句之间无因果关系，不合逻辑。

(4) 主客倒置

例 5 在那个时候，报纸与我接触的机会是很少的。

【解析】应该是“我和报纸的接触”。

例 6 我生在武汉，长在武汉，黄鹤楼的传说对我并不陌生。

【解析】主客倒置，应改为“我对黄鹤楼的传说并不陌生”。

(5) 否定失当

例 7 睡眠三忌：一忌睡前不可恼怒，二忌睡前不可饱食，三忌卧处不可当风。

【解析】“忌”与“不可重复”。

(6) 不合事理

例 8 万里无云，繁星满天，我们在一轮明月的照耀下漫步校园。

【解析】一般来讲，月明则星稀，说“繁星满天”，有“一轮明月”便不合理。

例 9 地震发生之后，当地政府及解放军部队全力救助，目前灾区群众已住进了临时帐篷，防止余震再次发生。

【解析】“余震再次发生”只能防备而无法防止。

(7) 数词不当，确数与约数不能同时使用

例 10 有近 20% 左右的同学，在这次考试中没有及格。

【解析】“近”和“左右”的意思相近，用一个就可以了。

【模块突破练习】

1. 为了防止这类交通事故不再发生，我们加强了交通安全的教育和管理。

2. 在这个边远的小城里，一家为顾客提供各类用品、服装、文具、家电的大型超市即将开业。

3. 10 年间，图书年出版品种增加了一倍多，而总印数基本持平，说明图书的平均数下降了一倍多。

4. 科学的发展逼得反科学的人不得不戴上伪科学的面具来反对科学。

5. 很少有以 7 毫米以下口径制造狙击步枪的国家，因为狙击要求威力大，精度高，但中国狙击步枪偏选择了小口径。

6. 参加这项比赛的选手平均年龄 19 岁，平均身高 1.68 米，平均文化程度大专以上。

7.“新课标”要求，在教学中，教师的角色要由传统的“满堂灌”向学生学习的参与者和促进者转变。

8. 在激烈的市场竞争中，我们所缺乏的，一是勇气不足，二是谋略不当。

9. 很多人利用长假出游，怎样才能避免合法权益不受侵害，有关部门对此作了相关提示。

10. 与空中航路相对应，在沿途的地面上，平均间隔300公里左右就设有一处雷达、通讯导航和众多空管中心等设备，为"天路"上的飞行提供服务。

【解析】

1."防止"和"不再"保留一个。

2."各类用品"已经包括"服装、文具、家电"等。

3. 数字"减少、降低、下降"等不能用倍数。

4. 不合逻辑，或者说词语使用不当而将表达的意思搞反了，应该删除"伪"字。

5. 不合语意逻辑，"以7毫米以下口径制造狙击步枪"可改为"制造7毫米以下口径狙击步枪"。

6."平均文化程度大专以上"说法不当，可改为"文化程度大多(均)在大专以上"。

7."教师的角色"与"传统的'满堂灌'"不一致，可改为"教师的角色要由传统的知识灌输者向学生学习的参与者和促进者转变"。

8. 应改为"一是勇气，二是谋略"。

9. 搭配不当或不合逻辑。应改为"怎样才能使合法权益不受侵害"，或者"怎样才能避免合法权益受到侵害"。

10. 前后矛盾，平均数是一个确数，而"三百公里左右"则是一个概数，应删掉"左右"。

6. 歧义句

歧义句是在理解上会产生两种可能的句子，换句话说，就是可以这样理解也可以那样理解的句子。

歧义句的分类：多音字造成的歧义句、多义词或多义短语造成的歧义句、停顿引起的歧义句、指代不明造成的歧义句、修饰两可造成的歧义句、结构切分不确定造成的歧义句。

(1) 多音字造成的歧义句

例1　到2008年年底，他还欠款5000元。

【解析】歧义是由"还"引起的。可以理解为他已经还了欠款5000元，也可以理解为，他还欠别人5000元。

(2) 多义词或多义短语造成的歧义句

例2　县里通知说，让赵乡长本月15日前去汇报。

【解析】"前"做形容词，表以前之意，时间范围大；"前"做动词，表往前走之意，则只能在15日这一天去县里。

(3) 停顿引起的歧义句

例 3 他背着总经理和副总经理偷偷地把这笔钱分别存入了两家银行。

【解析】“他背着总经理和副总经理”有歧义，可读为“他背着/总经理和副总经理”或“他背着总经理/和副总经理”。

(4) 指代不明造成的歧义句

例 4 欣赏一首好诗不容易，创作一首好诗更不是一件简单的事，小李对诗歌情有独钟，因此，他平时在这方面做了不少的努力。

【解析】“这方面”指代不明，到底是指欣赏好诗，还是指创作好诗？

例 5 不几天，刘备领大军到了零陵。零陵太守刘度派大将邢道荣和他的儿子引兵出战。

【解析】“他”是指“刘备”呢，还是“邢道荣”呢？让读者难以捉摸。

(5) 修饰两可造成的歧义句

例 6 一个外商投资的木材加工厂今年底将要建成投产。

【解析】“一个”在句中做定语，既可以修饰“外商”，也可以修饰“木材加工厂”。

(6) 结构切分不确定造成的歧义句

例 7 他们两个是高中的学生。

【解析】既可以理解为两个高中学校，也可以理解为同一学校的两个学生。

【模块突破练习】

1. 王林待在实验室里半个月，好像与世隔绝了，所以他回到家，强迫着自己看了十天的报纸。

2. 根据气象资料分析，长江中下游近期基本无降雨过程，仅江苏和浙江的部分地区可能有短时小到中雨。

3. 近日新区法院审结了这起案件，违约经营的小张被判令赔偿原告好路缘商贸公司经济损失和诉讼费三千余元。

4. 松下公司这个新产品 14 毫米的厚度给人的视觉感受，并不像索尼公司的产品那样，有一种比实际厚度稍薄的错觉。

5. 美国政府表示仍然支持强势美元，但这到底只是嘴上说说还是要采取果断措施，经济学家对此的看法是否定的。

6. 天色渐暗，自行车还没有修好，修车的急坏了。

7. 老胡看到我们非常惊讶，连忙把别后的情况告诉我们，还热情地拉我们上他家去。

8. 小倩告诉我说，等她把那张参加比赛的水粉画“磨蹭”完了，我们就可以一起去青岛旅游了。

9. 钱钟书先生的夫人杨绛先生在把稿酬版税捐赠清华大学的仪式上说："我以代表的身份在这里讲话，我一个人代表三个人：我、已去世的钱钟书先生和女儿钱瑗。"

10. 咬死了猎人的狗。

【解析】

1. "看了十天的报纸"有歧义，是看了"十天报纸"，还是看了"十天的报纸"？

2. "江苏和浙江的部分地区"有歧义，可理解为"江苏和浙江这两省各自的部分地区"，也可理解为"浙江的部分地区"。

3. 有歧义和重复，是诉讼费三千余元，还是经济损失和诉讼费总共三千余元。

4. "有一种比实际厚度稍薄的错觉"是指"松下公司这个新产品"还是"索尼公司的产品"，所指不明确。

5. 有歧义，"经济学家对此的看法是否定的"有歧义，"此"是指"只是嘴上说说"还是指"要采取果断措施"。

6. 是修理自行车的师傅急坏了，还是车的主人急坏了。

7. 这句停顿不同，有两种理解：一是"老胡看到我们/非常惊讶"，一是"老胡看到/我们非常惊讶"。

8. "她"可指代小倩，也可指另外一人。

9. "已去世的"可以修饰"钱钟书先生"，也可以一直修饰到"钱钟书先生和女儿钱瑗"整个内容，有歧义。

10. 本句可以看作动宾结构，表示猎人的狗被咬死了；也可以看成是偏正结构，表示这是一条把猎人咬死的狗。

【真题回顾】

1. 下列各句中，句意明确，没有语病的一句是：（　　）（中国石化）

A. 学校运动会将在下月中旬前后举行，所以我现在就要好好准备了。

B. 已经推出并投入使用的杭州"市民卡"，除了包含"社保卡"所具有的医疗、养老等保险功能外，还可享受其他各类公共服务。

C. 广大公务员，尤其是领导干部，想问题、办事情都要从党和人民的根本利益为出发点。

D. 复原后的距今100万年前的"郧县人"是一个额头低平、眉弓粗壮、眼窝深凹而宽、鼻短而上扬、吻部突出、唇长而薄的远古人形象。

2. 下列句子中，没有语病的一项是(　　)（中国石化）

A. 一段时间以来，汉字书写大赛、非遗保护等文化现象引人注目，传统文化的重要性已越来越为国人所认知。

B. 此次《环境保护法》修订，历时两年，前后经过了多次审议，如今终于定稿，在环境先于经济的原则上已达成一致并写入法律。

C. 贝母是一种多年生草本植物，因其鳞茎具有止咳化痰、清热散结的神奇功效，常常采集起来，加工成药材。

D. 马尔克斯的一生充满传奇色彩，他不仅是魔幻现实主义文的集大成者以及拉美“文学爆炸”的先驱，还是记者、作家以及电影工作者。

3. 下列各句中，没有语病的一项是(　　)(中国石化)

A. 中心思想是针对文章的整体内容而言的，要求具有较高的分析概括能力和准确的语言表达能力。

B. 虽然有国家资源做支撑，但面临重重困难，国有企业能取得这样的成绩，确实可说堪称不易。

C. 大庆石化总公司的老少职工们同台竞赛，年轻职工积极踊跃，老年职工更是不让须眉。

D. 通过捐款、创办公益基金的方式回报社会，不是企业家的法定义务，可提倡而不宜强。

【参考答案与解析】

1. D【解析】A 项中“下月中旬前后”词语范围模糊重复；B 项属于偷换主语，前半句主语为“市民卡”，后半句“还可享受其他各类公共服务”的主语显然不是“市民卡”，应为“市民”；C 项属于搭配不当，正确的搭配应为“从……出发”，或“以……为出发点”。所以正确答案为 D。

2. A【解析】B 项逻辑混乱，正确语序应该是“达成一致”——“终于定稿”——“写成法律”；C 项主谓搭配不当，主语是“贝母”，“常常采集起来，加工成药材”的发出者是人，因此需要改为被动句，改为“常常被采集起来，加工成药材”；D 项，语序不当，“不仅……还是……”连接的是具有“递进关系”的两个分句，“魔幻现实主义文学的集大成者以及拉美‘文学爆炸’的先驱”应为递进的方面，可将前后分句内容颠倒。所以正确答案为 A。

3. D【解析】A 项搭配不当。将原句压缩一下，就是“中心思想要求具有……能力”，主宾不搭配，可改为“概括中心思想要求具有……的能力”。B 项语义重复。“堪称”就是可以称作的意思，删去“可说”。C 项不合逻辑。须眉是指男子。封建传统歧视女性，所以当一个女人很有作为时，就叫巾帼不让须眉，是说女人不比男人差。本项句子不是按照男职工和女职工分类的，而是按照年轻职工和老年职工分类的，老年职工中有男有女，可将“不让须眉”改为“老当益壮”。故此题选 D 项。

第三部分 通用职业能力测试之数量关系

数量关系由数字推理和数学运算两部分组成。前者着重对“数”的关系的考核——其核心是对数字的敏感性；而后者着重对“量”的关系的考核——其核心是对各实际数学模型中各参量关系的把握。在各企业校园招聘考试中，此部分近两年的题量大题型多，通常能达到总题量的1/7，占总分值的1/6以上。主要包括两种大题型：数字推理、数学运算。这部分对大部分考生来讲比较难，并且形式越来越多。

一、数字推理

本题型主要考查考生的抽象思维、推理等方面的能力要素，要求考生具备敏锐的观察力、很强的数字敏感度、快速的计算能力。具体为：每道题给出一个数列，但其中缺少一项，要求应试者仔细观察这个数列各数字之间的关系，找出其中的排列规律，然后从四个供选择的答案中选出最合适、最合理的一个来填补空缺项，使之符合原数列的排列规律。根据过去的考试情况可知，数字推理试题难度越来越大，等差数列及其变式、幂数列已成为考试的热点，考生应重点掌握。对于数字推理，不少考生选择放弃，但此部分经过有效训练，是可以提高的。

（一）基本数列

1. 等差数列

【题型特征】

相邻两项之差(后项减去前项)等于定值的数列叫等差数列。

【考点提炼】

此题型包含的数列均衡小幅度增或减。

【解题指南】

相邻两项作差即可。

例 251，222，193，(　　)，135

A. 65　　B. 205　　C. 164　　D. 134

【答案】C

【解析】此为公差为−29 的等差数列。

2. 等比数列

【题型特征】

相邻两项之比(后项除以前项)等于定值的数列叫等比数列。

【考点提炼】

此题型包含的数列均大幅度增或减。

【解题指南】

相邻两项作商即可。

例 36，24，(　　)，$\frac{32}{3}$，$\frac{64}{9}$

A. 16　　B. 18　　C. 17　　D. 19

【答案】A

【解析】此数列为公比为$\frac{2}{3}$的等比数列。

3. 质数、合数数列

【题型特征】

由质数构成的数列叫质数数列。由合数构成的数列叫合数数列。(注：只有1 和它本身两个约数的自然数叫质数，除了 1 和它本身两个约数之外还有其他约数的自然数叫合数。1 既不是质数，也不是合数)

【考点提炼】

由质数或合数组成的数列，或质数、合数数列的变形。

【解题指南】

熟悉 1~50 之内的质数、合数，则可迅速辨别此类题型。

例 1 2，3，5，7，11，13，(　　)

A. 15　　B. 17　　C. 18　　D. 19

【答案】B

【解析】此数列为最基本的质数数列。

例 2 4，6，8，9，10，12(　　)

A. 13　　B. 14　　C. 15　　D. 16

【答案】B

【解析】此数列为最基本的合数数列。

4. 自然数数列

【题型特征】

由自然数组成的数列叫自然数数列。

【考点提炼】

此数列为最基本、最简单的数列。

【解题指南】

依据自然数数列的特点解答，此类题型一般不考，但这种数列是其他考试题型的基础。

例　5，6，7，8，9，(　　)

A. 16　　B. 13　　C. 12　　D. 10

【答案】D

【解析】此数列为连续自然数数列。

5. 奇数数列

【题型特征】

由奇数组成的数列叫奇数数列。

【考点提炼】

此为基本数列，数列每个数皆为奇数或有序奇数。

【解题指南】

根据奇数特点考虑。

例 1　23，27，31，35，(　　)

A. 292　　B. 186　　C. 315　　D. 94

【答案】C

【解析】原数列中每个数皆为奇数。

6. 偶数数列

【题型特征】

由偶数组成的数列叫偶数数列。

【考点提炼】

此为基本数列，数列每个数皆为偶数或有序偶数。

【解题指南】

根据偶数的特点考虑。

例 1 8，98，3366，420，（　　）

A. 21　　B. 325　　C. 24　　D. 671

【答案】C

【解析】数列中每个数皆为偶数。

7. 加法数列

【题型特征】

各项之间以加法关联的数列叫加法数列。

【考点提炼】

数列的几项之间存在加数与和的关系。

【解题指南】

由相邻至少三项的大小关系分析。

例 1 0，3，3，6，9，（　　）

A. 11　　B. 13　　C. 14　　D. 15

【答案】D

【解析】数列的每项都等于其前两项之和。

8. 减法数列

【题型特征】

各项之间以减法关联的数列叫减法数列。

【考点提炼】

数列的各项之间存在被减数、减数和差的关系。

【解题指南】

考虑至少三项之间的大小关系。

例 1 25，15，10，5，5，（　　）

A. -5　　B. 0　　C. 5　　D. 1

【答案】B

【解析】第一项-第二项=第三项。

9. 乘法数列

【题型特征】

各项之间以乘法关联的数列叫乘法数列。

【考点提炼】

数列的增减幅度较大，存在乘法关系。一般有如下形式：相邻项的乘积呈现规律：顺序，等差，等比，平方等。

【解题指南】

通过乘积关系判断。

例1　1，1，4，$\frac{9}{4}$，$\frac{64}{9}$，(　　)

A. $\frac{225}{9}$　　B. $\frac{225}{16}$　　C. $\frac{225}{32}$　　D. $\frac{225}{64}$

【答案】D

【解析】相邻两项的乘积为一平方数列，即1，4，9，16，(25)。

10. 除法数列

【题型特征】

各项之间以除法关联的数列叫除法数列。

【考点提炼】

数列的各数之间存在以除法为主的规律。一般有如下形式：两数的商呈现规律：顺序，等差，等比，平方等。

【解题指南】

从各项之间的乘除关系入手分析。

例1　14，28，84，336，1680，(　　)

A. 10080　　B. 8080　　C. 8180　　D. 8280

【答案】A

【解析】原数列的相邻两项作商得一等差数列。

11. 阶乘数列

【题型特征】

数列的各项存在阶乘关联的规律。（注：n的阶乘记作$n!$，$n! =1\times2\times3\times\cdots\times n$）

【考点提炼】

数列的规律以阶乘为主，有两种形式：一、阶乘数列的直接考察；二、阶乘数列的变形。

【解题指南】

看相邻项之间相差的倍数即可判断是否为阶乘数列。

例1　1，2，6，24，(　　)

A. 48　　B. 72　　C. 96　　D. 120

【答案】D

【解析】此数列为基本阶乘数列。

12. 计数字数列

【题型特征】

每一项都是对前一项包含数字个数的描述，比如 12，即包含 1 个 1，1 个 2，所以其后一项为 1112，此种数列叫计数字数列。

【考点提炼】

此数列的每项一般皆包含至少两位数。

【解题指南】

根据计数数列的特点解决。

例 1 11223，212213，322113，232221，421311，(　　)

A. 534221　　B. 431231　　C. 14123113　　D. 41323123

【答案】C

【解析】每一项皆是对前一项每一个数字个数的统计。

13. 科学计数数列

【题型特征】

将一个数字表示成 $a\times10$ 的 n 次幂的形式，其中 $1\leqslant a<10$，n 表示整数，这种记数方法叫科学计数法，以科学计数法记数的数列叫科学计数数列。

【考点提炼】

数列中的每个数都用科学计数法表示。

【解题指南】

对数列中每个数稍作变换，转换成有规律的数列。

例 1 2.40×10^5，5.90×10^5，9.40×10^5，(　　)，1.64×10^6

A. 1.04×10^6　　B. 10.2×10^6　　C. 1.32×10^6　　D. 1.29×10^6

【答案】D

【解析】原数列稍作变形，可知其为等差数列，故选 D。

14. 尾数数列

【题型特征】

几项通过相加或相乘等运算得到的和或积等的尾数组成的数列叫尾数数列。

【考点提炼】

数列的规律以尾数为主导，有增有减。

【解题指南】

借助四则运算等得出尾数，观察尾数具有的特点，从而发现规律。

例1　9，3，7，1，7，7，(　　)

A. 1　　B. 9　　C. 5　　D. 11

【答案】B

【解析】原数列的规律是前项乘以后项的积的个位数(尾数)等于下一项。

15. 余数数列

【题型特征】

将数列的每项除以某整数得到的余数组成的数列叫余数数列。

【考点提炼】

数列的每项被某个数整除后，余数呈现一定规律。

【解题指南】

选取适当的数去除数列的每一个数，观察余数的规律。

例1　14，4，3，−2，(　　)

A. −3　　B. 4　　C. −4　　D. −8

【答案】C

【解析】14，4，3，−2，(−4)，每一项都除以3，余数为2、1、0、1、2，故选C。根据余数的定义，余数一定是大于等于0的，但商可以小于0，因此，−2除以3的余数不能为−2，这与2除以3的余数是2是不一样的，同时，根据余数小于除数的原理，−2除以3的余数只能为1。

16. 因式分解数列

【题型特征】

数列的每项都可因式分解，并且分解后的因子呈某种规律，这样的数列称为因式分解数列。

【考点提炼】

数列的每项都可以因式分解。

【解题指南】

将数列的每项因式分解，找因子之间的规律。

例1　0，8，54，192，500，(　　)

A. 840　　B. 960　　C. 1080　　D. 1280

【答案】C

【解析】观察数列，发现每一项皆非特殊数，但可以因式分解，分解得：$0=1^3\times0$，$8=2^3\times1$，$54=3^3\times2$，$192=4^3\times3$，$500=5^3\times4$，故下一项是6的立方乘以5。

（二）多级数列

1. 二级等差数列

【题型特征】

一个数列的相邻项两两作差，得到一个等差数列，称原数列为二级等差数列。

【考点提炼】

数列呈单调递增或递减趋势，并且增减幅度较小。

【解题指南】

分别对数列相邻两项作差，得到的差为一等差数列。

例1 2，5，11，20，32，（ ）

A. 43　　B. 45　　C. 47　　D. 49

【答案】C

【解析】相邻两项作差，其差数列为一等差数列。

2. 三级等差数列

【题型特征】

一个数列的相邻项两两作差，得到的新数列相邻项再两两作差，得到一个等差数列，则称原数列为三级等差数列。

【考点提炼】

数列呈递增、递减或有增有减，增减的幅度仍然不会很大，并且项数一定大于等于5项。

【解题指南】

根据题型特点，判断出为多级等差数列后，对原数列作两次差即可。

例1 3，8，9，0，-25，-72，（ ）

A. -124　　B. -132　　C. -147　　D. -171

【答案】C

【解析】对数列作两次差即可得一等差数列。

3. 四级等差数列

【题型特征】

一个数列的相邻项两两作差，得到的新数列的相邻项两两作差，再把得到的新数列的相邻项两两作差，最后得到一等差数列，则称原数列为四级等差数列。

【考点提炼】

项数大于等于 6 项，增减幅度比三级等差稍大，但小于倍数数列的增减幅度。

【解题指南】

根据题型特点判断出为多级数列，尝试多次作差。

例 1　1，3，17，45，91，161，(　　)

A. 102　　B. 263　　C. 308　　D. 410

【答案】B

【解析】观察知，非特殊数列，项数大于 5，递增幅度不大，判断为多级等差数列；尝试多次作差，可得答案为 B。

4. 二级等比数列

【题型特征】

一个数列的相邻项两两作差，得到一个等比数列，则称原数列为二级等比数列。

【考点提炼】

其增减幅度比二级等差数列稍大，会出现增减交替的情况。

【解题指南】

根据题型特点，判断出为此种数列后，可先作差，即出现一等比数列。

例 1　1，2，5，14，(　　)

A. 31　　B. 41　　C. 51　　D. 61

【答案】B

【解析】相邻两项作差得一等比数列。

5. 三级等比数列

【题型特征】

一个数列的相邻项两两作差，得到的新数列的相邻项再两两作差，得到一等比数列，则称原数列为三级等比数列。

【考点提炼】

大于等于 5 项，增减幅度比三级等差数列一般稍大。

【解题指南】

根据数列特点先判断其为多级数列，然后可作差尝试。

例 1　7，7，9，17，43，(　　)

A. 119　　B. 117　　C. 123　　D. 121

【答案】C

【解析】对原数列相邻项两两作差得：0，2，8，26，再对新数列相邻项两两作差得：2，6，18，此为一公比为3的等比数列，所以易知答案为C。

6. 四级等比数列

【题型特征】

一个数列的相邻项两两作差，得到的新数列的相邻项两两作差，再把得到的新数列的相邻项两两作差，最后得到一等比数列，则称原数列为四级等比数列。

【考点提炼】

数列之间的增长幅度逐渐变大，项数大于等于6项。

【解题指南】

根据此题型特点判断并尝试。

例1 -1，1，4，35，103，211，(　　)

A. 130　　B. 216　　C. 360　　D. 480

【答案】C

【解析】对原数列相邻项连续做三次差得27，9，3，1，所以易推知答案为C。

7. 二级数列变式

【题型特征】

一个数列相邻项作一次运算(加、减、乘、除)后，得一有规律数列(如质数数列、平方数列等)。

【考点提炼】

增减幅度跟差数列有关，其复杂状态也是考核的重点。

【解题指南】

借助题型特点判断。

例1 20，22，25，30，37，(　　)

A. 39　　B. 45　　C. 48　　D. 51

【答案】C

【解析】作差之后为一质数数列。

(三) 递推数列

指数列中从某一项开始的每一项都是通过它前面的项经过一定的运算得到的。

1. 和差型及变式

【题型特征】

数列中的每一项(第一项除外)都是由前面几项经过和差运算得到的，这种数列称为和差型递推数列，在此基础上稍微有些规律变化，则称为其变式。

【考点提炼】

数列整体递增或递减，增速或减速较缓。

【解题指南】

根据数列的增减幅度及各项之间的关系判断。

例 1　1，2，2，3，4，6，（　　）

A. 7　　B. 8　　C. 9　　D. 10

【答案】C

【解析】前两项之和减 1 即为第三项。

2. 积商型及变式

【题型特征】

数列中的每一项（第一项除外）都是由前面几项经过乘除运算得到的，这种数列称为积商型递推数列，在此基础上稍微有些规律变化，则称为其变式。

【考点提炼】

相邻几项之间存在商、倍关系，增减幅度较大。

【解题指南】

熟练掌握题型特点，并依此判断。

例 1　1，3，7，15，31，（　　）

A. 61　　B. 62　　C. 63　　D. 64

【答案】C

【解析】先看其为非特殊数列，观察其平均存在大致相同的倍数关系。发现其规律为前一项的 2 倍加 1 等于后一项。

3. 平方型及变式

【题型特征】

数列中的每一项（第一项除外）都是由前面几项经过平方运算得到的，这种数列称为平方型递推数列，在此基础上稍微有些规律变化，则称为其变式。

【考点提炼】

相邻几项之间存在平方关系，增减幅度较大，平方在递推中的应用使考核规律复杂化，会成为公考的趋势。

【解题指南】

若数列整体递增（或减），并且增长（减少）急速，则可观察其是否与各项的平方有关系。

例1 1，2，3，7，46，(　　)

A. 2109　　B. 1289　　C. 322　　D. 147

【答案】A

【解析】第二项的平方减去第一项即为第三项。

4. 立方型及变式

【题型特征】

数列中的每一项(第一项除外)都是由前面几项经过立方运算得到的，这种数列称为立方型递推数列，在此基础上稍微有些规律变化，则称为其变式。

【考点提炼】

此类题目考察不太多，但也是以后考试的命题重点之一。

【解题指南】

此类题型的增速比平方型还要快，比较容易辨识。

例1 0，1，2，9，(　　)

A. 12　　B. 18　　C. 28　　D. 730

【答案】D

【解析】此题增长非常快，考虑立方关系，尝试得：前一项的立方+1=其后一项。

5. 倍数型及变式

【题型特征】

数列中的每一项(第一项除外)都是由前面几项经过乘倍运算得到的，这种数列称为倍数型递推数列，在此基础上稍微有些规律变化，则称为其变式。

【考点提炼】

数列增长较快，各项之间存在倍数关系。

【解题指南】

根据数列的增长趋势，及各项大致的增长幅度，观察存在的倍数关系。

例1 1，2，8，28，(　　)

A. 56　　B. 64　　C. 72　　D. 100

【答案】D

【解析】第二项的3倍加上第一项的2倍等于第三项。

(四) 幂数列

1. 平方数列及变式

【题型特征】

数列的各项都是一规律数列的平方数，此种数列称为平方数列，在此基础上

的加减等变化，称为其变式。

【考点提炼】

数列增长趋势较大，每一项都与平方数有关。

【解题指南】

观察数列各项是否接近平方数。

例1　1，4，16，49，121，(　　)

A. 256　　B. 225　　C. 196　　D. 169

【答案】A

【解析】数列的各项分别是1，2，4，7，11的平方，该数列又是二次等差数列，可推出下一项为16的平方。

2. 立方数列及变式

【题型特征】

数列的各项都是一规律数列的立方数，此种数列称为立方数列，在此基础上的加减等变化，称为其变式。

【考点提炼】

增速较大，比平方数列增长快。

【解题指南】

看数列的各项是否接近立方数。

例1　1，10，31，70，133，(　　)

A. 136　　B. 186　　C. 226　　D. 256

【答案】C

【解析】先看其为非特殊数列，且发现接近一立方数列，1，8，27，64，125，则尝试可知其为立方数列加一偶数列。

3. 幂数列及变式

【题型特征】

数列的各项都是一规律数列的规律幂次，此种数列称为幂数列，在此基础上的变化，称为其变式。

【考点提炼】

数列的每个数都是一特殊数列的连续幂次，穿插在其他规律中或单独出题，是重点之一。

【解题指南】

从大数或容易看出幂次的数入手找规律。

例 1 1，4，27，(　　)，3125

A. 70　　B. 184　　C. 256　　D. 351

【答案】C

【解析】此数列增减幅度逐渐加大，可考虑幂次，并且发现题中每个数皆为特殊幂值，故其规律可得：1^1，2^2，3^3，4^4，5^5。

(五) 分数数列

1. 约分型

【题型特征】

数列中的几个分数都可以约分，约分后的分数呈现一定的规律，此种数列叫约分型数列。

【考点提炼】

数列中每个分数都可以化简，并且存在一定的比例关系。

【解题指南】

当分数的分子与分母含有相同因子时，将其化成最简式。

例 1 $\frac{133}{57}$，$\frac{119}{51}$，$\frac{91}{39}$，$\frac{49}{21}$，(　　)，$\frac{7}{3}$

A. $\frac{28}{12}$　　B. $\frac{21}{14}$　　C. $\frac{28}{9}$　　D. $\frac{31}{15}$

【答案】A

【解析】数列中的每个分数约分之后都为$\frac{7}{3}$。

2. 通分型

分为两类：分母通分和分子通分。

【题型特征】

通过通分，数列中的各分数的分子、分母可呈现一定规律。

【考点提炼】

分数的分母容易化成一致，或分数的分子很容易化成一致。

【解题指南】

当分子、分母无明显规律，且分母或分子易通分时，则将其通分为相同数。

例 1 $\frac{5}{12}$，$\frac{1}{3}$，$\frac{3}{4}$，$\frac{13}{12}$，(　　)，$\frac{35}{12}$

A. $\frac{7}{6}$　　B. $\frac{9}{8}$　　C. $\frac{11}{6}$　　D. $\frac{15}{8}$

【答案】C

【解析】观察发现，公分母为 12，将分数通分发现，分子分别为 5，4，9，13，(　　)，35，为递推和数列，所以所求分数的分子为 22。

3. 分母/分子有理化型

【题型特征】

通过对含有根式的分数的分子、分母有理化可得一规律数列，此种数列叫有理化数列。

【考点提炼】

分数中含有根式。

【解题指南】

对分数进行分母(或分子)有理化。

例 1　$\sqrt{2}-1$，$\frac{1}{\sqrt{3}+1}$，$\frac{1}{3}$，(　　)

A. $\frac{\sqrt{5}-1}{4}$　　B. 2　　C. $\frac{1}{\sqrt{5}-1}$　　D. $\sqrt{3}$

【答案】A

【解析】此题可以对分母有理化：$\frac{\sqrt{2}-1}{1}$，$\frac{\sqrt{3}-1}{2}$，$\frac{\sqrt{4}-1}{3}$或者也可以对分子有理化：$\frac{1}{\sqrt{2}+1}$，$\frac{1}{\sqrt{3}+1}$，$\frac{1}{\sqrt{4}+1}$，答案可得。

4. 分子、分母各呈数列型

【题型特征】

即分子、分母通过适当变换都能呈现一定规律的数列。

【考点提炼】

分子、分母分别具有一些特点，这些特点可呈现出一定的规律。

【解题指南】

将分子、分母各看成一个数列。

例 1　0，$\frac{1}{6}$，$\frac{3}{8}$，$\frac{1}{2}$，$\frac{1}{2}$，(　　)

A. $\frac{5}{13}$　　B. $\frac{7}{13}$　　C. $\frac{5}{12}$　　D. $\frac{7}{12}$

【答案】C

【解析】本题可把分子、分母各看作一个单独的数列，往这个方向尝试。原数列可以整理为：$\frac{0}{5}$，$\frac{1}{6}$，$\frac{3}{8}$，$\frac{6}{12}$，$\frac{10}{20}$，其中，分子为二级等差数列，分母为二级等比数列，按照这个规律，填入括号内的应该是：$\frac{15}{36}$，即C项$\frac{5}{12}$。所以，正确选项是C。

5. 分子、分母同时放缩型

【题型特征】

即数列中的某几个分数分子、分母同时放缩相同的倍数后，数列呈现一定的规律。

【考点提炼】

为了使分子或分母呈现出一定的规律，需要对有些简单的分数做适当的放缩。

【解题指南】

以数列的分子(分母)为操作对象，放缩其中某些数字，使之成为一个非常简单的数列，同时分子(分母)的规律也呈现出来了。

例1 $\frac{1}{16}$，$\frac{2}{13}$，$\frac{2}{5}$，$\frac{8}{7}$，4，(　　)

A. $\frac{19}{3}$　　B. 8　　C. 16　　D. 32

【答案】D

【解析】数列中的每个数分别可以化为：$\frac{1}{16}$，$\frac{2}{13}$，$\frac{4}{10}$，$\frac{8}{7}$，$\frac{16}{4}$分子成等比数列，分母成等差数列，故答案易知。

6. 前后关联型

【题型特征】

前后项的分子、分母有推出关系的分数数列，称为前后关联型分数数列。

【考点提炼】

前后项的分子、分母之间有一定的运算关系。

【解题指南】

找出前后项的分子、分母之间的等式关系。

例1 1，$\frac{2}{3}$，$\frac{5}{8}$，$\frac{13}{21}$，（ ）

A. $\frac{21}{33}$　　B. $\frac{35}{64}$　　C. $\frac{41}{70}$　　D. $\frac{34}{55}$

【答案】D

【解析】观察可发现，从第二项开始，数列中每个数的分子为前一个分数的分子、分母之和；从第二项开始，数列中每个数的分母为前一个数分母与自身分子之和。

（六）多重数列

1. 交叉数列

【题型特征】

奇数项与偶数项分别呈现规律的数列叫交叉数列。

【考点提炼】

原数列的个数加上未知项一般有8项或以上；如果数列含有两个未知项，那么几乎可以判定其为多重数列。

【解题指南】

1）一般的交叉数列中，奇数项与偶数项分别呈一个“简单数列”，并且规律相似；

2）有时候，奇数项与偶数项可能分别呈不同的规律，但规律仍然简单；

3）如果交叉数列中，奇数项的规律明显而偶数项的规律不明显，那么偶数项的规律可能依赖于奇数项的规律，反之亦然。

例1 （ ），11，9，9，8，7，7，5，6

A. 10　　B. 11　　C. 12　　D. 13

【答案】A

【解析】奇数项10，9，8，7，6为等差数列，偶数项11，9，7，5也为等差数列。

2. 分组数列

【题型特征】

数列中数字两项一组，或三项一组，然后进行组内的四则等运算后出现规律。

【考点提炼】

数列中没有单调增减规律，但几个数之间存在一定的关系。

【解题指南】

分组数列一般是两项一组，但也有特殊情况，项数一般是 8 项或 10 项，两两分组后，进行组内加、减、乘、除等运算。

例 1　2，-1，4，0，6，3，8，8，10，(　　)

A. 12　　B. 13　　C. 14　　D. 15

【答案】D

【解析】两两分组：2+(-1)=1，4+0=4，6+3=9，8+8=16，10+(15)=25，和为一平方数列；或者-1÷2=-0.5，0÷4=0，3÷6=0.5，8÷8=1，15÷10=(1.5)，商为一等差数列。

3. 对称数列

【题型特征】

作适当变换后关于某一项呈某种对称规律(相同或相似)的数列叫对称数列。

【考点提炼】

数列项数大于等于 6 项，单调特征不显著。

【解题指南】

根据数字的特点判断属于何种对称。

例 1　2，3，6，8，-8，-6，(　　)

A. -1　　B. -2　　C. -3　　D. -4

【答案】C

【解析】通过观察可发现原数列的前四项与后四项数字对称，正负相反。

4. 循环数列

【题型特征】

各项的差或商等为一组循环数，或者数列本身为循环数，此种数列叫循环数列。

【考点提炼】

一般项数大于 5 项，增减的平均幅度不同，是考点之一。

【解题指南】

若数列本身未发现循环性，则尝试对数列作相应变换，如加、减、乘、除等。

例 1　39，62，91，126，149，178，(　　)

A. 205　　B. 213　　C. 221　　D. 226

【答案】B

【解析】二级周期数列，两两做差：23，29，35，23，29，35。

（七）图形数列

1. 三角形数列

【题型特征】

数字以三角的形式给出，此种类型类似于图形推理。

【考点提炼】

大数相加减，小数乘除、平方、立方等可以获得数字之间关系的规律。

【解题指南】

通过四则运算判断各数之间的关系。

例 1

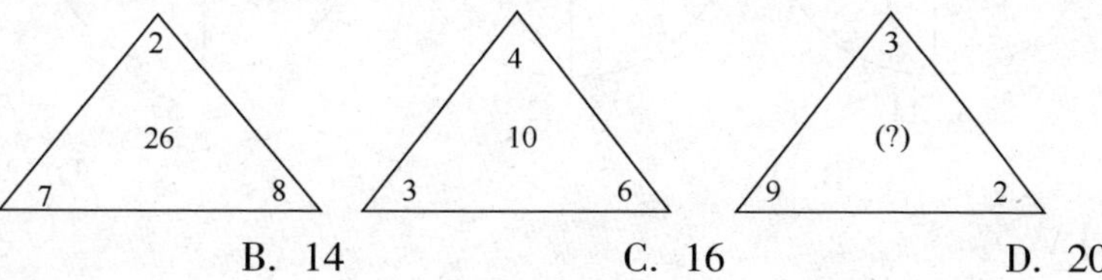

A. 12　　B. 14　　C. 16　　D. 20

【答案】C

【解析】规律为：(7+8−2)×2=26，(3+6−4)×2=10，答案易得。

2. 九宫格数列

【题型特征】

以九宫格形式给出的数列叫九宫格数列。

【考点提炼】

类似于图形推理，主要有三种类型：等差等比型、求和求积型、线性递推型。

【解题指南】

横向或纵向尝试三种类型，若否，尝试其他运算。

例 1

12	9	−6
2	3	10
1	3	?

A. 26　　B. 17　　C. 13　　D. 11

【答案】D

【解析】每一行的和与每一列的和都为 15，由此规律可知，应填 11。

3. 圆圈数列

【题型特征】

以圆圈形式给出的数列叫圆圈数列。

【考点提炼】

此种数列有两种形式：圆圈中间有数字，圆圈中间无数字。

【解题指南】

大数相加减，小数相乘除、平方、立方等，观察角度：上下、左右、交叉等。

例 1

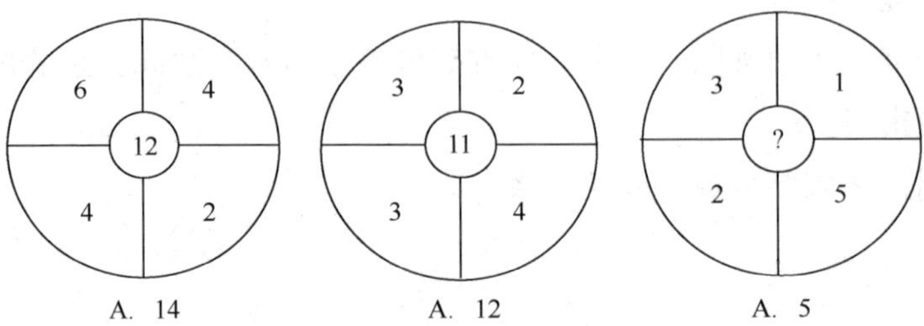

A. 14　　B. 12　　C. 5　　D. 3

【答案】A

【解析】本题规律是 6×2-(4-4)=12，3×4-(3-2)=11，故 3×5-(2-1)=14。

(八) 特殊形式的数列

【题型特征】

不同于上述所有规律的不常见的数列称为特殊数列。

【考点提炼】

不能用上述数列的方法解决。

【解题指南】

需要另辟新径解决。

例 1　2004. 2. 2，2004. 2. 9，2004. 2. 16，2004. 2. 23，(　　)

A. 2004. 2. 30　　B. 2004. 2. 31　　C. 2004. 3. 1　　D. 2004. 3. 2

【答案】C

【解析】此为日期数列。2004 年 2 月 2 日、9 日、16 日、23 日、(　　)，依次相差一周，但是，2004 年是闰年，2 月有 29 天，那么 2 月 23 日再过 7 天就是 3 月 1 日，故选 C。

【真题回顾】

1. 仔细观察排列规律，然后从四个供选择的选项中选择你认为最合理的一项，来填补空缺项，使之符合原数列的排列规律。

0，0，6，24，60，120(　　)(中国石化)

A. 180　　B. 196　　C. 210　　D. 216

2. 仔细观察排列规律，然后从四个供选择的选项中选择你认为最合理的一项，来填补空缺项，使之符合原数列的排列规律。

2，2，3，4，9，32，(　　)(中国石化)

A. 129　　B. 215　　C. 257　　D. 283

3. 仔细观察排列规律，然后从四个供选择的选项中选择你认为最合理的一项，来填补空缺项，使之符合原数列的排列规律。

22，36，40，56，68，(　　)(中国石化)

A. 84　　B. 86　　C. 90　　D. 92

4. 仔细观察排列规律，然后从四个供选择的选项中选择你认为最合理的一项，来填补空缺项，使之符合原数列的排列规律。

24+36=1，11+13=1，158+207=1，(　　)(中国石化)

A. 223+301=1　　B. 199+256=1　　C. 67+89=1　　D. 46+54=1

5. 仔细观察排列规律，然后从四个供选择的选项中选择你认为最合理的一项，来填补空缺项，使之符合原数列的排列规律。

4，10，30，105，420，(　　)(中国石化)

A. 956　　B. 1258　　C. 1684　　D. 1890

6. 根据以下数字的规律，空缺处应填入的是(　　)

120，180，220，240，300，340，(　　)(交通银行)

A. 120　　B. 180　　C. 260　　D. 360

7. 根据以下数字的规律，空缺处应填入的是(　　)。

-2，3，2，6，9，(　　)(中国银行)

A. 15　　B. 16　　C. 17　　D. 18

8. 根据以下数字的规律，空缺处应填入的是(　　)。

1，5，16，41，94，(　　)(中国银行)

A. 209　　B. 210　　C. 203　　D. 198

9. 根据以下数字的规律，空缺处应填入的是(　　)

2，5，14，41，122，(　　)(中国农业银行)

A. 243　　B. 323　　C. 365　　D. 38

10. 根据以下数字的规律，空缺处应填入的是(　　)

4，9，8，11，12，(　　)(中国农业银行)

A. 13　　B. 14　　C. 19　　D. 17

【参考答案与解析】

1. C【解析】相邻两项做差，后一项减去前一项，行成新的数列 0，6，18，

36，60。在此基础上，第二次做差，继续由后一项减去前一项，得到数列6，12，18，24。可以看出此数列是等差数列，相邻两项的差为6。按照此规律进行反推，答案为210。

2. D【解析】通过观察，相邻三项的关系如下：3＝2×2－1，4＝2×3－2，9＝3×4－3，32＝4×9－4，(　　)＝9×32－5＝283。

3. C【解析】第一个数加第二个数的一半，等于第三个数。22＋36÷2＝40，36+40÷2＝56，40+56÷2＝68，56+68÷2＝90。故答案是90。

4. D【解析】24(分)+36(分)＝1(小时)；11(小时)+13(小时)＝1(天)；158(天)+207(天)＝1(年)；46(年)+54(年)＝1(世纪)。

5. D【解析】后一项除以前一项得到2.5，3，3.5，4，4.5的等差数列。

6. D【解析】相邻两项的差为60，40，20，60，40，20。

7. B【解析】二级等差数列，相邻两项进行做差后，呈现的是一个和数列。

8. C【解析】三级等差数列，相邻两项进行做差，第二次做差之后，是公比为2的等比数列。

9. C【解析】第一项×3－1＝第二项，以此类推的122×3－1＝365。

10. D【解析】相邻两项相加，得到新数列13，17，19，23，为质数数列，反推得到下一项应为17。

二、数学运算

数学运算主要考查考生的抽象思维能力和反应能力，在近年来的考试中，难度大为增加，这就要求考生必须知晓大量的题型并掌握这些题型对应的快速解题技巧；考生必须充分的备考，尽可能多的学习新题型，掌握应对新题型的基本理论知识，同时，应加强思维训练，尽量采用简单技法解题，以节省答题时间。本章总结出各种考试常涉及到的42种题型，在此给广大考生一一剖析。

数学运算根据解题过程中，是否需要通过找等量关系来列方程，可分为两大类题型：一种是可构建等式类，一种是不可构建等式类。可构建等式类题型主要指在解题过程中，我们需要根据已知信息，快速理出其中的等量关系。如年龄问题，我们要知道，其中的等量关系主要体现在“同年同长岁”，或“年龄差不变”这两点上，即若干年前两人年龄差是多少，过N年后这个差依然保持不变，此时就可构建一个等量关系的方程。不可构建类的主要指排列组合等题型，直接根据题干信息，利用公式可得出答案，不需要构建等式。

解题思想

1. 代入排除思想

基于行测客观题的特征，所以可根据情况采用选项代入排除思想，此可细分

为三种思想方法：

1）常见题型：多位数问题、年龄问题、余数问题等涉及到计算具体数值的题目。

2）代入顺序：将备选答案逐个代入题目中，符合要求的即为正确选项。直接代入时，如果问的是“最少/最小……”，则从最小的数开始代入；如果问的是“最多/最大……”，则从最大的数开始代入。

3）数字特性代入：根据数字特性可直接排除两个选项，然后再把剩下的选项依次代入。

2. 特性思想

1）大小特性：两部分混合，在两部分基量不同情况下，其混合后整体的平均值(或浓度)必然比一个部分的平均值(或浓度)大，比另一部分的平均值(或浓度)小。

2）奇偶特性：

a. 几个数做和或做差，其奇偶性相同。

b. 如果两个数的和或差是偶数，则这两个数的奇偶性相同；如果两个数的和或差是奇数，则这两个数的奇偶性相异。

c. 任意数乘以一个奇数，其奇偶性不变，任意数乘以一个偶数，都变为偶数。

3）整除特性：题目中应用最多的是 2、3、4、5、7、8、9、11、25、125 等数字的整除特性，其中应用最多的为 3、9 两个数字的整除特性。

4）尾数特性：多应用于计算类题型。

3. 特值思想

1）特殊值分析：有些题目，结论与具体值无关，此时可以将其取为某个特殊值来分析结论。

2）极限分析法：若题目中出现了“至多”、“至少”、“最多”、“最大”、“最小”等，通常考虑极限值。

4. 逆向思维

当正面难以求解满足题目要求的问题或需要分多种情况考虑时，需要用逆向思维，用总量去掉不满足题目要求的量即可。

5. 设而不求思想

1）应用范围

a. 不定方程：有些题目根据已知条件列出的方程数量小于所设未知数的数量，正面解方程不能解出；

b. 难解方程：根据已知条件所设未知数较多，列出的方程较难解。

2）解题技巧：

a. 利用数字特性思想排除几个选项，再利用代入排除思想将选项代入，找出答案。

b. 消元法：将其中一个未知数设为“0”，从而消掉一个未知数，简化方程。

c. 整体代换思想：不用解出具体的值，代换出题目所求的整体即可。

可构建等式类

（一）计算问题

1. 尾数计算

【题型特征】

利用运算所得尾数进行判断的题目称为尾数计算型。

【考点提炼】

加法封闭性：和的尾数就是尾数的和的尾数；

减法封闭性：差的尾数就是尾数的差的尾数；

乘法封闭性：积的尾数就是尾数的积的尾数。

【解题指南】

当各选项的尾数不同时，即可用尾数法。

例 1　$1.1^2+1.2^2+1.3^2+1.4^2$ 的值是(　　)。

A. 4.98　　B. 5.49　　C. 6.06　　D. 6.30

【答案】D

【解析】1.1^2的末位为 1，1.2^2的末位为 4，1.3^2的末位为 9，1.4^2的末位为 6，因此，和的末位数与 1+4+9+6 的末位数相同，故选 D。

2. 凑整计算

【题型特征】

通过凑整进行简化运算的题目称为凑整计算型。

【考点提炼】

加/减凑整法：通过交换运算次序，把可以通过加/减法得到较整的数先进行计算的方法；

乘/除凑整法：通过交换次序，把可以通过乘/除法得到较整的数先进行计算的方法；

参照凑整法：将一个数看成与之接近的另外一个较整的数来计算，然后进行修正的方法。

【解题指南】

凑整是一种运算思想，在计算过程中，为了计算方便，不只凑成整千、整百等，还要根据题目情境凑成我们需要的其他类型的数。

例 1　12. 5×0. 76×0. 4×8×2. 5 的值是(　　)。

A. 7. 6　　B. 8　　C. 76　　D. 80

【答案】C

【解析】乘除凑整法：原式=(12. 5×8)×(0. 4×2. 5)×0. 76=100×0. 76=76。

3. 裂项计算

【题型特征】

多个相同分子的分数相加时，多半可采用将每个分数的分母分解，然后分成两个分数相减的形式，再相加。

【考点提炼】

$$\frac{b}{m\times(m+a)}+\frac{b}{(m+a)\times(m+2a)}+\frac{b}{(m+2a)\times(m+3a)}+\cdots+\frac{b}{(n-a)\times a}=\left(\frac{1}{m}-\frac{1}{n}\right)\times\frac{b}{a}$$

【解题指南】

出现分子相同，分母为相邻数的乘积的分数加法时，根据特点选用裂项计算。

例 1　$30\times\left(\frac{1}{15}+\frac{1}{35}+\frac{1}{63}+\frac{1}{99}+\frac{1}{143}+\frac{1}{195}\right)$的值是(　　)。

A. 1　　B. 4　　C. 2　　D. 3

【答案】B

【解析】原式$=30\times\frac{1}{2}\times\left(\frac{1}{3}-\frac{1}{5}+\frac{1}{5}-\frac{1}{7}+\frac{1}{7}-\frac{1}{9}+\frac{1}{9}-\frac{1}{11}+\frac{1}{11}-\frac{1}{13}+\frac{1}{13}-\frac{1}{15}\right)=4$。

4. 分组计算

【题型特征】

通过适当的分组，可简化计算的题目，称为分组计算型。

【考点提炼】

合理分组，可化简繁杂的式子。

【解题指南】

运用数字的四则运算性质，利用分组，使计算大大简化。

例 1　(300+301+302+…+397)−(100+101+…+197)=(　　)

A. 19000　　B. 19200　　C. 19400　　D. 19600

【答案】D

【解析】原式 = (300 − 100) + (301 − 101) + (302 − 102) + ⋯ + (397 − 197) = 200 × 98 = 19600。

5. 运用公式问题

【题型特征】

能借助平方差公式、特殊数列求和公式等求解的问题称为运用公式问题。

【考点提炼】

乘法分配律：(a+b)c = ac+bc；

等差数列求和公式：$a_1+a_2+a_3+a_4+\cdots+a_n=\frac{n\times(a_1+a_n)}{2}$；

整体法：把某一部分看作整体，用分配律或多项式乘法公式展开化简。

【解题指南】

根据题目特点，灵活应用上述公式，迅速解题。

例 1 $\frac{19}{99}+\frac{19}{99}\times2+\frac{19}{99}\times3+\cdots+\frac{19}{99}\times10$ 的值为(　　)。

A. $\frac{1900}{99}$　　B. $\frac{190}{99}$　　C. $\frac{1900}{11}$　　D. $\frac{95}{9}$

【答案】D

【解析】根据等差数列求和公式：原式 $=\frac{19}{99}\times(1+2+3+4+\cdots+10)=\frac{19}{99}\times55=\frac{95}{9}$。

6. 比较大小问题

【题型特征】

求几个数的最大、最小值，比较两个或三个数的大小，此种问题称为比较大小问题。

【考点提炼】

把一组数转换成同一个数系内的数，在同数系内比较。

【解题指南】

通分、化简、寻找中间值、同类转换等。

例 1 分数 $\frac{4}{9}$，$\frac{17}{35}$，$\frac{101}{203}$，$\frac{3}{7}$，$\frac{151}{301}$ 中最大的一个是(　　)。

A. $\frac{4}{9}$　　B. $\frac{17}{35}$　　C. $\frac{101}{203}$　　D. $\frac{151}{301}$

【答案】D

【解析】寻找中间值，此数列的中间值为 x，把各数都与 $\frac{1}{2}$ 比较，可知只有 $\frac{151}{301}$ 大于 $\frac{1}{2}$。

【真题回顾】

1. 5938−320−938−180 的值是（　　）。（中国石化）

A. 5000　　B. 4500　　C. 4600　　D. 4700

2. 31.21×16+3.121×120+312.1×6.2 的值是（　　）。（中国农业银行）

A. 3121　　B. 2808.9　　C. 4125　　D. 3768

3. $7^{2010}+8^{2012}$ 的个位数是几？（中国农业银行）

A. 3　　B. 5　　C. 7　　D. 9

4.（17768+17726+17712+17780+17691+17690+17612+17654+17668+17600+17689）÷110=（　　）。（交通银行）

A. 1769.9　　B. 1769　　C. 1768　　D. 1768.8

5. 营销活动的有奖竞猜环节是最受欢迎的，该环节中有如下一道算式：1+2+3+4+…+2011+2012+2013+2012+2011+…+4+3+2+1=？该算式的尾数是（　　）。（中国工商银行）

A. 4　　B. 2　　C. 9　　D. 6

【参考答案与解析】

1. B【解析】可以进行合并化简，（5938−938）−（320+180）=5000−500=4500。

2. B【解析】对原式进行转化，构造相同的公因数 31.21。原式=31.21×16+31.21×12+31.21×62=31.21×（16+12+62）=31.21×90=2808.9。

3. B【解析】此题考查的是自然数 n 次方的尾数变化。7 的 n 次方尾数变化为 7、9、3、1，2010 除以 4 余 2，所以尾数为 9。8 的 n 次方尾数变化为 8、4、2、6，2012 能被 4 整除，所以尾数为 6。尾数相加，9+6=15，所以尾数之和为 5，故选 B。

4. B【解析】原式=【（17768+17612）+（17726+17654）+（17712+17668）+（17691+17689）+（17780+17600）+17690】÷110=17690×11÷110=1769。

5. C【解析】1+2+3+……+10 的尾数为 5，所以原式的尾数只用求（2011+2012+2013+2012+2011）的尾数，即中间部分即可，所以尾数之和为 9，选 C 项。

（二）行程问题

基本公式：距离=速度×时间

1. 相遇追及问题

【题型特征】

涉及相遇或追及的问题称为相遇追及问题。

【考点提炼】

相遇距离=(大速度+小速度)×相遇时间；

追及距离=(大速度-小速度)×追及时间。

两次相遇问题：单岸型(即两个距离是两个相遇点分别和一个岸的距离)：$S=\frac{3S_1+S_2}{2}$；

两岸型(即两个距离是两个相遇点分别和两岸的距离)：$S=3S_1-S_2$(其中 S 表示两岸的距离)。

【解题指南】

分清是相遇问题，还是追及问题，恰当选用公式。

例 1 甲从某地出发，匀速前进，一段时间后，乙从同一地点以同样的速度同向前进，在 K 时刻乙距起点 30 米；他们继续前进，当乙走到甲在 K 时刻的位置时，甲离起点 108 米，问：此时乙离起点多少米(　　)。

A. 39 米　　B. 69 米　　C. 78 米　　D. 138 米

【答案】B

【解析】甲、乙速度相同，当设甲开始前进的一段时间为 t，则乙走到甲在 K 时刻的位置时，甲走了 $2t+K$ 时，而 K 时路程为 30 米，则 t 时路程为 39 米，所以乙走了 $t+K$ 时，路程为 69 米。画出图形，借助图形求解较直观。

2. 流水行船问题

【题型特征】

此即船在水中航行的问题，涉及顺流、逆流。

【考点提炼】

顺流路程=顺流速度×顺流时间=(船速+水速)×顺流时间；

逆流路程=逆流速度×逆流时间=(船速-水速)×逆流时间。

【解题指南】

对题目正确归类，找准各个量之间的关系，正确运用公式。

例 1 A、B 两城由一条河流相连，轮船匀速前进，从 A 城到 B 城需行 3 天，而从 B 城到 A 城需行 4 天，从 A 城放一个无动力的木筏，它漂到 B 城需多少天(　　)。

A. 3 天　　　B. 21 天　　　C. 24 天　　　D. 木筏无法自己漂到 B 城

【答案】C

【解析】本题为流水行船问题。设船在静水中的速度为 x，水的速度为 y，则 $4(x-y)=3(x+y)$，那么 $x=7y$，则答案为$\frac{4(7y-y)}{y}=24$。

3. 电梯运动问题

【题型特征】

人在电梯上运动的问题简记为电梯运动问题，此即相对运动问题。

【考点提炼】

能看到的电梯级数=(人速+电梯速度)×沿电梯运动方向运动所需的时间；

能看到的电梯级数=(人速-电梯速度)×逆电梯运动方向运动所需的时间。

【解题指南】

找准沿电梯运动的方向，恰当选用公式。

例 1　商场的自动扶梯以匀速由下往上行驶，两个孩子嫌扶梯走得太慢，于是在行驶的扶梯上，男孩每秒钟向上走 2 个梯级，女孩每 2 秒钟向上走 3 个梯级。结果男孩用 40 秒钟到达，女孩用 50 秒钟到达。则当该扶梯静止时，可看到的扶梯梯级有(　　)。

A. 80 级　　　B. 100 级　　　C. 120 级　　　D. 140 级

【答案】B

【解析】两个孩子沿着电梯运动方向走，选用第一个公式，设电梯速度为 x 级/秒，电梯共有 N 级，则 $N=40(x+2)$，$N=50\left(x+\frac{3}{2}\right)$，联立可得 $N=100$。

4. 往返运动问题

【题型特征】

涉及两地之间往返运动的题目称为往返运动问题。

【考点提炼】

往返平均速度$=\frac{2v_1v_2}{v_1+v_2}$(其中 v_1，v_2 分别代表往、返的速度)。

往返接人问题：如某团体从 A 地到 B 地，分为两组，其中第一组人先步行，速度为 v_1，第二组人先坐车，车载人速度为 v，车载人行走到距 B 地某处时，将这组人放下，该组人步行至 B 地，第二组人步行的速度为 v_2，而车立即返回接第一组人，车空载的速度为 v'，当车载着第一组人到达 B 地时，第二组人也刚好步行到达B地。一般的，若记第一、二组人步行的距离分别为x，y，全程为s，则可得下述方程组：$\begin{cases}\dfrac{x}{v_1}=t_1+t_2=\dfrac{s-y}{v}+\dfrac{s-x-y}{v},\\ \dfrac{y}{v_2}=t_2+t_3=\dfrac{s-x-y}{v}+\dfrac{s-x}{v}.\end{cases}$（抓住时间相等找等量关系）。其中，$t_1$，$t_2$，$t_3$分别为第二组人坐车所用时间、空车行驶时间、第一组人坐车所用时间。

【解题指南】

分析清楚往返的过程，找出各量之间的关系。

例1 有一货车分别以时速40km和60km往返于两个城市，往返这两个城市一次的平均时速为多少（　　）。

A. 55km　　B. 50km　　C. 48km　　D. 45km

【答案】C

【解析】利用往返平均速度公式可得答案为48km。

5. 沿途数车问题

【题型特征】

以某人为参照物，前或后间隔多长时间可以开来一辆车的问题称为沿途数车问题。其实质是相对运动问题，抓住发车间隔、车间距两个不变量作为解题的突破口。

【考点提炼】

发车时间间隔$=\dfrac{2t_1t_2}{t_1+t_2}$，$\dfrac{v_{车}}{v_{人}}=\dfrac{t_1+t_2}{t_1-t_2}$（其中$t_1$为大时间，$t_2$为小时间）。

【解题指南】

抓住题目中的变量与不变量，发车间隔和车间距不变，利用这两个不变量解题。

例1 小明放学后，沿某路公共汽车路线以不变速度不停地运行。每隔30分钟就有辆公共汽车从后面超过他，每隔20分钟就遇到迎面开来的一辆公共汽车。问：该路公共汽车每隔多少分钟发一次车（　　）。

A. 20　　B. 24　　C. 25　　D. 30

【答案】B

【解析】设车速为$v_{车}$，人速为$v_{人}$，两辆车间距为s，每隔t_1分钟就有一辆公共汽车从后面超过该人，每隔t_2分钟就遇到迎面开来的一辆车，则有方程组：

$\begin{cases} s=(v_{车}-v_{人})\times t_1 \\ s=(v_{车}+v_{人})\times t_2 \end{cases}$，则可推导出基本原理中的核心公式，代入公式可求得发车时间间隔为 24 分钟。

6. 钟表问题

【题型特征】

与时钟有关的问题，我们称之为钟表问题。事实上，可以把钟表问题分为追及问题和比例问题两种类型。但基于钟表问题较特殊，把它单列出来。

【考点提炼】

1）封闭曲线上的追及问题。设时钟一圈分成了 12 格，则时针每小时转 1 格，分针每小时转 12 格，根据追及问题原理，可得公式：$T=T_0+\frac{1}{11}T_0$，其中 T 为追及时间，即分针和时针要“达到条件要求”的真实时间；T_0 为静态时间，即假设时针不动，分针和时针“达到条件要求”的时间。

2）比例原则：适用于快、慢钟问题，即

$$\frac{\text{标准钟时间差}}{\text{标准时间}}=\frac{\text{快(慢)钟时间差}}{\text{快(慢)钟相对于标准时间的时间}}$$

【解题指南】

1）确定分针与时针的初始位置；

2）确定分针与时针的路程差；或者可根据常识判断。

例 1　从上午十一点三十八分到当天下午一点二十三分，时钟的时针旋转的角度与分针旋转的角度之差为多少弧度(　　)。

A. 10.08　　B. 7.19　　C. 577.5　　D. 1.75

【答案】A

【解析】很明显，答案大约是一圈半左右(接近 3π)，故选 A。

例 2　有一只钟，每小时慢 3 分钟，早晨 4 点 30 分的时候，把钟对准了标准时间，则钟走到当天上午 10 点 50 分的时候，标准时间是(　　)。

A. 11 点整　　B. 11 点 5 分　　C. 11 点 10 分　　D. 11 点 15 分

【答案】C

【解析】解答此类钟表快慢问题，可采用比例法，设此时的标准时间为 y，则可得$\frac{y-4\frac{30}{60}}{60}=\frac{10\frac{50}{60}-4\frac{30}{60}}{57}$，解得 $y=11\frac{10}{60}$，因此选 C。

【真题回顾】

1. 甲乙两个人骑自行车，同时从相距 65 千米的两地相向而行，经过 2 个小

时相遇。已知乙每小时骑 16 千米，问甲每小时骑多少千米？(　　)(中国石化)

A. 16　　B. 17　　C. 16.5　　D. 18

2. 甲公司有 A、B 两辆车，乙公司有一辆车 C 车。已知 A 车速度为 100 千米/小时，B 车的速度为 75 千米/小时，C 车速度为 65 千米/小时。A、B 两车从甲公司，C 车从乙公司，同时出发相向而行，C 车遇上 A 车后，5 小时后又遇上了 B 车，那么甲、乙两公司相距(　　)千米。(中国银行)

A. 4000　　B. 4520　　C. 4820　　D. 4620

3. 甲、乙二个业务员分别从相距若干公里的 A、B 两公司同时出发相向而行，相遇后各自继续前进，甲又经 1 小时到达 B 公司，乙又经 4 小时到达 A 公司，甲走完全程用了(　　)小时。(中国银行)

A. 2　　B. 2.5　　C. 3　　D. 4

【参考答案与解析】

1. C【解析】两者速度之和 $65\div2=32.5$ 甲速度 $32.5-16=16.5$。

2. D【解析】B 车和 C 车相遇的路程为 $(65+75)\times5=700$ 千米，这个距离为 A 车与 C 车相遇时和 B 车的距离，则 A 车和 C 车相遇用时 $700\div(100-75)=28$ 小时，则所求为 $(100+65)\times28=4620$ 千米。

3. C【解析】设甲、乙两人用 x 小时相遇，根据题意 $x\div4=1\div x$，解得 $x=2$，所以甲走完全程用 $2+1=3$ 小时。

(三) 比例问题

比例法就是在变化的变量中找准比例规律，或者找出守恒的量，通过这个恒量在整个比例中所占的比例点的不同参照物下的变化来了解整体变化。

1. 十字交叉问题

【题型特征】

符合下面基本原理，能用十字交叉解决的问题称为十字交叉问题，其实质是一种比例问题。

【考点提炼】

十字相乘法使用时要注意几点：

第一点：用来解决两者之间的比例关系问题。

第二点：得出的比例关系是基数的比例关系。

第三点：总均值放中央，对角线上大数减小数，结果放对角线上。

【解题指南】

抓住变化部分，建立比例关系，通过比例差值，求出各项比例数值，从而求出结果。

例 1　某公司职员 25 人，每季度共发放劳保费用 15000 元，已知每个男职员每季度发 580 元，每个女职员比每个男职员每季度多发 50 元，该公司男、女职员人数之比是多少(　　)。

A. 2∶1　　B. 3∶2　　C. 2∶3　　D. 1∶2

【答案】B

【解析】职工平均劳保费用$\frac{15000}{25}=600$，

男职工劳保费用：580　　　30

600

女职工劳保费用：630　　　20

男职工∶女职工=30∶20=3∶2。

2. 工程相关问题

【题型特征】

与工程完成情况相关的问题称为工程相关问题。

【考点提炼】

巧妙利用设“1”思想是解决工程问题的关键。

【解题指南】

利用设“1”思想及公式：工作量=工作效率×工作时间，巧妙解题。

例 1　一项工作，甲单独做 10 天完成，乙单独做 15 天完成。问：两人合作 3 天完成工作的几分之几(　　)。

A. $\frac{1}{2}$　　B. $\frac{1}{3}$　　C. $\frac{1}{5}$　　D. $\frac{1}{6}$

【答案】A

【解析】设总工作量为 1，依题意可知，甲一天完成$\frac{1}{10}$，乙一天完成$\frac{1}{15}$，所以，两人 3 天共完成 $3\times(\frac{1}{10}+\frac{1}{15})=\frac{1}{2}$，故选 A。

3. 浓度问题

【题型特征】

与溶液浓度有关的问题称之为浓度问题。

【考点提炼】

基本公式：溶液=溶质+溶剂；浓度=溶质÷溶液。

溶液多次混合问题核心公式：

1）设盐水瓶中盐水的质量为 M，每次操作中先倒出盐水 N 克，再倒入 N 克清水，n 为操作的次数，则 $C_n=C_0\times\left(1-\frac{N}{M}\right)^n$。（多次混合问题第一种类型，$C_0$ 为原浓度，C_n 为操作几次后的新浓度）

2）设盐水瓶中盐水的质量为 M，每次操作中先倒入清水 N 克，再倒出 N 克盐水，n 为操作的次数，则 $C_n=C_0\times\left(\frac{M}{M+N}\right)^n$。（多次混合问题第二种类型，$C_0$ 为原浓度，C_n 为操作几次后的新浓度）

【解题指南】

熟练应用溶液、溶质、溶剂之间的关系，并恰当利用比例。

例 1 一种溶液，蒸发掉一定量的水后，溶液的浓度变为 10%，再蒸发掉同样多的水后，溶液的浓度变为 12%，第三次蒸发掉同样多的水后，溶液的浓度将变为多少(　　)。

A. 14%　　B. 17%　　C. 16%　　D. 15%

【答案】D

【解析】根据题意，蒸发掉一定量的水后，溶液的浓度变为 10%，则溶液中的溶解物与溶液的比例为：10%＝3：30；再蒸发掉同样多的水后，溶液的浓度变为 12%，则溶液中的溶解物与溶液的比例为：12%＝3：25；第三次蒸发掉同样多的水，则溶液中的溶解物与溶液的比例为：3：20＝15%。

4. 牛吃草问题

【题型特征】

牛吃草问题又称为消长问题或牛顿牧场，是 17 世纪英国伟大的科学家牛顿提出来的。典型牛吃草问题的条件是假设草的生长速度固定不变，不同头数的牛吃光同一片草地所需的天数各不相同，求若干头牛吃这片草地可以吃多少天。由于吃的天数不同，草又是天天在生长的，所以草的存量随牛吃的天数不断地变化。

【考点提炼】

解题的关键是通过变量关系，求两个不变量：草地上原有的草量，草的生长速度。

基本公式：

1）草的生长速度＝(对应的牛头数×吃的较多天数－相应的牛头数×吃的较少天数)÷(吃的较多天数－吃的较少天数)；

2）原有草量＝牛头数×吃的天数－草的生长速度×吃的天数；

3）吃的天数=原有草量÷(牛头数−草的生长速度)；

4）牛头数=原有草量÷吃的天数+草的生长速度。

【解题指南】

先根据两种情况求出生长速度，进而求出原有草量。“牛吃草问题”关键在于“草每天都要生长”，即总量“随时间的推移而变大”。

例 1　牧场上长满牧草，每天牧草都匀速生长，这片牧草可供 10 头牛吃 20 天，可供 15 头牛吃 10 天，那么，供 25 头吃几天(　　)。

A. 4 天　　B. 5 天　　C. 6 天　　D. 7 天

【答案】B

【解析】首先，我们要清楚这样两个量是固定不变的：草地上原有的草量，草的生长速度。而这两个不变量题目中都没有直接告诉我们，因此，求出这两个不变量便是解题的关键。一般说来，解答这类应用题可以分成以下几步：

第一步：通过比较两种情况求出牧草的生长速度：

第一种情况：10 头牛吃 20 天，共吃了 10×20＝200(头/天)的草量。

第二种情况：15 头牛吃 10 天，共吃了 15×10＝150(头/天)的草量。

思考：为什么同一片草地，两种情况吃的总草量会不相等呢？这是因为吃的时间不一样。

事实上，第一种情况：200 头/天的草量=草地上原有的草量+20 天里新长出来的草量；

同样，第二种情况：150 头/天的草量=草地上原有的草量+10 天里新长出来的草量。

通过比较，发现：两种情况的总草量与“草地上原有的草量”无关，与吃的时间有关系。因此，我们就能求出“草的生长速度”这一十分关键的量：(200−150)÷(20−10)＝5(头/天)。

第二步：求出草地上原有的草量。

既然牛吃的草可以分成两部分，那么只要用“一共吃的草量”减去“新长出来的草量”就能求出“草地上原有的草量”：

200−5×20＝100(头/天)或者 150−5×10＝100(头/天)。

第三步：求可以供 25 头牛吃多少天？(思考：结果会比 10 天大还是小？)

显然，牛越多，吃的天数越少。

在这里，我们还是要紧紧抓住“牛吃的草可以分成两部分”来思考。我们可以将 25 头牛分成两部分：一部分去吃新生的草；另一部分去吃原有的草。因为草的生长速度是 5 头/天，所以新生的草恰好够 5 头牛吃，那么吃原有的草的牛应该有 25−5＝20(头)。当这 20 头牛将草地原有的草量吃完时，草地上也就没有草了。所以需要 100÷(25−5)＝5(天)。

【真题回顾】

1. 一项工程原计划 450 人 100 天完成，现在需要提前 10 天，需要增加的人数是(　　)。(中国石化)

A. 500　　B. 50　　C. 30　　D. 480

2. 甲容器中有纯酒精 13 升，乙容器有水 15 升，第一次将甲容器的一部分纯酒精倒入乙容器，使酒精与水混合。第二次将乙容器中的部分混合液倒进甲容器，这样甲容器中纯酒精含量为 62.5%，乙容器中有纯酒精的含量为 40%。那么第二次从乙容器中倒进甲容器的混合液是多少升？(中国农业银行)

A. 3　　B. 4　　C. 5　　D. 6

【参考答案与解析】

1. B【解析】由该工程计划 450 人 100 天完成，现在需要提前 10 天完成，即 90 天，那么可列出算式 $450\times100=x\times90$，$x=500$ 人，原有 450 人，尚需增加 $500-450=50$ 人，所以答案为 B 项。

2. C【解析】由题目可知，乙容器中纯酒精的含量为 40%，则第一次由甲容器倒入乙容器的纯酒精为 $15\div(1-40\%)\times40\%=10$ 升，甲容器还有纯酒精 $13-10=3$ 升；第二次相当于将 100%的甲溶液 3 升与 40%的混合液混合得到 62.5%的溶液，采用十字交叉法，$(62.5\%-40\%)$：$(100\%-62.5\%)=22.5\%$：$37.5\%=3$：5，所以第二次从乙容器中倒入甲容器的混合液是 5 升。

(四) 计数问题

1. 容斥原理

【题型特征】

在计数时，必须注意无一重复，无一遗漏。为了使重叠部分不被重复计算，人们研究出一种新的计数方法，这种方法的基本思想是：先不考虑重叠的情况，把包含于某内容中的所有对象的数目先计算出来，然后再把计数时重复计算的数目排斥出去，使得计算的结果既无遗漏又无重复，这种计数的方法称为容斥原理。有两种基本类型：

1) 如果被计数的事物有 A、B 两类，那么，A 类或 B 类元素个数=A 类元素个数+B 类元素个数-既是 A 类又是 B 类的元素个数。

2) 如果被计数的事物有 A、B、C 三类，那么，A 类或 B 类或 C 类元素个数=A 类元素个数+B 类元素个数+C 类元素个数-既是 A 类又是 B 类的元素个数-既是 A 类又是 C 类的元素个数-既是 B 类又是 C 类的元素个数+既是 A 类又是 B 类而且是 C 类的元素个数。

【考点提炼】

基本公式：

两个集合：$|A\cup B|=|A|+|B|-|A\cap B|$；

三个集合：$|A\cup B\cup C|=|A|+|B|+|C|-|A\cap B|-|B\cap C|-|C\cap A|+|A\cap B\cap C|$

【解题指南】

1）维恩图示法：画图辅助答题；2）公式法：利用上述公式解题。

例 1　某大学某班学生总数为 32 人，在第一次考试中有 26 人及格，在第二次考试中有 24 人及格，若两次考试中，都没有及格的有 4 人，那么两次考试都及格的人数是(　　)。

A. 22　　B. 18　　C. 28　　D. 26

【答案】A

【解析】两次都没及格的有 4 人，那么只在第一次没及格的是(32-26)-4=2 人，只在第二次没及格的有(32-24)-4=4 人，那么两次都及格的人数为 32-4-2-4=22 人。

2. 方阵问题

【题型特征】

有关方阵排列的题目，称为方阵问题。

【考点提炼】

1）N 排 N 列的方阵的人数为 N^2 人；最外层有 $4(N-1)$ 人；

2）在方阵或者长方阵中，相邻两圈人数，外圈比内圈多 8 人；

3）方阵人数=(最外层人数÷4+1)^2。

【解题指南】

1）重叠点思维：若有边与边重叠情况，把各边点数相加时重叠点计算了两次，因此，需要再减去重叠点个数，才是最终的全部数目；

2）逆向法思维：如果需要计算“某种形状”的“某种外层”的数目，用整体数目减去内部数目是一种常见的思维方法；

3）等差数列思维：利用各层之间的数目为以 8 为公差的等差数列，充分利用等差数列的有关方法。

例 1　某学校学生排成一个方阵，最外层的人数是 60 人，问这个方阵共有学生多少人(　　)。

A. 256 人　　B. 250 人　　C. 225 人　　D. 196 人

【答案】A

【解析】设最外层边上每边有 x 人，则四边共有 $4x-4$ 人，因此，由 $4x-4=60$

得出 $x=16$，即此方阵的每边有 16 人，则学生总数为 $16^2=256$(人)。

3. 植树相关问题

【题型特征】

利用植树知识解决的题目，称为植树相关问题。

【考点提炼】

1）单边线型植树公式：棵数=总长÷间距+1，总长=(棵数-1)×间距；

2）单边环型植树公式：棵数=总长÷间距，总长=棵数×间距；

3）单边楼间植树公式：棵数=总长÷间距-1，总长=(棵数+1)×间距；

4）双边植树问题公式：相应单边植树问题所需棵数的 2 倍。

【解题指南】

核心要点提示：1)总路线长；2)间距(棵距)长；3)棵数。只要知道三个要素中的任意两个要素，就可以求出第三个。

例 1 李大爷在马路边散步，路边均匀地栽着一行树，李大爷从第 1 棵树走到第 15 棵树用了 7 分钟。李大爷又往前走了几棵树后就往回走，当他回到第 5 棵树时共用了 30 分钟，李大爷散步到第几棵树时开始往回走(　　)。

A. 第 32 棵　　B. 第 33 棵　　C. 第 37 棵　　D. 第 38 棵

【答案】B

【解析】李大爷从第一棵树走到第 15 棵树共用了 7 分钟，也即走 14 个棵距用了 7 分钟，所以走每个棵距用 0.5 分钟。当他回到第 5 棵树时，共用了 30 分钟，即共走了 30÷0.5=60 个棵距，再加上从第 1 棵到第 5 棵的 4 个棵距，即一个来回共 60+4=64 个棵距，则单程是 32 个棵距，所以选 B。

4. 过河问题

【题型特征】

几人过河或蜗牛爬井的题目，称为过河问题。

【考点提炼】

1）M 个人过河，船上能载 N 个人，由于需要一个人划船，故共需过河 $\frac{M-1}{N-1}$ 次；

2）“过一次河”指的是单程，“往返一次”指的是双程；

3）载人过河的时候，最后一次不需要返回。

【解题指南】

正确理解并运用公式，分清单、双程，清楚过河的过程。

例 1 有一只蜗牛掉入一口深 20 米的井中，每天白天这只蜗牛爬上 5 米晚上又滑下3米，则这只蜗牛经过多少天可以从井中爬出(　　)。

A. 7　　B. 8　　C. 9　　D. 10

【答案】C

【解析】看作“过河问题”，$\frac{20-3}{5-3}=8.5$，所以，需要9天。

5. 鸡兔同笼问题

【题型特征】

“鸡兔同笼”是一类有名的中国古算题，最早出现在《孙子算经》中。大约在1500年前，《孙子算经》中就记载了这个有趣的问题。书中是这样叙述的：“今有雉兔同笼，上有三十五头，下有九十四足，问雉兔各几何?”从而，鸡兔同笼问题作为一种类型来研究。

【考点提炼】

许多算术应用题都可以转化成这类问题，或者用关于它的典型解法--“假设法”来求解。因此，很有必要学会它的解法和思路。一般分为两种类型：两项型和三项型。

两项型基本公式：鸡数=(兔脚数×总头数-总脚数)÷(兔脚数-鸡脚数)；兔数=(总脚数-鸡脚数×总头数)÷(兔脚数-鸡脚数)。

【解题指南】

掌握两种类型的原理，分清类型，代入公式即可。

1）二项型

例1　有若干只鸡和兔子，它们共有88个头，244只脚，鸡和兔各有多少只(　　)。

A. 54，34　　B. 64，34　　C. 54，36　　D. 64，36

【答案】A

【解析】法一：设想：每只鸡都是“金鸡独立”，一只脚站着；而每只兔子都用两条后腿，像人一样用两只脚站着。现在，地面上出现脚的总数的一半，也就是244÷2=122(只)。

在122这个数里，鸡的头数算了一次，兔子的头数相当于算了两次。因此，从122减去总头数88，剩下的就是兔子头数122-88=34，有34只兔子，当然鸡就有54只。

法二：如果设想88只都是兔子，那么就有4×88只脚，比244只脚多了88×4-244=108(只)。每只鸡比兔子少(4-2)只脚，所以，共有鸡(88×4-244)÷(4-2)=54(只)。

说明我们设想的88只“兔子”中，有54只不是兔子，而是鸡。因此，可以列出公式：

鸡数=(兔脚数×总头数−总脚数)÷(兔脚数−鸡脚数)。

当然，我们也可以设想88只都是“鸡”，那么共有脚2×88=176(只)，比244只脚少了244−176=68(只)。每只鸡比每只兔子少(4−2)只脚，所以共有兔子68÷2=34(只)。

说明设想中的“鸡”，有34只是兔子，也可以列出公式：

兔数=(总脚数−鸡脚数×总头数)÷(兔脚数−鸡脚数)。

上面两个公式不必都用，用其中一个算出兔数或鸡数，再用总头数去减，就知道另一个数。

假设全是鸡，或者全是兔，通常把这样的思路称为“假设法”。

2）三项型

例2 学校组织新年文艺晚会，用于奖品的铅笔、圆珠笔和钢笔共232支，共花了300元。其中，铅笔数量是圆珠笔的4倍。已知铅笔每支0.60元，圆珠笔每支2.7元，钢笔每支6.3元。问铅笔有多少支(　　)。

A. 12　　B. 44　　C. 176　　D. 182

【答案】C

【解析】根据条件“铅笔数量是圆珠笔的4倍”可知，这两种笔可并成一种笔，四支铅笔和一支圆珠笔成一组，这一组的笔，每支价格算作(0.60×4+2.7)÷5=1.02(元)。结合题意，我们可将题目中的三种笔转化成价格为1.02元和6.3元的两种笔。用“鸡兔同笼”公式可算出，钢笔支数是(300−1.02×232)÷(6.3−1.02)=12(支)，铅笔和圆珠笔共232−12=220(支)，其中圆珠笔220÷(4+1)=44(支)，铅笔220−44=176(支)。

6. 年龄问题

【题型特征】

有关求解年龄的题目，称为年龄问题。

【考点提炼】

1）两个人的年龄差在任何时候都固定不变；

2）两个人的年龄倍数关系随时间变化而变化；

3）每过n年，每个人都长n岁。

【解题指南】

1）直接代入法；2）图解法；3）方程法。

例1 甲、乙两人年龄不等，已知当甲像乙这么大时，乙8岁；当乙像甲这么大时，甲29岁。问今年甲的年龄为几岁(　　)。

A. 22　　B. 34　　C. 36　　D. 43

【答案】A

【解析】8 与 29 相差 21 岁，平均分成 3 段，每段 7 岁，得到小的 15 岁，大的 22 岁。

【真题回顾】

1. 某班共有 50 名学生参加数学和外语两科考试，已知数学成绩及格的有 40 人，外语成绩及格的有 25 人，据此可知数学成绩及格而外语成绩不及格者（　　）。（中国石化）

A. 至少有 10 人　　B. 至少有 15 人　　C. 有 20 人　　D. 至多有 30 人

2. 在筑篱笆时，木工在一直线上放了 10 根柱子，每两根柱子之间的距离为 2 米，问篱笆有多长？（中国石化）

A. 20 米　　B. 22 米　　C. 18 米　　D. 16 米

3. 用绳子量桥高。在桥上将绳子 4 折垂至水面，余 3 米，把绳剪去 6 米，3 折后，余 4 米，求桥高是多少米？（中国石化）

A. 36　　B. 12　　C. 9　　D. 7

【参考答案与解析】

1. B【解析】根椐题意，得：数学不及格为（50−40＝）10 人；外语不及格为（50−25＝）25 人；

从题干条件，无法求出准确的数值。但有两种特例：（1）当 25 人外语及格的均在数学及格中时，最少应有（40−25＝）15 人外语不及格；（2）当数学不及格的 10 人恰好外语全为及格时，最多应有 40−(25−10)＝25 人外语不及格。

2. C【解析】每根柱子可以看作一个点，故直线被 10 个点分成 9 段，每段长 2 米，故篱笆长度为 $9\times2=18$（米）。

3. D【解析】假设绳长 x 米，桥高 y 米，列方程组得：（1）$x=4y+3$，（2）$x-6=3y+4$，解得 $y=7$。

（五）初等数学

1. 和差倍比问题

【题型特征】

本题型是研究不同量之间的和、差、倍、比关系的应用题型。

【考点提炼】

数字之间的四则运算关系。

【解题指南】

可利用数字特性、比例、方程等方法来解决。

例1 有一食品店，某天购进了6箱食品，分别装着饼干和面包，重量分别为8、9、16、20、22、27公斤。该店当天只卖出一箱面包，在剩下的5箱中，饼干的重量是面包的两倍，则当天食品店购进了(　　)公斤面包。

A. 44　　B. 45　　C. 50　　D. 52

【答案】D

【解析】6箱食品的总重量为8+9+16+20+22+27=102公斤，由题意可知，卖出一箱后，剩余的重量能被3整除，所以卖出的为9公斤或27公斤。若卖出的为9公斤，则剩余的饼干为62公斤，面包为31公斤，则答案为40，选项中没有，此种情况舍去；所以，卖出的是27公斤，剩余的饼干为20+22+8=50公斤，剩余的面包为9+16=25公斤。故总共进了面包25+27=52公斤。

2. 多位数问题

【题型特征】

多位数问题主要针对"一个数及其个位、十位、百位等位置上的数字，以及小数点后一位、两位、三位等位置上的数字"的问题。

【考点提炼】

掌握多位数的基本概念。一位数：从1到9；两位数：从10到99；三位数：从100到999等。

【解题指南】

代入排除法在解决此类问题时发挥着关键作用。

例1 一个三位数，百位上的数比十位上的数大4，个位上的数比十位上的数大2，这个三位数恰好是后两个数字组成的两位数的21倍，那么，这个三位数是(　　)。

A. 532　　B. 476　　C. 735　　D. 676

【答案】C

【解析】只需要根据百位上的数比十位上的数大4，即可排除A、B、D。

3. 等差、等比数列问题

【题型特征】

实质是对等差、等比数列知识点考查的题目，称为等差、等比数列问题。

【考点提炼】

等差数列：基本公式：$S_n=\frac{n(a_1+a_n)}{2}$，$a_n=a_1+(n-1)d$，其中a_n为第n项，a_1为数列首项，d为公差。

等比数列：基本公式：和 $s_n=\frac{a_1(1-q^n)}{1-q}$，第 n 项为 $a_n=a_1q^{n-1}$，其中 a_1 为数列首项，q 为公比。

【解题指南】

熟练掌握上述公式，并能做到灵活应用，给出任何三个量，都可以求出第四个量。

例 1　某车间从 3 月 2 日开始每天调入一人，已知每人每天生产 1 件产品，该车间从 3 月 1 日至 3 月 21 日共生产 840 件产品，该车间原有工人多少名（　　）。

A. 20　　B. 30　　C. 35　　D. 40

【答案】B

【解析】由于自 3 月 2 日起每天调入 1 人，所以总调入的新人生产的产品数也成等差数列，即所有新人生产产品为 20×(1+20)÷2=210，则原有工人从 1 号到 21 号生产的产品总数为 840−210=630，630÷21=30，则原有工人 30 名。

4. 平均数问题

【题型特征】

以平均数为主导的题目，称为平均数问题。

【考点提炼】

总和=平均数×个数。

【解题指南】

三个量之间的转换是解题的关键所在。

例 1　有十名学生参加某次数学竞赛，已知前八名的平均成绩是 90 分，第九名比第十名多 2 分，所有学生的平均成绩是 87 分。问第九名学生的数学成绩是几分（　　）。

A. 70　　B. 72　　C. 74　　D. 76

【答案】D

【解析】第一名到第十名的成绩和=87×10=870，第一名到第八名的成绩和=90×8=720，由此可得，第九名+第十名=150。又第九名−第十名=2，故第九名=76，所以选 D。

【真题回顾】

1. 在 1 至 1000 的 1000 个自然数中，既不是 4 的倍数，也不是 5 的倍数的数共有多少个？(中国石化)

A. 600　　B. 550　　C. 500　　D. 450

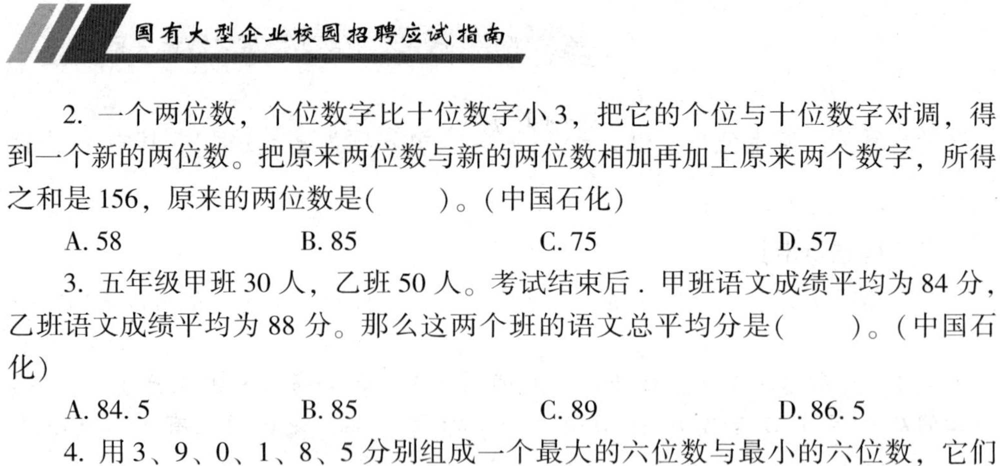

2. 一个两位数，个位数字比十位数字小 3，把它的个位与十位数字对调，得到一个新的两位数。把原来两位数与新的两位数相加再加上原来两个数字，所得之和是 156，原来的两位数是(　　)。(中国石化)

A. 58　　B. 85　　C. 75　　D. 57

3. 五年级甲班 30 人，乙班 50 人。考试结束后．甲班语文成绩平均为 84 分，乙班语文成绩平均为 88 分。那么这两个班的语文总平均分是(　　)。(中国石化)

A. 84. 5　　B. 85　　C. 89　　D. 86. 5

4. 用 3、9、0、1、8、5 分别组成一个最大的六位数与最小的六位数，它们的差是(　　)。(中国石化)

A. 595125　　B. 849420　　C. 786780　　D. 881721

5. 用 2012 减去一个四位数的差，正好等于将这个四位数各个数位数字相加的和，那么有几个这样的四位数？(中国农业银行)

A. 1　　B. 2　　C. 3　　D. 4

6. 一个长 146 公里的山区公路分为上坡、平地和下坡三段，其中上下坡的距离相等。某越野车以上坡 20 公里每小时、平地 30 公里每小时、下坡 50 公里每小时的速度行驶，跑完该条公路正好用时 5 小时，问该山路中的平地路程为多少公里？(中国农业银行)

A. 40　　B. 55　　C. 66　　D. 75

7. 某单位引进 4 名技术型人才后，非技术型人才在职工中的比重从 50%降至 43. 75%。问该单位在引进人才之前有多少名职工？(中国农业银行)

A. 28　　B. 32　　C. 36　　D. 44

8. 某个五位数加上 20 万并且 3 倍以后，其结果正好与该五位数的右端增加一个数字 2 的得数相等，这个五位数是(　　)。(中国农业银行)

A. 85714　　B. 87431　　C. 90245　　D. 93142

【参考答案与解析】

1. A【解析】所有的自然数一共是 1000 个，四的倍数是 $4n$，$1000\div4=250$，共 250 个。5 的倍数是 $5n$，$1000\div5=200$，共计 200 个。既是 4 又是 5 的倍数的，被重复计算了，因此为 $20n$，$1000\div20=50$，共 50 个。因此总数为 $1000-250-200+50=600$ 个。

2. B【解析】设原来的两位数的十位是 x，个位就是 $x-3$，$10x+(x-3)+10(x-3)+x+x+(x-3)=156$，$x=8$。因此，原来的两位数的个位是 $8-3=5$，原来的两位数是 85。

3. D【解析】$30\times84+50\times88=(30+50)x$，$x=86.5$。

4. D【解析】985310 减 103589，等于 881721。

5. B【解析】设千位 a，百位 b，十位 c，个位 d。则 2012-1000a-100b-10c-d=a+b+c+d，整理得到 2012=1001a+101b+11c+2d。当 a=2 时，b 必须为 0，11c+2d=10，因此 c=0，d=5。当 a=1 时，101b+11c+2d=1011，则 b=9，11c+2d=102。2d 是偶数，11c 也是偶数，则 c 是偶数，故 c=8，d=7。因此符合题意的四位数有 2 个。

6. C【解析】设上坡或下坡的长度为 x，那么 x÷20+x÷50+(146-2x)÷30=5，解得 x=40，平地路程为 146-2×40=66 千米，选 C。

7. A【解析】该单位在引进人才之前有 x 名职工，根据题意，非技术型人才人数不变，因此 50%x=43.75%×(x+4)，解得 x=28，即该单位在引进人才之前有 28 名职工。

8. A【解析】设这个五位数为 x，可得方程 3×(x+200000)=10x+2，化简方程 3x+600000=10x+2，7x=599998，得到 x=85714。

（六）分配问题

1. 逆推问题

【题型特征】

题目像九连环，每一步都由上一步推出，最后告知结论，或正面难解决，从结论入手反而简单的题目，称为逆推问题。

【考点提炼】

当正面推导，问题难以解决时，通常从结论入手分析解决。

【解题指南】

从最后的结论往前推导，可使问题解决大大简化。

例 1　李明从图书馆借来一批图书，他先给了甲 5 本和剩下的 $\frac{1}{5}$，然后给了乙 4 本和剩下的 $\frac{1}{4}$，又给了丙 3 本和剩下的 $\frac{1}{3}$，又给了丁 2 本和剩下的 $\frac{1}{2}$，最后自己还剩 2 本，李明共借了多少本书(　　)。

A. 30　　B. 40　　C. 50　　D. 60

【答案】A

【解析】最快的方法是从后向前计算。给丁之前，李明手里有书本 $2÷\frac{1}{2}+2=$ 6 本；给丙之前，李明手里有书本 $6÷\frac{2}{3}+3=12$；给乙之前，李明手里有书本 12

$\div \frac{3}{4}+4=20$ 本；给甲之前，李明手里有书本 $20\div \frac{4}{5}+5=30$ 本。

2. 分段计算问题

【题型特征】

如计算税收、提成、出租车费等分段征收的费用的题目，称为分段计算问题。

【考点提炼】

分区间计算，涉及题目情境有销售、税金、支付、提成等。

【解题指南】

弄清分段点，细心计算。

例 1　某中介服务机构根据服务项目所涉及的金额按一定比例收取服务费，具体标准如下：1 万元(含)以下收取 50 元；1 万元以上，5 万元(含)以下的部分收取 3%；5 万元以上，10 万元(含)以下的部分收取 2%(如，某一服务项目所涉及金额为 5 万元时，应收取服务费 1250 元)。现有一服务项目所涉及金额为 10 万元，那么，所收取的服务费应为多少元(　　)。

A. 2250 元　　B. 2500 元　　C. 2750 元　　D. 3000 元

【答案】A

【解析】0~1 万元的部分，收取 50 元；1~5 万元的部分，收取 40000×3% = 1200 元；5~10 万元的部分，收取 50000×2% = 1000 元，共收取服务费 = 50+1200 +1000 = 2250 元，故选 A。

3. 利润问题

【题型特征】

以利润、利息为主导的题目，称为利润问题。

【考点提炼】

总售价 = 单价×销售量；总利润 = 单件利润×销售量；

总利润 = 总售价−总成本；单件利润 = 单价−单件成本；

利润率 $=\frac{\text{利润}}{\text{成本}}=\frac{\text{售价}-\text{成本}}{\text{成本}}=\frac{\text{售价}}{\text{成本}}-1$；售价 = 成本×(1+利润率)；成本 $=\frac{\text{售价}}{1+\text{利润率}}$；

“二折”即现价为原价的 20%，“九折”即现价为原价的 90%。

若现价为原价的 85%，可叫做“八五折”或“八点五折”。

复利计算公式：本息 = 本金×$(1+\text{利率})^{N}$，其中 N 为相差年数。

利息=本金×利率×期数，本息和=本金×(1+利率×期数)。

【解题指南】

掌握基本公式，分清各量之间的关系，可灵活应用公式解决问题。

例1　一家冷饮店，过去用圆柱形的纸杯子装汽水，每杯卖2元钱，一天能卖100杯。现在改用同样底面积和高度的圆锥形纸杯子装，每杯只卖1元钱。如果该店每天卖汽水的总量不变，那么现在每天的销售额是过去的多少(　　)。

A. 50%　　B. 100%　　C. 150%　　D. 200%

【答案】C

【解析】同底等高的圆锥体是圆柱体的$\frac{1}{3}$，则过去圆柱形杯子的100杯的容量与现在圆锥形杯子的300杯相同。那么，现在每天的销售额是过去的(1×300)÷(2×100)=1.5(倍)，即150%。

4. 统筹问题

【题型特征】

统筹问题是简单线性规划问题，即在尽可能节省人力、物力和时间的前提下，争取获得在允许范围内的最大效益。

【考点提炼】

做这类问题其实用的是分配思想，并使分配最优化。

【解题指南】

按题目要求分配，注意利用极限思想等。

例1　商店卖气枪子弹，每粒1分钱，每5粒4分，每10粒7分，每20粒1角2分。小明的钱至多买73粒，小刚至多买87粒，两人的钱合起来能买多少粒(　　)。

A. 160　　B. 165　　C. 170　　D. 175

【答案】B

【解析】小明有子弹73粒，可知买了3个20粒，1个10粒，3个1粒，共有46分钱；同理，小刚买了4个20粒，1个5粒，2个1粒，共有54分钱。两人共有100分钱，可以买8个20粒，1个5粒，共买165粒。

5. 规则推断

【题型特征】

此种类型题目是近几年新出现的一种题型，该题型严格意义上已经不仅仅是数学运算题目，而是一种综合性更强的理科题目，更加贴近实际生活，更加考察我们的逻辑思维能力。

【考点提炼】

做这类问题可以结合逻辑判断题目的思维模式，同时结合现实生活中的实例加以理解分析。

【解题指南】

尽量使题目中的问题简单化。

例1 小赵、小钱、小孙一起打羽毛球，每局两人比赛，另一人休息。三人约定每一局的输方下一局休息。结束时算了一下，小赵休息了2局，小钱共打了8局，小孙共打了5局。则参加第9局比赛的是(　　)。

A. 小赵和小钱　　B. 小赵和小孙　　C. 小钱和小孙　　D. 以上皆有可能

【答案】A

【解析】小赵休息两局即是小钱和小孙打了2局，那么小钱和小赵打了8-2=6局，小孙和小赵打了5-2=3局。一共打了2+6+3=11局。所以，小孙11局中休息了6局，打了5局；由题可知不可能连续休息两局，说明小孙一定是休息一局打一局，因此，第九局小孙休息，小赵和小钱打。

【真题回顾】

1. 有一批长度分别为3、4、5、6和7厘米的细木条，他们的数量足够多，从中适当选取3根木条作为三角形的三条边，可能围成多少个不同的三角形？(中国石化)

A. 25个　　B. 28个　　C. 30个　　D. 32个

2. 某企业去年销售收入1000万元，年成本为生产成本500万元与年广告成本200万元两部分。若年利润必须按p%纳税，且年广告费超出年销售收入2%的部分也按p%纳税，其他不纳税。已知该企业去年共纳税120万元，则税率p%为(　　)。(中国石化)

A. 40%　　B. 25%　　C. 12%　　D. 10%

3. 有大小两个瓶，大瓶可以装水5千克，小瓶可装水1千克，现在有100千克水共装了52瓶。问大瓶和小瓶相差多少个？(中国石化)

A. 26个　　B. 28个　　C. 30个　　D. 32个

4. 某银行举办创新技术大赛，设特等奖、一等奖、二等奖、三等奖和鼓励奖，每个奖项设获奖者一名，每个人所获金额依上述奖项依次递减均为1万元的整数倍。现共有31万元的奖金，那么，特等奖最少能拿到(　　)万元的奖金。(中国工商银行)

A. 9　　B. 8　　C. 10　　D. 6

5. 2013年，风险管理团队监控的115个贷款项目中，存在高风险项目数占比

超过 50%。所有项目中，属于东部地区的有 89 个，属于西部地区的有 26 个。由此推断出以下结论，其中错误的一项是(　　)。(中国工商银行)

A. 东部地区的高风险项目数占比不一定低于西部地区

B. 西部地区的高风险项目数占比不一定高于东部地区

C. 东部地区的高风险项目数不一定高于西部地区

D. 西部地区的高风险项目数占比不一定低于东部地区

6. 某饼店一种成本为 1.4 元的点心卖 2 元一份，每天没卖完的点心会在晚上 8 点后半价促销，全部卖完。已知一个月 30 天中，平均有 15 天每天晚上 8 点前可卖出 100 份点心，而其余 15 天每天晚上 8 点前只能卖出 60 份。如果饼店每天做的点心数量相同，一个月能够获得的最大利润是(　　)元。(中国农业银行)

A. 1080　　B. 1200　　C. 1320　　D. 1440

7. 有 6 块岩石标本，它们的重量分别是 8.5 千克、6 千克、4 千克、4 千克、3 千克、2 千克，要把它们分别装在 3 个背包里，要求最重的一个背包尽可能轻一些．请写出最重的背包里装的岩石标本是多少千克？(中国农业银行)

A. 9　　B. 10　　C. 10.5　　D. 11

8. 有三张扑克牌，前两张的点数之和为 25，后两张的点数之和为 13，则这三牌的点数之和为？(中国农业银行)

A. 26　　B. 27　　C. 30　　D. 32

9. 某次考试共 10 道题，每题 1 分，得分统计如下表。已知得 2 分以上的学生平均分为 6 分，8 分以下的平均分为 3 分，问这班学生人数为多少？(中国农业银行)

得分	0	1	2	…	8	9	10
人数	7	5	4	…	3	3	1

A. 35　　B. 41　　C. 46　　D. 52

【参考答案与解析】

1. D【解析】分情况讨论，(1)等边三角形，有 5 种；(2)等腰三角形，3 为腰时，4。5 可为底；4 为腰时，3，5，6，7 可为底；5 为腰时，3，4，6，7 可为底；6 为腰时，3，4，5，7 可为底；7 为腰时，3，4，5，6 可为底。(3)三边互不相等时，3，4，7 不能构成三角形，共有 5×4÷2−1＝9 种。综上所述，共有 5+2+4+4+4+4+9＝32 个。

2. B【解析】120＝(1000−500−200)×P%+(200−1000×2%)×P%，P%＝25%。

3. B【解析】大瓶数＝(100−52)÷4＝12，40−12＝28 个。

4. A【解析】共 5 个奖项，平均每个奖项的奖金为 31÷5＝6.2 万元，要想特等奖最少，则其他四个奖项奖金尽可能多，即一等奖 7 万元，二等奖 6 万元，三等奖 5 万元，鼓励奖 4 万元，则特等奖最少拿到 31-7-6-5-4=9 万元。

5. C【解析】设西部地区的所有项目均为高风险项目，则东部地区高风险项目数至少为 115÷2-26=31.5 个，东部地区的高风险项目数一定高于西部地区，其他三项都可能正确，此题选 C。

6. B【解析】卖 2 元一份时每份盈利 2-1.4=0.6 元，半价促销时每份亏损 1.4-1=0.4 元。所以每天做 100 份点心时一个月能够获得的利润最大，则总利润为 0.6×100×15+0.6×60×15-0.4×40×15=1200 元。

7. B【解析】平均每包重量为(8.5+6+4+4+3+2)÷3≈9.16 千克，最重的必然比平均数大，排除 A。要让最终的背包尽可能轻，每包标本的总重应尽量接近平均重量，8.5 千克的标本单独占一个背包，按如下分配 8.5、(6，4)、(4，3，2)分配时最重的背包最轻。所以最重的背包是 10 千克。

8. A【解析】扑克牌最大的点数为 13，则前两张牌的点数必然为 12 与 13。若第二张牌点数为 13，则第三张牌点数为 0 与现实不符，所以第二张牌点数为 12，第三张牌点数为 1，三张牌点数之和为 26。

9. B【解析】根据给出的已知数据，得 7 分以上的人总分为 8×3+9×3+10×1=61 分；得 3 分以下的人总得分为 1×5+2×4=13 分。设得 3~7 分的共有 x 人。

得 2 分以上(3~10 分)的学生平均分为 6 分，得 8~10 分的共有 3+3+1=7 人，所以 3~7 分的总分数为(x+7)×6-61；

得 8 分以上(3~10 分)的学生平均分为 3 分，得 0~2 分的共有 7+5+4=16 人，所以 3~7 分的总分数为(x+16)×3-13；

由于两个式子相等，解得 x=18。所以，这班共有 7+18+16=41 人。

(七) 几何问题

对于此类问题，可运用基本公式，或直接根据几何特性判断解题。

几何变量变化特性：

(1) 若一个规则几何图形的边长变为原来的 n 倍，则对应角度不变，对应面积变为原来的 n^2 倍，对应体积变为原来的 n^3 倍；

(2) 平面规则图形中，若周长一定，越接近于圆，面积越大；若面积一定，越接近于圆，周长越小。立体规则图形中，若表面积一定，越接近于球，体积越大；若体积一定，越接近于球，表面积越小。

1. 相关个数计算

【题型特征】

有关几何图形中个数的计算，称为相关个数计算。

【考点提炼】

熟悉规则几何图形比如正方体、立方体等的基本知识。

【解题指南】

找到对应的几何知识点，利用基本几何知识解决。

例 1　一个边长为 8 的正立方体，由若干个边长为 1 的正立方体组成，现在要将大立方体表面涂漆，请问一共有多少个小立方体被涂上了颜色(　　)。

A. 296　　B. 324　　C. 328　　D. 384

【答案】A

【解析】解法一：首先一个大正方体表面涂上颜色，那么一共有 8×8×6 的面积涂上了，现在每条边上的小方块被涂了 2 个面，多计算了 1 次，而边上的一共有 6×12＝72 个，每个角上小方块涂了 3 个面，多计算了 2 次，角上一共 8 个，8×2＝16。所以，正确答案就是 8×8×6－6×12－8×2＝296。

解法二：此题可以用全部的小正方体的个数，减去没有被涂颜色的小正方体的个数，即 8×8×8－6×6×6＝296。

2. 周长问题

【题型特征】

与规则图形周长相关的题目，称为周长问题。

【考点提炼】

常用周长公式：$C_{\text{正方形}}=4a$；$C_{\text{长方形}}=2(a+b)$；$C_{\text{圆}}=2\pi R$。

【解题指南】

掌握基本公式，借助基本公式解题。

例 1　假设地球是一个正球形，它的赤道长 4 万千米。现在用一根比赤道长 10 米的绳子围绕赤道一周，假设在各处绳子离地面的距离都是相同的，请问绳子距离地面大约有多高(　　)。

A. 1.6 毫米　　B. 3.2 毫米　　C. 1.6 米　　D. 3.2 米

【答案】C

【解析】本题是求周长为 4 万千米+10 米和 4 万千米两个圆的半径的差值，即(4 万千米+10 米)÷2π－4 万千米÷2π＝10÷2π＝1.59 米，大约 1.6 米。故 C 正确。

3. 面积问题

【题型特征】

与规则图形面积相关的题目，称为面积问题。

【考点提炼】

常用面积公式：

$S_{正方体}=a^2$；$S_{长方形}=ab$；$S_{圆}=\pi R^2$；$S_{三角形}=\frac{1}{2}ah$；$S_{平行四边形}=ah$；

$S_{梯形}=\frac{1}{2}(a+b)h$；$S_{扇形}=\frac{n\pi R^2}{360}$；$S_{扇形}=\frac{1}{2}lR$，$l$ 为弧长。

常用表面积公式：

$S_{正方体表}=6a^2$；$S_{长方体表}=2ab+2bc+2ac$；$S_{球表}=4\pi R^2$；$S_{圆柱体表}=S_{底面积}+S_{侧面积}=2\pi R^2+2\pi Rh$。

【解题指南】

(1) 熟练掌握基本图形的面积公式，并能灵活应用。

(2) 巧妙利用几何特性法解题。

例 1 有一个正方形花池，周围用边长 25 厘米的方砖铺了一条宽 1.5 米的小路，共用 1776 块。花池的面积是多少平方米(　　)。

A. 111　　B. 289　　C. 400　　D. 10404

【答案】B

【解析】设花池边长为 x 米，则 $4\times1.5\times x+4\times1.5^2=0.25^2\times1776$，解得 $x=17$，则花池的面积为 289 平方米。

4. 体积问题

【题型特征】

与规则图形体积相关的题目，称为体积问题。

【考点提炼】

常用体积公式：

$V_{正方体}=a^3$；$V_{长方体}=abc$；$V_{球}=\frac{4}{3}\pi R^3$；$V_{圆柱体}=\pi R^2h$；$V_{圆锥体}=\frac{1}{3}\pi R^2h$。

【解题指南】

(1)公式法；

(2)几何特性法。

例 1 一间长 250 米，宽 10 米，高 4 米的仓库放置了 1000 个棱长为 1 米的正方体箱子，剩余的空间为多少立方米(　　)。

A. 0　　B. 1500　　C. 5000　　D. 9000

【答案】D

【解析】仓库的空间为 $250\times10\times4=10000$ 立方米，1000 个箱子体积为 $1000\times1^3=1000$ 立方米，则剩余 9000 立方米，故选 D。

5. 角度问题

【题型特征】

与规则图形角度有关的题目，称为角度问题。

【考点提炼】

常用角度公式：三角形内角和180°，N边形内角和为$(N-2)\times180°$。

【解题指南】

(1)角度公式；

(2)几何特性法：角之间关系等。

例1. 三角形的内角和为180°，问六边形的内角和是多少度(　　)。

A. 720°B. 600°C. 480°D. 360°

【答案】A

【解析】利用N边形内角和公式，可算得答案为A。

【真题回顾】

1. 有一根20米长的铁丝，想在面积为24平方米的长方形田地周围围成一圈，那么该田地的长和宽应为(　　)。(中国石化)

A. 6，4　　B. 8，6　　C. 8，3　　D. 4，8

2. 正方形的边长扩大为原来的4倍，面积扩大(　　)(中国石化)

A. 4倍　　B. 8倍　　C. 16倍　　D. 64倍

3. 冰块在水中显露的部分与水里的部分之比为1：10，如果显露部分体积为9立方米，那么冰块的体积为(　　)立方米。(中国石化)

A. 90　　B. 99　　C. 110　　D. 200

【参考答案与解析】

1. A【解析】周长=(长+宽)×2，所以，长与宽的和应是10。所以选A。

2. C【解析】面积=边长×边长，边长扩大4倍，面积扩大4×4=16倍。

3. B【解析】1：10=9：90，9+90=99，所以冰块的体积为99立方米。

不可构建等式类

1. 排列组合问题

【题型特征】

以排列组合为主导的题目，称为排列组合问题。

【考点提炼】

1）加法原理：做一件事情分多个类别，则总方法数等于各类方法数之和；

2）乘法原理：做一件事情分多个步骤，则总方法数等于各步方法数之积。

排列：在 n 个不同的元素中任选 m 个排成一排（考虑顺序），则总方法数为 A_n^m，排列公式：$A_n^m=\frac{n!}{(n-m)!}=n\times(n-1)\times(n-2)\times\cdots\times(n-m+1)$；

组合：在 n 个不同的元素中任选 m 个组成一组（不考虑顺序），则总方法数为 C_n^m，组合公式：$C_n^m=\frac{n!}{(n-m)!\times m!}=\frac{n\times(n-1)\times(n-2)\times\cdots\times(n-m+1)}{m\times(m-1)\times(m-2)\times\cdots\times1}$。

【解题指南】

排列组合特殊问题解题方法：

1）错位排列问题

有 N 封信和 N 个信封，则每封信都不装在自己的信封里，可能的方法的种数计作 D_n，则 $D_1=0$，$D_2=1$，$D_3=2$，$D_4=9$，$D_5=44$，$D_6=265$，……，大家把这几个数记住即可。

2）计算顺、逆时针顺序的环状排列公式：

N 个人排成一圈，若计顺、逆时针次序有 $\frac{A_N^N}{N}$ 种排法，即相当于少一个人的排列。

N 个人排成一圈，若不计顺、逆时针次序有 $\frac{A_N^N}{2N}$ 种排法，即相当于顺、逆时针情况除以 2。

3）比赛问题：

淘汰赛：若仅需决出冠、亚军，则比赛场次为 $N-1$，N 为参赛人数；若需决出 1、2、3、4 名，则比赛场次为 N。

循环赛：若单循环（任意两个队打一场比赛），比赛场次为 C_N^2；若双循环（任意两个队打两场比赛），比赛场次为 A_N^2。

例 1　某足球赛决赛，共有 24 个队参加，它们先分成六个小组进行循环赛，决出 16 强，这 16 个队按照确定的程序进行淘汰赛，最后决出冠、亚军和第三、四名，总共需要安排多少场比赛（　　）。

A. 48　　B. 51　　C. 52　　D. 54

【答案】C

【解析】24 个队，分成 6 个小组，每组 4 个队，因为每个小组打循环赛，故每个小组内比赛有 $C_4^2=6$ 场（与次序无关），循环赛共 6×6=36 场。16 个队淘汰赛决出冠、亚军和第三、四名，因此，淘汰赛共需 16 场，共 36+16=52 场。

2. 概率问题

【题型特征】

随着人们遇到问题的复杂程度的增加，等可能性逐渐暴露出它的弱点，特别是对于同一事件，可以从不同的等可能性角度算出不同的概率，从而产生了种种悖论。另一方面，随着经验的积累，人们逐渐认识到，在做大量重复试验时，随着试验次数的增加，一个事件出现的频率，总在一个固定数的附近摆动，显示一定的稳定性。R. von 米泽斯把这个固定数定义为该事件的概率，这就是概率的频率定义。从理论上讲，概率的频率定义是不够严谨的。

1）概率的严格定义

设 E 是随机试验，S 是它的样本空间。对于 E 的每一事件 A 赋予一个实数，记为 $P(A)$，称为事件 A 的概率。这里 $P(\quad)$ 是一个集合函数，$P(\quad)$ 要满足下列条件：

A. 非负性：对于每一个事件 A，有 $P(A)\geqslant 0$；

B. 规范性：对于必然事件 S，有 $P(S)=1$；

C. 可列可加性：设 A_1，A_2……是两两互不相容的事件，即对于 $i\neq j$，$A_i\cap A_j=\Phi$，（i，j=1，2，……），则有 $P(A_1\cup A_2\cup\cdots\cdots)=P(A_1)+P(A_2)+\cdots\cdots$

2）概率的古典定义

如果一个试验满足两条：

1. 试验只有有限个基本结果；

2. 试验的每个基本结果出现的可能性是一样的。

这样的试验，称为古典试验。

对于古典试验中的事件 A，它的概率定义为：$P(A)=\dfrac{m}{n}$，n 表示该试验中所有可能出现的基本结果的总数目，m 表示事件 A 包含的试验基本结果数。该定义概率的方法称为概率的古典定义。

3）概率的统计定义

在一定条件下，重复做 n 次试验，m 为 n 次试验中事件 A 发生的次数，如果随着 n 逐渐增大，频率 $\dfrac{m}{n}$ 逐渐稳定在某一数值 p 附近，则数值 p 称为事件 A 在该条件下发生的概率，记做 $P(A)=p$。这个定义称为概率的统计定义。

【考点提炼】

$$事件概率=\frac{满足条件的事件数}{总的情况数}$$

【解题指南】

分清事件包含的总的情况数，找准满足条件的事件数。

例 1 某单位共有 36 人，四种血型的人数分别是：A 型 12 人，B 型 10 人，AB 型 8 人，O 型 6 人，如果从这个单位随机的找出两个人，那么这两个人具有同种血型的概率为多少(　　)。

A. $\frac{7}{45}$　　B. $\frac{9}{45}$　　C. $\frac{11}{45}$　　D. $\frac{13}{45}$

【答案】C

【解析】两个人都是 A、B、AB、O 型血的概率分别为 $\frac{C_{12}^2}{C_{36}^2}$、$\frac{C_{10}^2}{C_{36}^2}$、$\frac{C_8^2}{C_{36}^2}$、$\frac{C_6^2}{C_{36}^2}$，两个人血型相同的概率为 $\frac{C_{12}^2}{C_{36}^2}+\frac{C_{10}^2}{C_{36}^2}+\frac{C_8^2}{C_{36}^2}+\frac{C_6^2}{C_{36}^2}=\frac{11}{45}$。

3. 抽屉原理

【题型特征】

抽屉原理又称鸽巢原理，它是组合数学的一个基本原理，最早是由德国数学家狄利克雷明确地提出来的，因此，也称为狄利克雷原理。

把 3 个苹果放进 2 个抽屉里，一定有一个抽屉里放了 2 个或 2 个以上的苹果。这个人所皆知的常识就是抽屉原理在日常生活中的体现。用它可以解决一些相当复杂甚至无从下手的问题。

【考点提炼】

原理 1：将多于 n 件的物品任意放到 n 个抽屉中，那么至少有一个抽屉中的物品件数不少于 2(也可以理解为至少有 2 件物品在同一个抽屉)。

原理 2：将多于 $m\times n$ 件的物品任意放到 n 个抽屉中，那么至少有一个抽屉中的物品的件数不少于 $m+1$(也可以理解为至少有 $m+1$ 件物品在同一个抽屉)。

原理 3：把无穷多个元素放入有限个集合里，则一定有一个集合里含有无穷多个元素。

【解题指南】

解答此类问题一般采用“最不利”原则，构造“最不利”的可能性，帮助解题。

“反向转化”原则：

(1)“至多”→“至少”，“至少”→“至多”；

(2)“才能”→“仍能”，“仍能”→“才能”；

(3)“保证”→“满足”，“满足”→“保证”；

(4)“有”→“无”，“无”→“有”；

(5)“至多 N”→“至少 $N+1$”，“至少 M”→“至多 $M-1$”。

解答步骤：①理清题目问题；②合理反向转化；③构造极端情形，得出结论。

例 1 在一次钓鱼比赛中共有 100 人参加，比赛结束后，裁判宣布最少的钓了 7 条鱼，最多的钓了 20 条鱼，问这 100 人中，至少有几个人钓的鱼一样多(　　)。

A. 6　　B. 7　　C. 8　　D. 9

【答案】C

【解析】此题可采用平均分配再加 1 原则。7 条鱼到 20 条鱼总共有 14 种情况，100 人在这 14 种情况里分配，100÷14=7…2，7+1=8 即为答案。

4. 余数问题

【题型特征】

利用余数的特性来解决的题目称为余数问题。

【考点提炼】

余数基本关系式：被除数÷除数=商 … 余数；

余数基本恒等式：被除数=除数×商+余数。

【解题指南】

和同加和，余同取余，差同减差，最小公倍数做周期；对于同余问题，我们一般都用上述法则完成，有时也采用“代入法”与“试值法”。

例 1 一个三位数被 9 除余 7，被 5 除余 2，被 4 除余 3，这样的三位数共有(　　)个。

A. 5　　B. 6　　C. 7　　D. 8

【答案】A

【解析】根据“和同加和”，可知被 5 除余 2，被 4 除余 3 的数可表示为 20n+7，所以这个数被 20 除余 7，又被 9 除余 7，可知根据“余同取余”可得此数为“180n+7”，所以这个数的可能取值为 187，367，547，727，907。

5. 周期问题

【题型特征】

与周期有关的题目，称为周期问题。

【考点提炼】

周期为 T 的数列，第 $a+nT$ 个数与第 a 个数相同。

【解题指南】

主要借助简单列举或找最小公倍数得到整体周期。

例1 某部队战士排成了一个6行、8列的长方阵。现在要求各行从左至右1，2，1，2，1，2，1，2报数，再各列从前到后1，2，3，1，2，3报数。问在两次报数中，所报数字不同的战士有多少个（　　）。

A. 18个　　B. 24个　　C. 32个　　D. 36个

【答案】C

【解析】注意到在任意相邻的3行、2列的六个人中，恰好有2名战士所报的数字相同（即4人不同），因此，所报数字不同的战士有$\frac{4}{6}\times 6\times 8=32$（个）。

6. 日期问题

【题型特征】

有关日期的考察、计算的题目，称为日期问题。

【考点提炼】

平年：年份不能被4整除，一共365天，其中二月份28天；

闰年：年份能被4整除且不能被100整除或能被400整除，一共366天，其中二月份有29天。

【解题指南】

（1）一年就是1，闰日再加1，即如果月份、日期不变，在原来的基础上加上（或减去）一年，则在原来的星期数基础上增加（或减去）1，如果中间有闰日，还要再加1；

（2）一月就是2，多少再补算，即如果年份、日期不变，在原来的基础上加上（或减去）一月（以30天计算），则在原来的星期数基础上增加（或减去）2，再根据大、小月调整。

例1 2008年8月8日，奥运会开幕是星期五，则2008年12月8日是（　　）。

A. 星期一　　B. 星期二　　C. 星期三　　D. 星期四

【答案】A

【解析】根据解题技巧(2)，年份不变，从8月到12月增加了4个月，则加8天，又8月31、10月31两个31日再补算，所以在星期五的基础上加10天，故可知答案为星期一。

【真题回顾】

1. 宁波到上海的铁路沿线共有12个火车站，那么共有多少种票价？（中国石化）

A. 56　　B. 66　　C. 96　　D. 24

2. 甲、乙两人从 5 项健身项目中各选 2 项，则甲乙所选的健身项目中至少有一项不相同的选法共有多少种？（中国石化）

A. 36 种　　B. 81 种　　C. 90 种　　D. 100 种

3. 已知 2008 年的元旦是星期二，问 2009 年元旦是星期几？（中国石化）

A. 星期二　　B. 星期三　　C. 星期四　　D. 星期五

4. 如图所示，圆被三条线段分成四个部分。现有红、橙、黄、绿四种涂料对这四个部分上色，假设每部分必须上色，且任意相邻的两个区域不能用同一种颜色，问共有几种不同的上色方法？（中国石化）

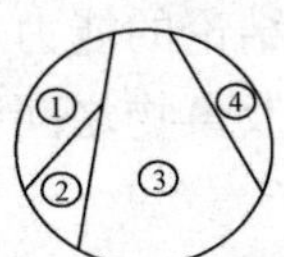

A. 64 种　　B. 72 种　　C. 80 种　　D. 96 种

5. 某汽车尾部有 6 个信号灯，其中两个是关闭的。则所有尾灯中（　　）是亮着的。（中国石化）

A. 25%　　B. 33. 3%　　C. 50%　　D. 66. 7%

6. 学校体育组里有许多篮球、排球和足球，还有两个班级的 100 名同学一起上体育课，体育老师要求这 100 名同学拿球，每人至少拿到 1 个球，至多拿 2 个球，请问，至少有（　　）同学所拿的球是一致的？（交通银行）

A. 12　　B. 50　　C. 11　　D. 100

【参考答案与解析】

1. B【解析】12×11÷2＝66 种。

2. C【解析】从 5 项当中选 2 项，5×4÷2＝10，10×10－10＝90。

3. C【解析】2008 年是闰年，有 366 天，除去元旦，还有 365 天，除以 7 还余 1，即 52 个完整的星期余一天，所以 2008 年 12 月 31 日是星期三，故 2009 年 1 月 1 日是星期四。

4. B【解析】4×3×3×2＝72。

5. C【解析】2 个是关闭的，4 个是亮着的，所以亮着的灯在所有灯中，所占比例为（6－2）÷6＝66. 7%。

6. A【解析】拿一个球时有 3 种可能，拿两个球时，两个球相同有 3 种可能，两个球不同有 3 种可能，所以每个人拿到球的可能情况有 9 种。100÷9＝11……1，所以至少有 11+1＝12（人）拿到球的情况是一样的。

第四部分 通用职业能力测试之判断推理

判断推理能力是指人们根据一定的先知条件，通过自己拥有的知识、思维进行判定、推断，对事物得出自己的结论的能力。通过对个人的判断推理能力的判定，能够反映出该人对事物的本质及事物之间联系的认知能力的高低。

一、图形推理

图形推理考查的是规律，而规律的体现是变化，变化的基础是不变，变与不变的统一构成了无数的规律。所以，在做图形推理题目时，可从两大角度入手：第一，不变的是哪些？第二，变化的有哪些？它们之间有何联系？规律往往就可以因此得出。

图形推理主要是测评应试者关于图形元素的形状、数量和位置的关系及其变化的抽象思维能力，所以图形推理蕴含的三个规律如下：

元素形状的关系及其变化，一般考查元素形状的不同、对称图形、重心的不同、等边图形、公共元素、图形重叠、形状消加、拼合、取舍、折叠、长短、大小等；

元素数量的关系及其变化，图形推理的数量变化规律，一般是规律增减、循环增减，成倍变化，图形之间的元素和或差，元素数量的排列等；

元素位置的关系及其变化，主要是指元素旋转(齿轮、时针、角度、翻转)、移动(上下左右)、相对位置等。

(一) 九宫格图形推理类

【题型特征】

给出一九宫格，内含三组图形，在问号处根据规律填出空缺图形。

【解题指南】

对于此种类型的题目，先整体看，再根据特点一般先从横向分析每一组图形的规律，当横向未发现明显变化时，可从纵向、对角线方向寻找合适的关系。分清看问题的方向之后，根据图形特征：

第一步，看是否为对称图形(每组图形为对称图形，包括轴对称、中心对称等)；

第二步，看是否存在移动、旋转关系(即看每一组图形是否为相同或相似图形，是否通过移动、旋转或翻转得到)；

第三步，看元素的数量关系(即有多少种类，或有多少个元素等)；

第四步，若有阴影，是否为叠加关系；若每一组图形存在相同的部分，考虑相加去同；

第五步，看图形的构成，比如直线、曲线构成的特点；

第六步，若上述步骤完成，仍然没有得到答案，则观察特殊点。

【考点提炼】

1. 图形对称

例 1　请从所给的四个选项中，选择最合适的一个填入问号处，使之呈现一定的规律性(　　)。

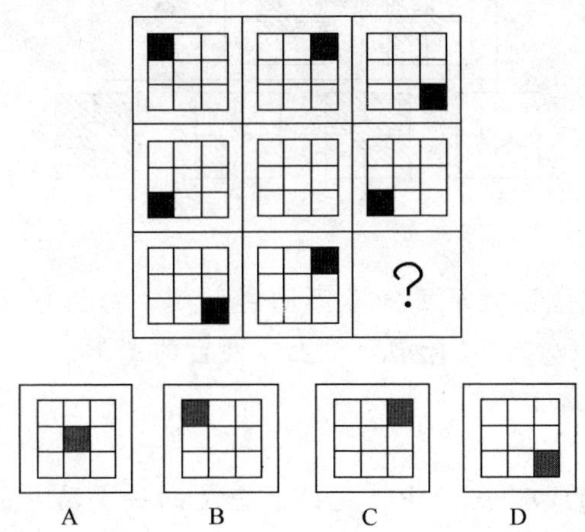

【答案】B

【解析】按照解题步骤，第一步整体看是中心对称图形，以中间图形为中心，其左右、上下、左下、右上图形都完全一致，故所填图形与左上图形相同。

2. 元素重组

例 2　请从所给的四个选项中，选择最合适的一个填入问号处，使之呈现一定的规律性(　　)。

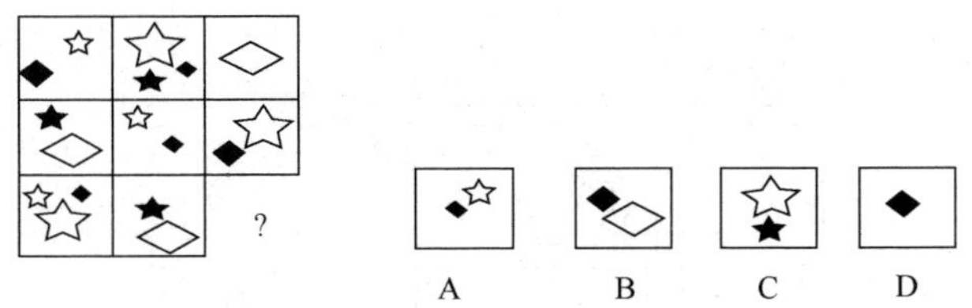

【答案】D

【解析】每一行三个图形可以看作一组，它们中有大、小空心五角星各一个，实心小五角星一个，实心小菱形两个，空心大菱形一个。据此，选 D。

3. 黑白组合

例 3 请从所给的四个选项中，选择最合适的一个填入问号处，使之呈现一定的规律性(　　)。

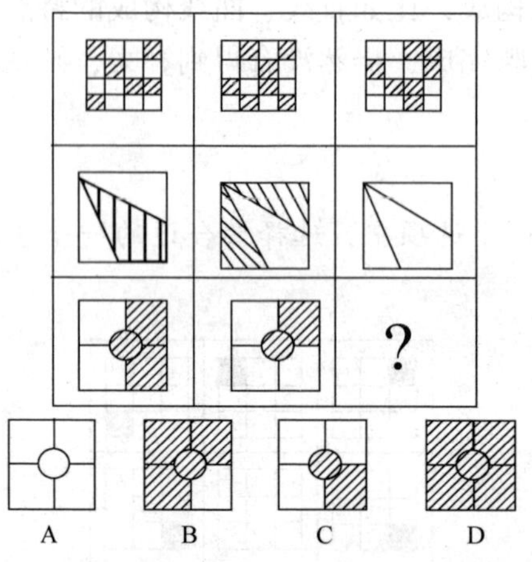

【答案】B

【解析】本题通过观察特征可知考察阴影问题，每行中三个图形在外形上非常类似，所以考虑叠加。经过仔细分析上方两行的图形，可以看出规律是：相同叠加为阴影，不同叠加为空白。

4. 图形的构成

例 4 请从所给的四个选项中，选择最合适的一个填入问号处，使之呈现一定的规律性(　　)。

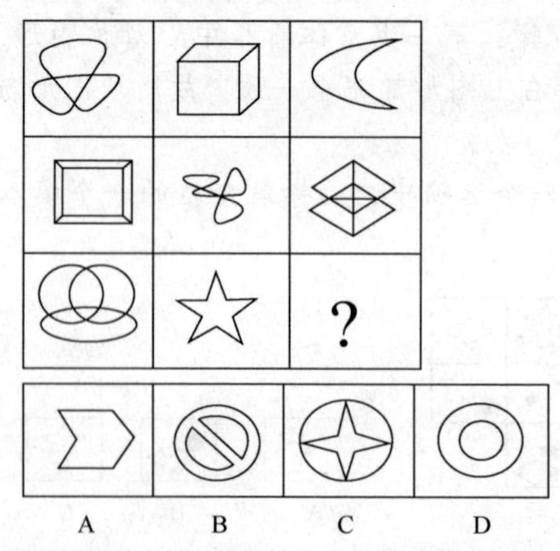

【答案】D

【解析】图形依次是由曲线，直线，曲线，直线……构成。

5. 图形旋转

例5　请从所给的四个选项中，选择最合适的一个填入问号处，使之呈现一定的规律性(　　)。

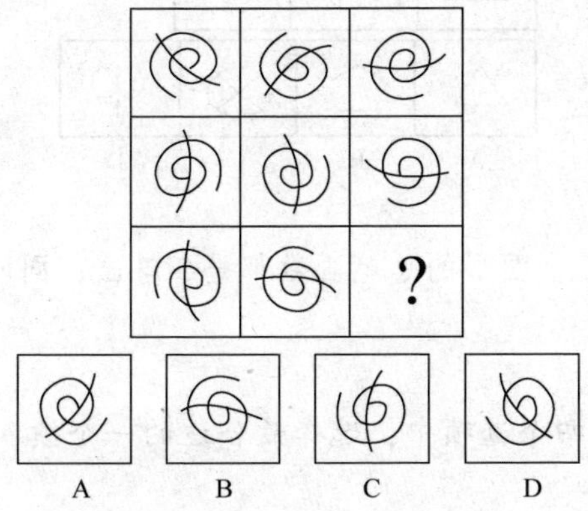

【答案】A

【解析】观察可知，每组图形大致相同，可考虑旋转。每一行图形中，第二个图形由第一个图形翻转而成，而第三个图形由第一个图形旋转而得。

6. 异同组合

例6　请从所给的四个选项中，选择最合适的一个填入问号处，使之呈现一定的规律性(　　)。

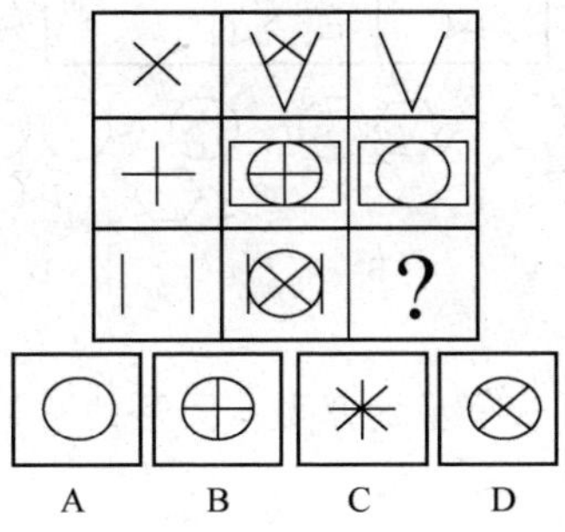

【答案】D

【解析】本题为图形的去同，每组图形的前两个图形去掉相同的部分可得到第三个图形。

7. 图形求同

例7　请从所给的四个选项中，选择最合适的一个填入问号处，使之呈现一定的规律性(　　)。

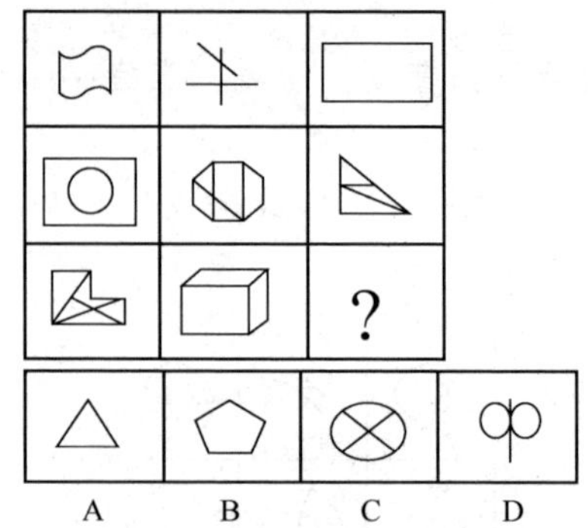

【答案】D

【解析】每一行的三个图形的总笔画数都是5笔画，同时，每一行都有一个曲线图形。

8. 元素求和

例8 请从所给的四个选项中，选择最合适的一个填入问号处，使之呈现一定的规律性(　　)。

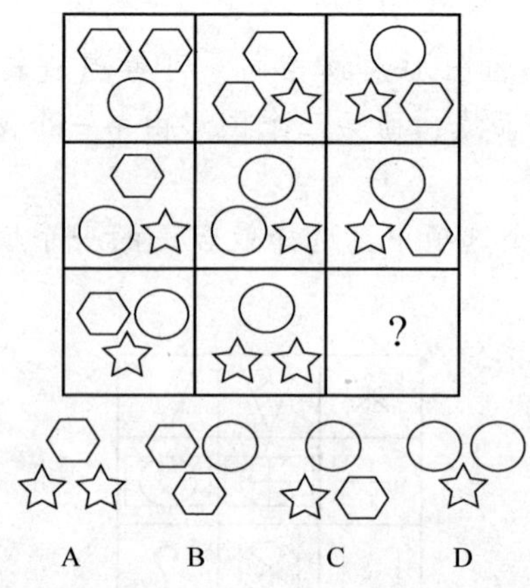

【答案】C

【解析】六边形的总数=五角星的总数=圆形的总数，都为9个。

(二) 图形对比推理类

【题型特征】

给出两组图形，这两组图形具有某种相似性，通过这种相似性进行选择。

【解题指南】

对于此种题型，应注意把握第一组图形的规律，通过相似的规律推导第二组

图形的空缺图形，可采用系统方法判断。第一步：观察图形特征，看是否为对称、相似、旋转、移动相关规律；第二步：观察是否为元素数量、形状变化规律；第三步：观察是否为叠加存同或存异等相关规律；第四步：则判断是否为图形组成等新角度。

【考点提炼】

1. 图形的对称

例 1　请从所给的四个选项中，选择最合适的一个填入问号处，使之呈现一定的规律性(　　)。

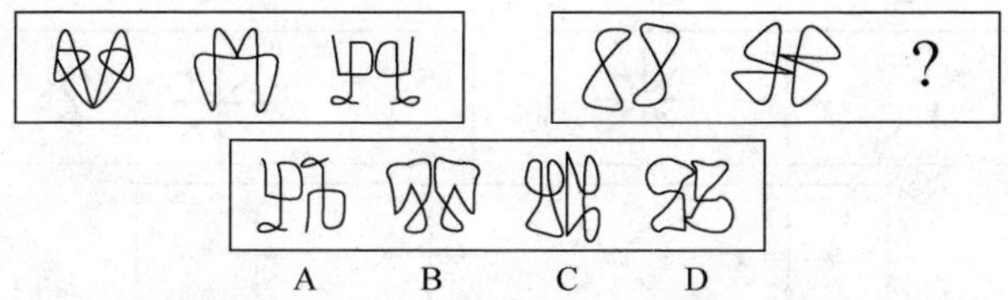

【答案】D

【解析】通过观察可知，第一组为轴对称图形，第二组为中心对称图形。

2. 图形的相似、相异

例 2　请从所给的四个选项中，选择最合适的一个填入问号处，使之呈现一定的规律性(　　)。

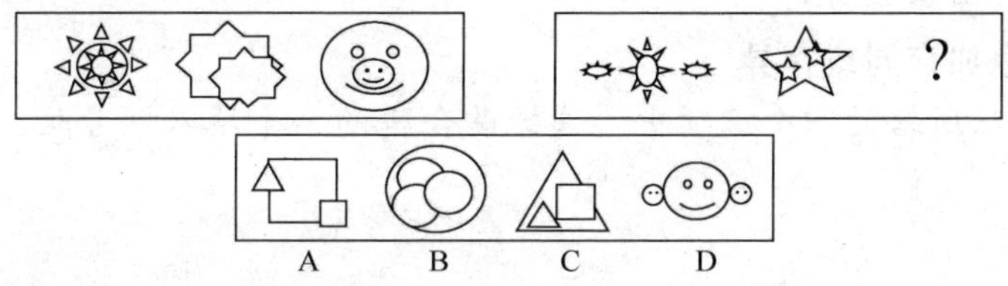

【答案】D

【解析】本题考查叠加图形的相似特点。

3. 图形旋转、移动

例 3　请从所给的四个选项中，选择最合适的一个填入问号处，使之呈现一定的规律性(　　)。

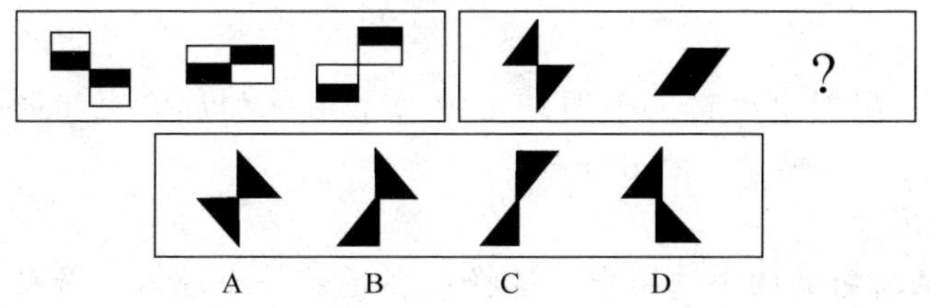

【答案】C

【解析】观察第一组图发现，将前一个图形左半部分下移，右半部分上移，得到下一个图形。第二组图中第一个图形的左半部分下移，右半部分上移得到第二个图形，按此规律，第二个图形的左半部分下移，右半部分上移得到第三个图形，得到答案C。

4. 元素数量、形状变化

例4 请从所给的四个选项中，选择最合适的一个填入问号处，使之呈现一定的规律性(　　)。

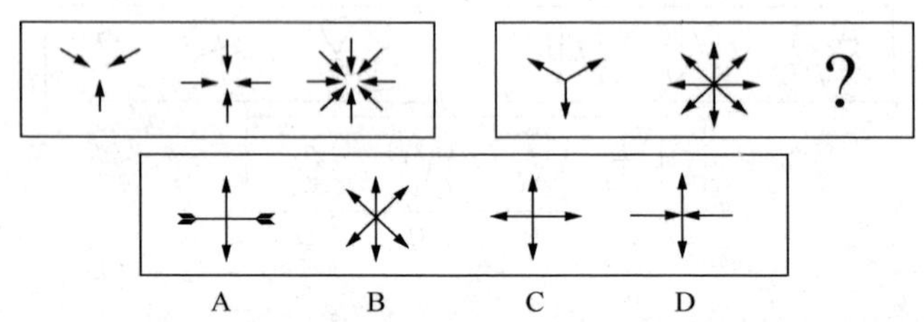

【答案】C

【解析】观察第一组图发现，三个图形的箭头方向一致，且总数为15。依此规律，第二套第三个图形的箭头方向应和前两个一致，并与前两个图形的箭头总和为15。故正确答案为C。

5. 图形叠加存同或存异

例5 请从所给的四个选项中，选择最合适的一个填入问号处，使之呈现一定的规律性(　　)。

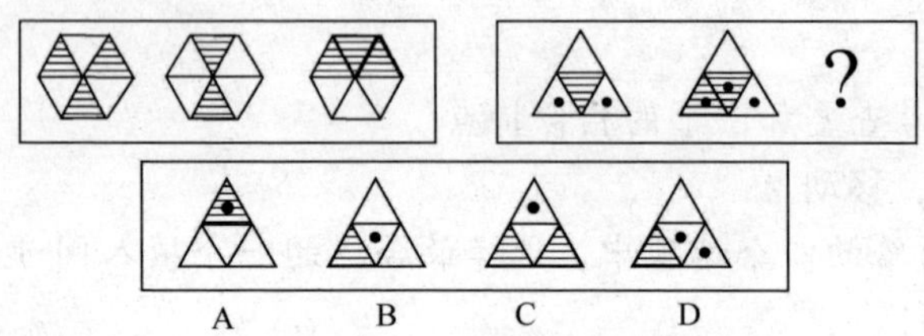

【答案】B

【解析】第一组图中的第三个图是由前两个图叠加后除去相同部分而成，第二组图也呈现同样的规律，故B正确。

6. 其他角度

例6 请从所给的四个选项中，选择最合适的一个填入问号处，使之呈现一定的规律性(　　)。

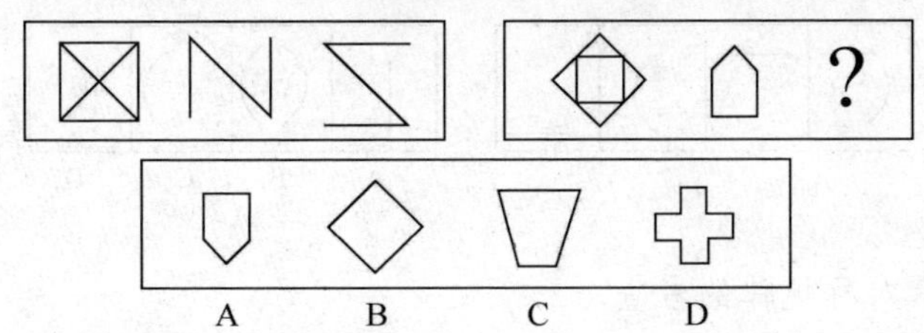

【答案】A

【解析】两组图中的图二、图三都是图一的某一组成部分，且图二与图三的笔画数相同。

（三）单行图形推理类

【题型特征】

每道题的左边四个或五个图形呈现一定的规律性，要求考生从右边给出的四个图形中找出与左边图形相匹配最合理的一个。

【解题指南】

对于此类题目，可从三个角度或分四个步骤来考虑：第一步，观察是否存在元素数量变化的规律；第二步，观察是否存在元素形状变化的规律；第三步，观察是否存在元素位置变化的规律；第四步，观察是否存在图形组成元素的叠加、求同等规律。若完成上述四步，还没有发现规律，则考虑新的角度比如封闭空间、元素意义等。

【考点提炼】

1. 元素数量变化

例 1　请从所给的四个选项中，选出最符合左边四个图形一致性规律的选项（　　）。

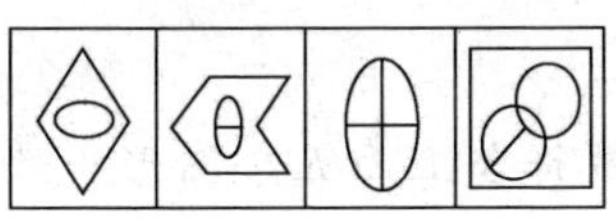

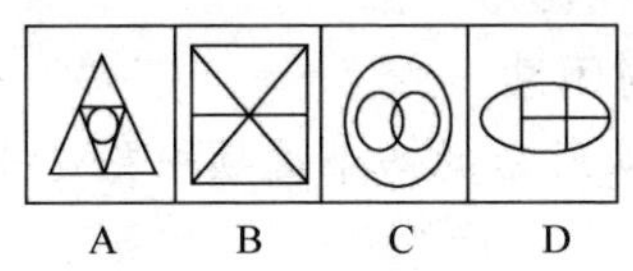

【答案】B

【解析】每个图形中封闭空间的数量分别为2、3、4、5，所以下一个图形的应该为6。

2. 元素形状变化

例 2　请从所给的四个选项中，选出最符合左边四个图形一致性规律的选项（　　）。

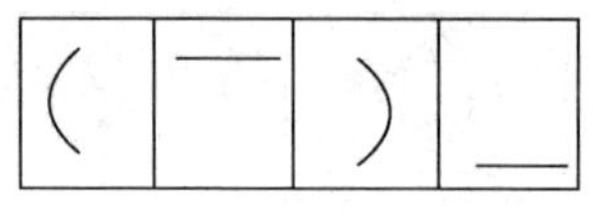

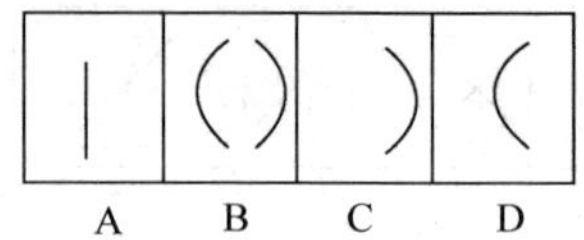

【答案】D

【解析】元素对称规律的考查。

3. 元素位置变化

例 3 请从所给的四个选项中，选出最符合左边四个图形一致性规律的选项（　　）。

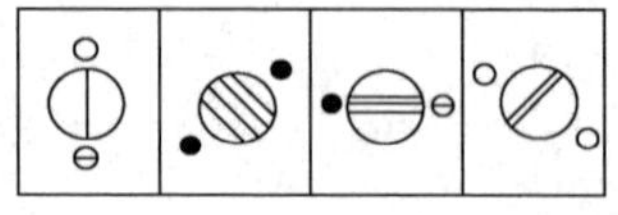

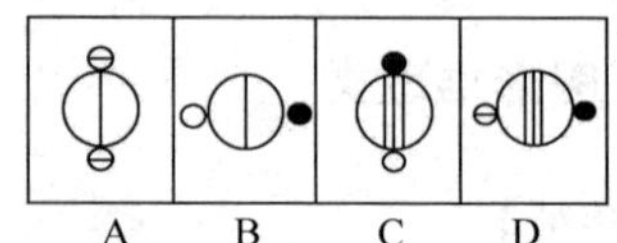

【答案】C

【解析】观察该图可发现：图中的两个小圆在顺时针旋转，大圆中的线段在逆时针旋转，且当大圆内的线段处于水平或竖直状态时，其两端的小圆不同，依此可推出答案为 C。

4　元素叠加、求同等

例 4 请从所给的四个选项中，选出最符合左边四个图形一致性规律的选项（　　）。

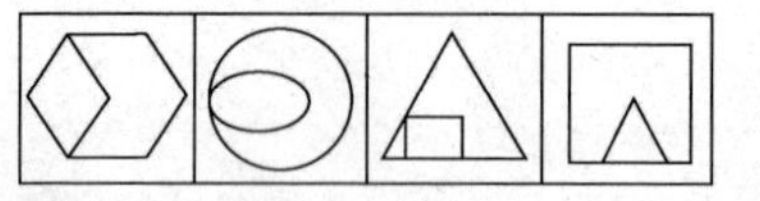

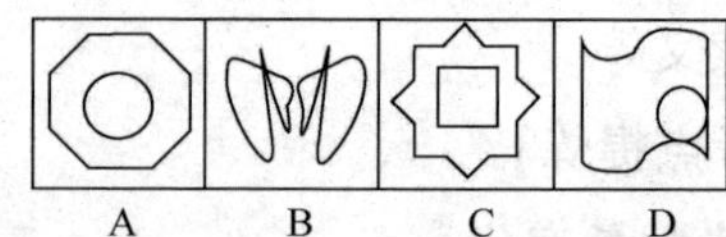

【答案】D

【解析】前四个图形有两个特点：一是都是大图形中套小图形，二是小图形有某一部分与大图形接触。

5　元素封闭性

例 5 请从所给的四个选项中，选出最符合上面五个图形一致性规律的选项（　　）。

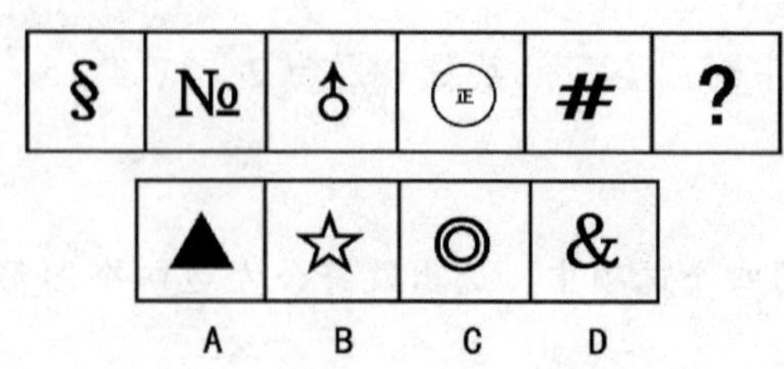

【答案】B

【解析】本题考查图形中封闭空间的数量。观察题干的5个图形可以发现，每个图形中都有并且只有一个封闭空间。按照这个规律，正确答案是B。

（四）图形重组类

【题型特征】

左边图形由若干个元素组成，右边四个备选图形中有一个可以通过在同一平面上的旋转或方向、位置上的变化重组为左边的图形，但应该注意的是图形的元素不能翻转。

【解题指南】

正确选项的要素和题干图中的要素要保持一致。

【考点提炼】

1. 同一平面内的旋转

例1　请从所给的四个选项中，选择最合适的一个填入括号处，使之呈现一定的规律性（　　）。

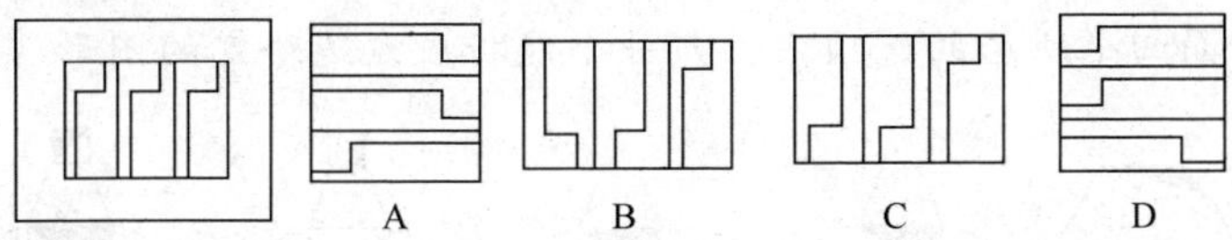

【答案】C

【解析】观察图形可知，将C中左边部分由两个小图形组成的矩形旋转180度，即为原图。

2. 图形内元素的拆分与旋转

例2　请从所给的四个选项中，选择最合适的一个填入括号处，使之呈现一定的规律性（　　）。

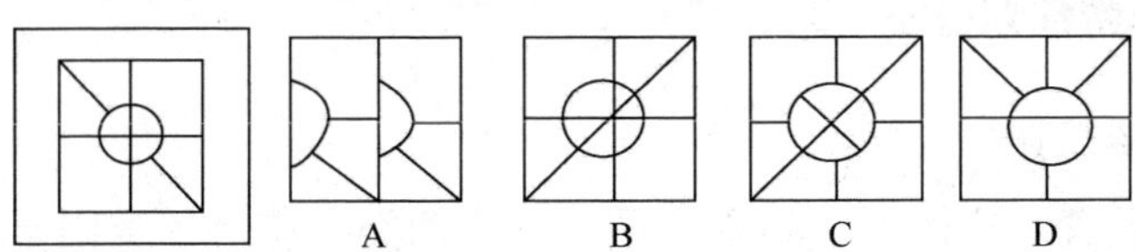

【答案】C

【解析】此图形是内、外皆旋转。

3. 图形的拆分与组合

例3　请从所给的四个选项中，选择最合适的一个填入括号处，使之呈现一定的规律性（　　）。

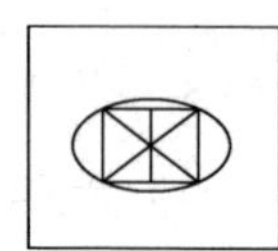 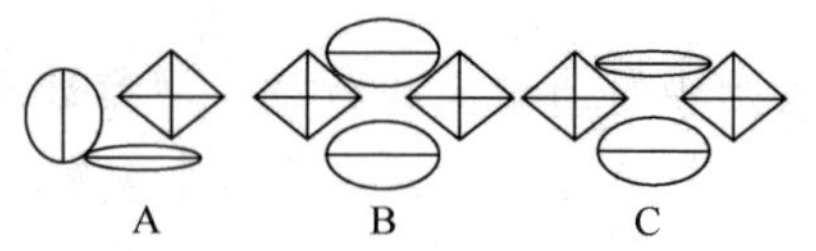 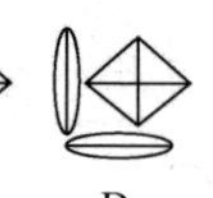

【答案】C

【解析】观察图形可知，A、D 选项中不足 8 个三角形，排除；B 选项中弧形图形均不能还原成原图。

（五）平面图形空间还原类

【题型特征】

给出一个平面图形，要求将这个平面图形还原成空间图形。

【解题指南】

解决此类问题，一般是抓住平面图形相邻面的特征或某部分的特点，运用排除法选出正确答案。

【考点提炼】

由该题型的特征可以得知，这一类题目主要是考查考生的空间想象能力。

例 1 下面四个所给的选项中，哪一个能折成左边给定的图形（　　）。

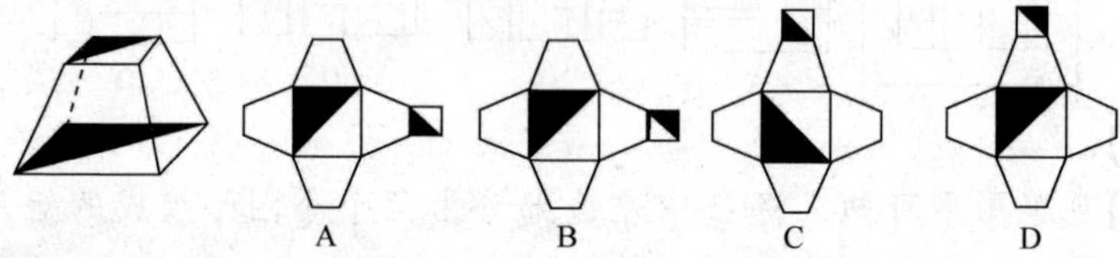

【答案】B

【解析】通过观察题干的图形可知，其上、下面的两个黑色直角三角形的方向必须是相同的。按照这个规律，只有 B 项能够满足要求。

（六）图形特性划分类

【题型特征】

每个题目包含六个图形，将六个图形分为两类，使每一类图形都有各自的共同特征或规律。

【解题指南】

对于此种题型，应注意观察各个图形的基本特性，分析哪几个具有共同的规律或特征。

【考点提炼】

这类题目考察的依然是图形的本质属性。

例 1　把下面的六个图形分为两类，使每一类图形都有各自的共同特征或规律，分类正确的一项是(　　)。

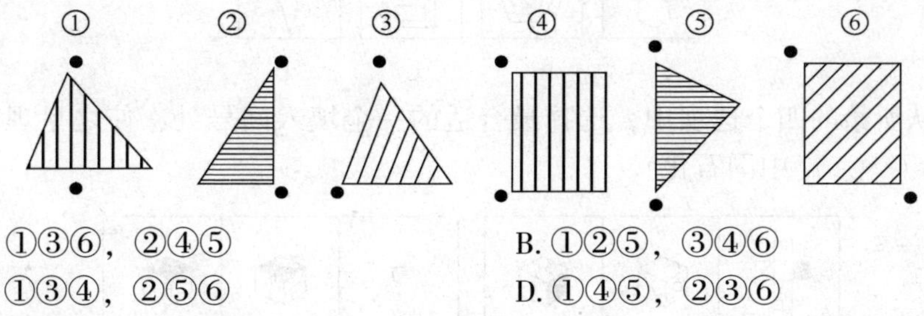

A. ①③⑥，②④⑤　　　　　　　　B. ①②⑤，③④⑥

C. ①③④，②⑤⑥　　　　　　　　D. ①④⑤，②③⑥

【答案】C

【解析】题干中图形都有两个小黑点，小黑点对于阴影线条的位置，①③④是两小黑点的连线与阴影线条平行，②⑤⑥是两小黑点的连线与阴影线条垂直，故选 C。

【真题回顾】

1. 选择最适合的一个填在问号处，使之呈现一定的规律性。(　　)(中国石化)

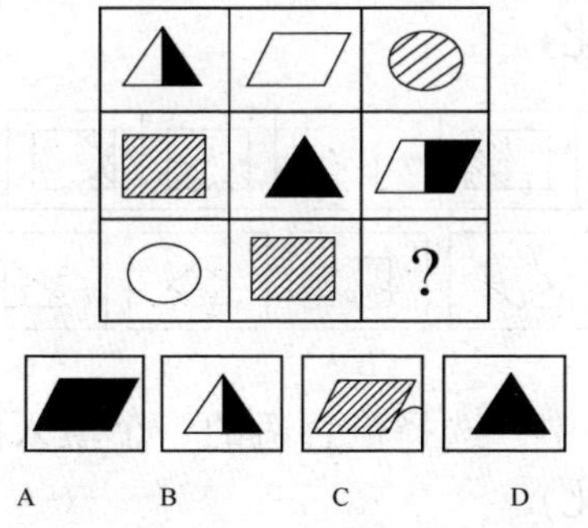

2. 选择最适合的一个填在问号处，使之呈现一定的规律性。(　　)(中国石化)

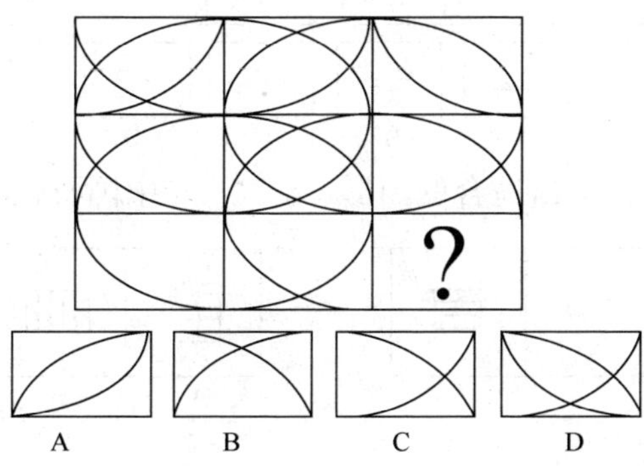

3. 依据图形规律，选出适合的图形。(　　)(中国石化)

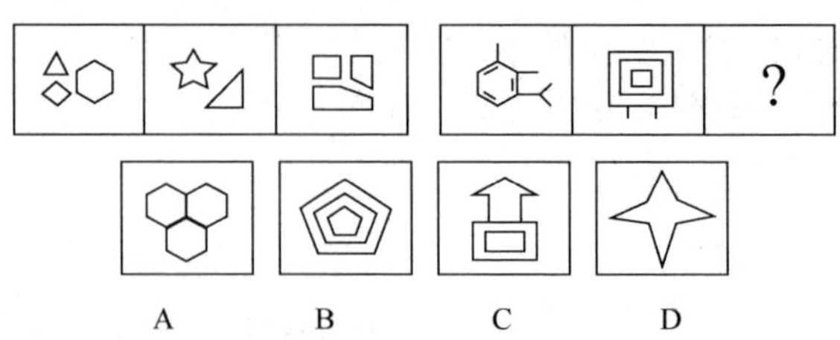

4. 从所给的四个选项中，选择最合适的一个填入问号处，使之呈现一定的规律性。(　　)(中国石化)

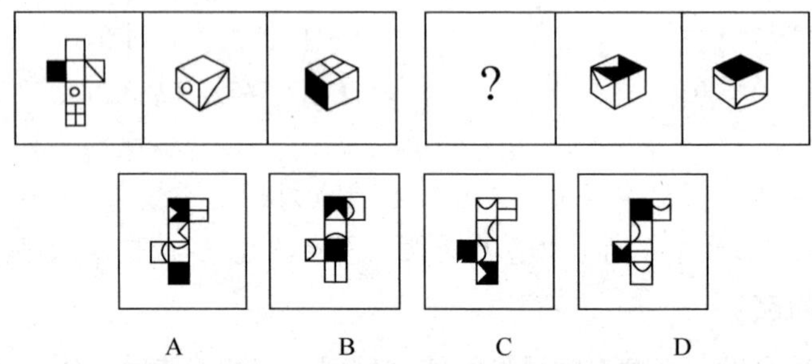

5. 从所给的四个选项中，选择最合适的一个填入问号处，使之呈现一定的规律性。(　　)(中国石化)

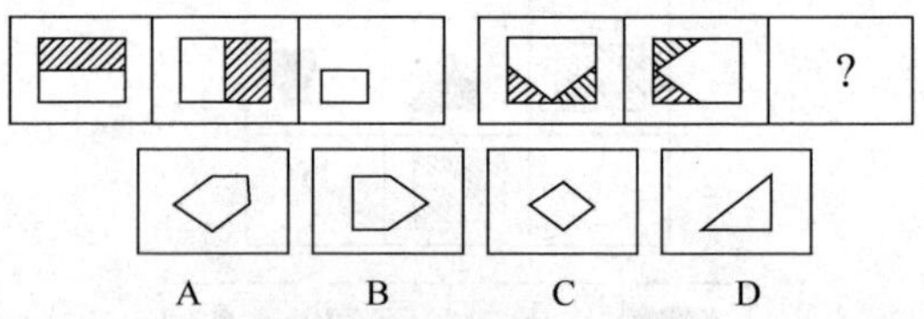

6. 从所给的四个选项中，选择最合适的一个填入问号处，使之呈现一定的规律性。(　　)(中国石化)

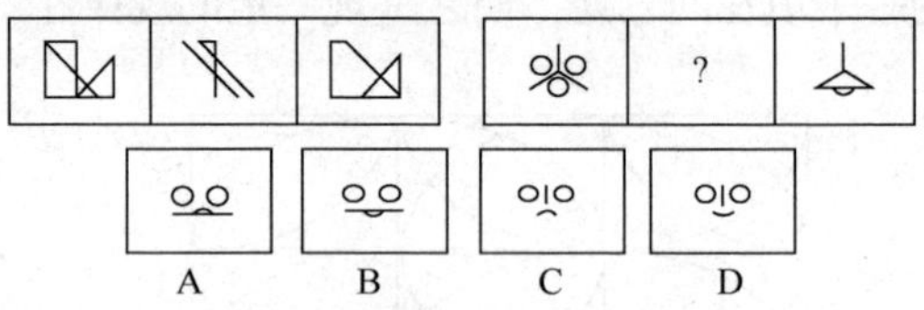

7. 依据图形规律，选出适合的图形。(　　)(中国石化)

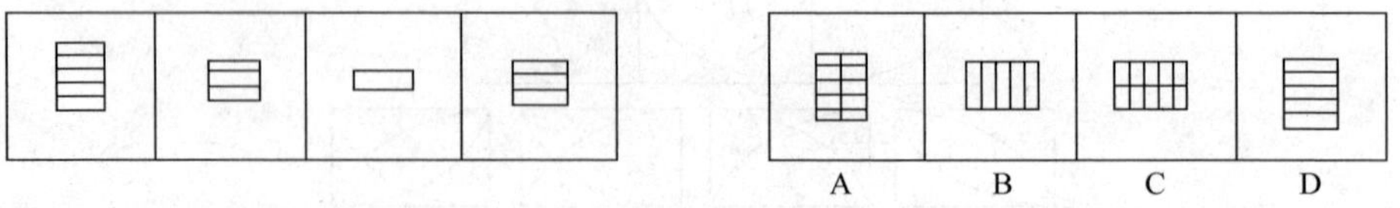

8. 依据图形规律，选出适合的图形。（　　）（中国石化）

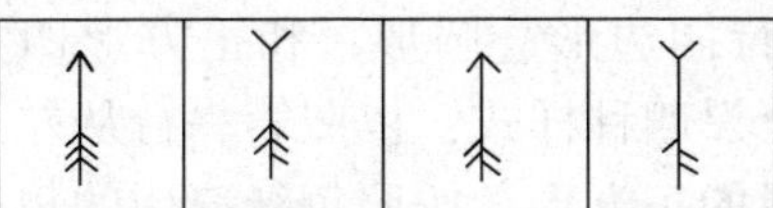

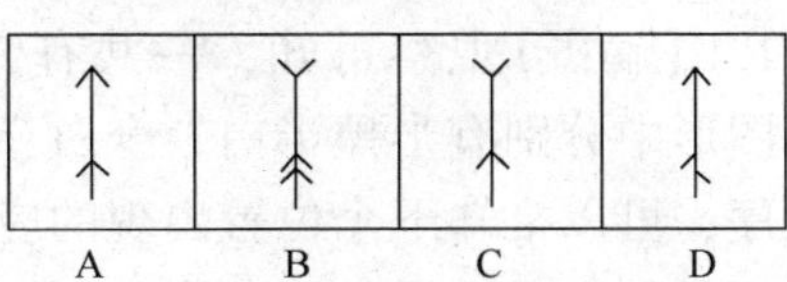

9. 依据图形规律，选出适合的图形。（　　）（中国石化）

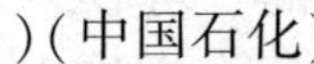

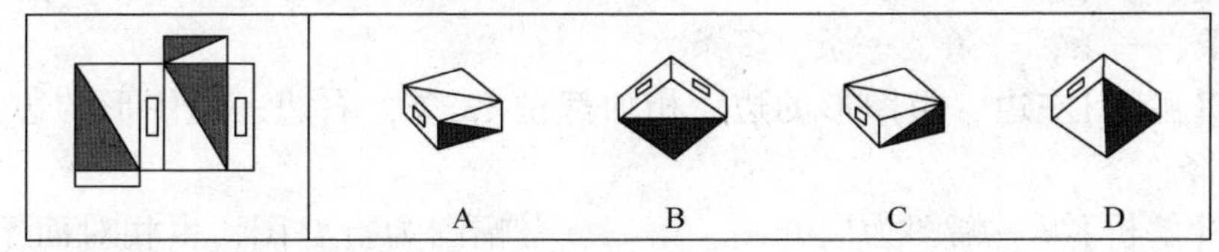

10. 依据图形规律，选出适合的图形。（　　）（中国石化）

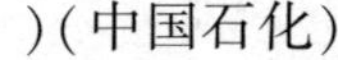

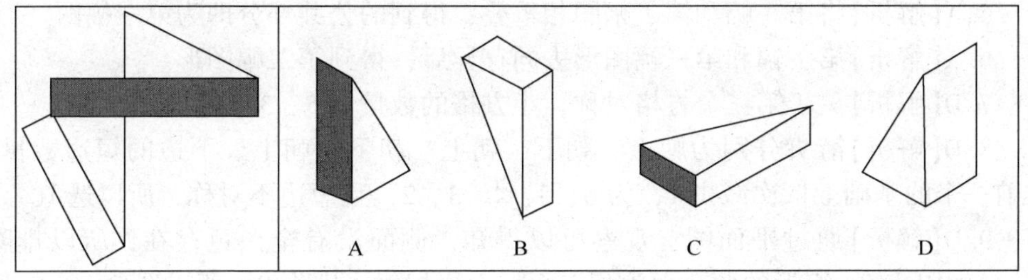

11. 图中齿轮 A 旋转方向为顺时针，那么最大的外圈齿轮旋转方向为？（　　）（中国石化）

A. 顺时针　　B. 逆时针　　C. 都有可能　　D. 不会转

12. 图中齿轮 1 旋转方向为逆时针，齿轮 2 的旋转方向为？（　　）（中国石化）

A. 顺时针　　B. 逆时针　　C. 都有可能　　D. 不会转

【参考答案与解析】

1. D【解析】观察可知，一共有三角、平行四边形、圆形、和正方形四类图形。图形中分别有半黑半白、全白、阴影和全黑四种样式，依照第一行从左到右的顺序，可以推知下个位置出现的应该是全黑的正方形。按照每行遍历的规律可知，问号处应是全黑的三角形，所以选 D。

2. A【解析】找出每个方格内对称轴的条数，分别是一条、一条、多条，一条、多条、一条，一条、一条、多条。

3. C【解析】左边一组图形的边，相加都是 13 条，右边一组图形的边，相加都是 14 条。

4. C【解析】第一幅图为展开图，第二、三幅图为折叠图，由相对面不相邻，可知选 C。

5. A【解析】将第一幅和第二幅图相重叠，得到的公共部分即为第三幅图。

6. A【解析】第一幅和第三幅图形去同存异后，得到第二幅图形。

7. D【解析】关于第三个方格对称，小方格的数量为 5、3、1、3、5。

8. D【解析】箭头分别为朝上、朝下、朝上、朝下、朝上。下边的短边数量，在前一个的基础上依次减少 1，为 6、5、4、3、2，且短边不对称，所以选 D。

9. D【解析】通过平面图，观察可以得知，侧面没有全白色存在，所以排除 A、C，中间有小矩形的两个面为相对面，不能相邻，排除 B。所以选 D。

10. A【解析】从左侧的展开图可以看出，相连的黑色部分是两个矩形。因此排除 B、C、D，选 A。

11. B【解析】互相咬合的两个齿轮转动的方向相反，A 为顺时针转动时，中间的齿轮为逆时针，和其相邻的齿轮为顺时针，边上的小齿轮为逆时针，最大的外圈随之呈逆时针转动。

12. A【解析】互相咬合的两个齿轮转动的方向相反，1 为逆时针转动时，右边的齿轮为顺时针转动。

二、定义判断

定义判断就是在题干中给出一个概念的定义，然后在选项中给出四组事件或行为方面的例子，要求应试者根据给出的定义，从选项中选出一个最符合或最不符合该定义的典型事件或行为。此题型主要是对考生理解抽象定义并进一步掌握其实质，进行运用区分的一种能力的考评。

【解题指南】

(1) 主谓宾分解解题法：明确定义主体、行为(性质)、客体，即把定义分为主谓宾语法。如：恩格尔系数是指食品支出在总支出中的比例。显然主体是“食品支出”，性质是“比例”。

(2) 明确定义的“要件”：

1) 与要件(合取要件)：A，B，C……缺一不可。如违反管理规定，私藏枪支、弹药拒不交出。上面的所列要件必须全部成立，才能构成私藏枪支罪。

2) 或要件(析取要件)：A∪B∪C……至少一个成立。如：盗窃、诈骗、抢夺公司财物数额较大。这其中的“盗窃”、“诈骗”、“抢夺”要件只要有一个成立，就符合了定义的要求。

在具体解题时，要遵循以下几个原则：

尊重题干：即考生应从题干给出的定义入手进行分析和判断，不要凭自己认为的定义去衡量，尤其是当题干的定义与自己掌握的定义之间有差异时，更应该以题干中的定义为准。

抓准“关键”：充分利用自己的背景知识准确理解“定义项”的关键词，以及对选项中的案例进行准确的归纳和抽象。

紧扣定义：当遇到自己所学专业的概念时，不要想得太深，以至于把简单的问题弄复杂了，而是要紧紧扣住定义本身及其关键词。

(一) 法律类定义

【题型特征】

此类题型主要是围绕国家法律或政策中一些经典名词定义出题，考察应试者对国家法律政策的掌握程度。

例 1　行政征用是指行政机关为了公共利益和公共目的，依法强制获得公民、法人财产的使用权或所有权，并给予其合理补偿的一种行政法律制度。

根据上述定义，下列不属于行政征用的是(　　)。

A. 两年前镇建的一个经济开发园区用了杨军家的承包地，杨军经多次努力拿到了合理的补偿

B. 某公安机关在破案时，由于情况紧急，使用了王某的摩托车，后来支付给王某一些费用

C. 一项国家重点工程项目需占用某市农民的土地，当地政府给予被征用土地的农民各种补偿费用与安置费，并对多余的劳动力进行了安置

D. 某地发生洪灾，为了抗洪，政府从几个建筑公司调集了沙子，给予他们一定的补偿

【答案】A

【解析】由定义可知，行政征用的主体是行政机关，给予补偿也是行政机关的主动行为。四个选项中，B、C、D 均符合定义，只有 A 项不符合，因为被征

用对象杨军最终拿到的补偿是“杨军经多次努力”的结果，而不是行政机关的主动行为。

(二) 经济类定义

【题型特征】

经济类定义主要围绕经济或金融中一些经典名词定义出题，考察应试者对经济或金融知识的掌握程度。

例1 差异性市场策略是指企业在对整体市场细分的基础上，针对每个细分市场的需求特点，设计和生产不同的产品，制定并实施不同的市场营销组合策略(各种营销手段的综合运用)，试图以差异性的产品满足差异性的市场需求。

根据上述定义，下列属于差异性市场策略的是(　　)。

A. 某汽车生产企业面向工薪阶层，主要生产经济型轿车，这种轿车售价低，耗油少，深受工薪阶层欢迎

B. 某超市推行会员制，根据会员积分的多少，赠予不同档次的礼品

C. 某企业生产的电脑在市场上销路很好，为拓宽市场，又开始研发手机

D. 某化妆品生产企业针对不同年龄阶段的消费者生产、销售不同种类的润肤露

【答案】D

【解析】分析定义可知，要归类于“差异性市场策略”，必须符合以下条件：(1)企业针对每个细分市场的需求特点，设计和生产不同的产品，制定并实施不同的市场营销组合策略；(2)以差异性的产品满足差异性的市场需求。

A项的“主要生产经济型轿车”，不符合“以差异性的产品满足差异性的市场需求”，排除。

B项的“赠予不同档次的礼品”，说的不是“差异性的产品”，排除。

C项的“又开始研发手机”，说的是“不同的产品”，而不是“差异性的产品”，排除。

只有D项所说的“某化妆品生产企业针对不同年龄阶段的消费者生产、销售不同种类的润肤露”(隐含：企业针对每个细分市场的需求特点，设计和生产不同的产品)，符合“差异性市场策略”的定义要求。

(三) 管理类定义

【题型特征】

管理类定义判断题型主要是围绕目前管理中一些经典名词定义出题，考察应试者对管理知识的掌握程度。

例1 政府采购就是指国家各级政府为从事日常的政务活动或为了满足公共服务的目的，利用国家财政性资金和政府借款购买货物、工程和服务的行为。政府采购不仅是指具体的采购过程，而且是采购政策、采购程序、采购过程及采购管理的总称，是一种对公共采购进行管理的制度。

根据上述定义，下列不属于政府采购的是(　　)。

A. 某市政府规定，单笔超过一定金额的办公用品必须报有关部门集中采购

B. 某市政府为方便市民出行，租用电信公司的短信平台给市民发送免费短信

C. 某县政府为改善当地教育条件，拨专项资金给某小学翻修校舍，并规定必须严格按招标程序进行

D. 某市政府通过公开竞标方式选择一家酒店作为指定接待酒店

【答案】C

【解析】分析定义可知，要归类于“政府采购”，必须符合以下条件：(1)国家各级政府，(2)为从事日常的政务活动或为了满足公共服务的目的，(3)利用国家财政性资金和政府借款购买货物、工程和服务的行为，(4)不仅是指具体的采购过程，而且是采购政策、采购程序、采购过程及采购管理的总称。C项的“某县政府”把维修资金拨给了“某小学”，接下来的在维修过程中的采购行为将由“某小学”完成，而不是由“某县政府”完成，因此，C项中的采购主体不是“政府”，而是“学校”，不属于“政府采购”。

(四) 其他类定义

例1 广义而言，集体记忆即是一个具有自己特定文化内聚性和统一性的群体对自己过去的记忆。这种群体可以是一个政治宗教集团、一个地区文化共同体，也可以是一个民族或是一个国家。这种记忆可以是分散的、零碎的、口头的，也可以是集中的、官方的、文字的，可以是对最近一个事件的回忆，也可以是对远古祖先事迹的追溯。

根据上述定义，下列属于集体记忆的是(　　)。

A. 我国广泛流传的大禹治水的传说

B. 某市宣传地方旅游资源的纪录片

C. 某政府机构关于某项工作的文件汇编

D. 我国某大学内介绍邻国历史的教材

【答案】A

【解析】分析定义可知，要归类于“集体记忆”，必须符合以下条件：(1)群体(2)对自己过去的记忆。B项“某市宣传地方旅游资源的纪录片”不是对过去的记

忆，排除；C 项“某政府机构关于某项工作的文件汇编”也不是对过去的记忆，排除；D 项“介绍邻国历史的教材”是对别人的过去的记忆，而不是对“自己过去的记忆”，排除。只有 A 项所说的“我国广泛流传的大禹治水的传说”(隐含：我国人民对“远古祖先事迹的追溯”)，符合“集体记忆”的定义要求。

【真题回顾】

1. 马太效应：任何个体、群体或地区，一旦在某一个方面(如金钱、名誉、地位等)获得成功和进步，就会产生一种积累优势，就会有更多的机会取得更大的成功和进步。根据上述定义，下列不属于马太效应的是(　　)(中国石化)

A. 教授、专家越是有名，得到的科研经费越多，社会兼职越多

B. 国家总是重点投资建设名校，那些投入充分而硬件和软件占绝对优势的学校想不继续成为名校恐怕都很困难

C. 在股市狂潮中，赚的总是庄家，赔的总是散户，普通大众的金钱，就会通过这种形式聚集到少数人手中

D. 陈经理喜欢买彩票，最近他连买连中，买了新车，邻居羡慕之余纷纷向他讨教选号方法

2. 强迫症：以强迫观念和强迫动作为主要表现的一种神经症。以有意识的自我强迫与有意识的自我反强迫同时存在为特征，患者明知强迫症状的持续存在毫无意义且不合理，却不能克制地反复出现。根据上述定义，下列属于强迫症的是(　　)(中国石化)

A. 模特小张最近为了保持苗条身材，强迫自己每次参加聚会都少吃东西，她感觉很痛苦

B. 过春节了，高三学生小陈一边很想跟同学出去玩，一边为了考上好大学不得不强迫自己在家里认真看书

C. 林女士每次走出小区门口时，都会怀疑自家的煤气没有关掉或者大门没锁，于是再折返检查

D. 内向的小李很想对喜欢的女孩子表白，但又很害怕被拒绝，整个晚上反复思考不能入眠

3. 试误学习，又称选择学习或联结学习，它是指当人或动物面临一个新情境时，会进行各种尝试，以求得动机的满足。

根据上述定义，下列选项不属于试误学习的是(　　)(中国农业银行)

A. 应届毕业生进入职场后，为了达到工作岗位的要求，所做的各种努力

B. 2000 年，乒乓球由 38 毫米增至 40 毫米后，乒乓球运动员为适应球的大小所进行的反复训练

C. 不间断地对笼中鹦鹉进行训练，使其学会简单的人类语言

D. 雏鹰为了获得搏击长空的能力．所进行的成百上千次的飞翔训练

4. 非我所创综合症或 NIH 综合症，是社会、公司和组织中的一种文化现象，人们不愿意使用、购买或者接受某种产品、研究成果或者知识，不是出于技术或者法律等因素，而只是因为它源自其他地方。根据上述定义。下列选项中涉及非我所创综合症的是(　　)(中国农业银行)

A. 每年九一八纪念日时小李都会将自己的日系车标摘下

B. 甲国某公司经检验后退回一整批不合格的乙国进口光学器材

C. 某国宣布全面禁止进口日本福岛第一核电站周边 8 个县的水产品

D. 有强烈爱国情结的某国居民只购买本国生产的手机

5. 质押也称质权，是债务人或第三人将其动产或可转让的权力移交债权人占有，将该动产或可转让权力作为债权的担保。当债务人不履行债务时，债权人有权依法就该动产或可转让权力卖得价金优先受偿。

以下属于质押的是(　　)。(中国银行)

A. 小赵承揽的工程项目因缺乏流动资金无法开工，遂请某公司帮忙出资，签订了合同并将他名下的一辆名车交给该公司作为担保

B. 王某向刘某借款 100 万元，签订了合同并办理登记，将自己的住宅作为担保，约定借款期满还钱

C. 石某外出治病期间，将自己经营的养鹅场委托表弟照管，表弟因石某欠钱到期未还，卖掉一部分鹅抵账

D. 一家公司与修理厂签订维修服务合同大修生产设备，后因维修费用高昂而未支付费用，修理厂遂变卖了该设备抵偿维修费

6. 面试的时候区分应聘者的印象管理和真实性的自我表现很重要。自我表现是指个体通过自己社会行为的显示已形成、维持、加强或澄清他人对自己印象的过程。在多数情况下，个体的公开形象和自我的实际情况是相当一致的，个体一般都希望别人了解一个真实的自己，力图通过自我表现给人留下一个与自己真实情况相一致的公开形象，我们称之为真实性的自我表现。

下列选项属于真实性的自我表现的是(　　)(中国工商银行)

A. 李军一直兢兢业业、认真仔细的计算与核对账目，是一个称职的会计

B. 面试当天张星换上一身套装，由往日的学生形象转变为职业女性

C. 为了能胜任工作，内向的赵英每天都与同事、上司打成一片

D. 比赛时，刘佳在公开场合极力夸奖对手实力，而对自己实力只是轻描淡写

【参考答案与解析】

1. D【解析】D 项“连买连中”不属于“获得成功之后的累积优势”，而带有一定

的偶然性。其他三项都符合定义。故选 D 项。

2. C【解析】每次走出小区门口都会怀疑，说明“持续存在毫无意义且不合理，不能克制地反复出现”。

3. C【解析】试误学习的定义要点是：(1)面临新情境；(2)进行尝试；(3)求得动机满足。C 项鹦鹉学舌是由于不间断地对其训练，而不是其本身为了学习的动机进行尝试，不符合(3)。因此本题选 C。

4. D【解析】非我所创综合症的定义要点是：(1)人们不愿购买源自其他地方的产品；(2)不是出于技术或法律等因素。A 项已经购买了日系车，不符合要点(1)；B 项不合格的乙国进口产品，C 项核电站周边 8 个县的水产品，均不符合要点(2)；D 项符合定义要点。故答案选 D。

5. A【解析】质押的定义的要点是：(1)以动产或可转让权力作为债权的担保；(2)不履行债务时优先受偿。B 项住宅属于不动产，不符合(1)；C 项的鹅和 D 项的生产设备都并未作为担保，不符合(1)；故答案为 A。

6. A【解析】题干中，真实性的自我表现是指个体的公开形象和自我的实际情况是一致的，个体力图通过自我表现给人留下一个与自己真实情况相一致的公开形象。B、C、D 三项中的张星、赵英和刘佳都没有做到与自身实际情况相符的形象，应排除。故答案为 A。

三、类比推理

类比推理试题模式是：先给出一对相关的词，要求在备选答案中找出一对与之在逻辑关系上最为贴近或相似的词。有一些新题型是在题干中不显示确定的逻辑关系，需要在选项中思考，比较，最终选出正确答案，这样略微提升了类比推理题型的难度，但只要认真对待，这和做经典题目在实质上是没有差别的；还有一种新题型是在类比词语的数目上增加到了三个类比词语，这种试题难度提升了一个等级。

【解题指南】

对于类比推理，考生易出现两种应试倾向：一是麻痹大意，觉得此类考题非常容易，草草一看就匆忙作答；二是纠缠不清，因为对此类考题感到陌生，无从下手而迟迟不下手，在一个考题上纠缠多时，反复考虑，浪费了宝贵时间。在平时练习与考试时应该注意下面三方面的内容：

1. 尽可能多地了解两个词语间的常见逻辑关系，总结规律和方法。

2. 首先弄清题干所给的两个词之间的关系，然后注意各种关系之间的细微差别。词与词之间的关系是各种各样的，其中有些关系是非常相近的，容易混淆，应注意区别。

3. 答题时不要被表面的、非本质的联系所迷惑，要将四个选项看完之后，逐一分析，找到与题干词有最多共性，以及在本质属性上最为相似的备选项。

（一）并列关系(包括同一关系)

【题型特征】

这里的并列关系可分为两种，同级并列和非同级并列。同级并列的两个概念的临近属概念(比如词性、成语、英文译名、感情色彩等)相同，如“冰箱：电视”，它们的临近属概念都是家用电器。与“计算机：菜刀”比较，前者是同级并列，后者则是非同级并列，要参照具体语言环境分析断定。试题中，通常考查同级并列关系。但是，在选项中，会出现非同级并列概念的干扰，注意区分。而同一关系则是进一步把这种并列关系的范围缩小了，但在关系上仍然可认为是并列的，如妈妈和母亲等。

例1　老鼠：耗子　　（　　）

A. 铁器：石器　　　　B. 荷花：莲花

C. 苹果：水果　　　　D. 西瓜：香瓜

【答案】B

【解析】并列关系中包括同一关系，也只有同一关系外延的范围是相同的。本题考查的就是这种特殊的并列关系。老鼠又称为耗子，选项中B项合适，莲花又称为荷花。分析其他选项，A项铁器与石器是很明确的外延范围不同的并列关系；C项是种属关系；D项是同属的并列关系。

（二）对立关系

【题型特征】

本类试题所考查的逻辑关系，通常为同一类属下相互对立的概念，同时包括了对比关系等。

例1　费解：理解（　　）

A. 难看：漂亮　　　　B. 组合：合并

C. 坚固：塌陷　　　　D. 疏忽：忽略

【答案】C

【解析】题干中的词性分别为形容词和动词，且其描述的状态为相反状态，符合此条件的为坚固：塌陷。

（三）构成关系（分解关系）

【题型特征】

构成关系是对合成事物拆分后构成的关系，如汽车与汽车轮胎、国家与城市等。也可以把这种关系进一步引申为组成关系、原料与产品的关系，如黏土：瓷器，石灰石：石灰膏等。注意：不能和种属关系混淆。

例1 皮鞋：皮革（ ）

A. 山脉：山峰 B. 海水：海浪

C. 资产阶级：资本家 D. 福尔马林：甲醛

【答案】D

【解析】皮革是皮鞋的一种组成元素，符合条件的只有D，35%~40%的甲醛水溶液就是福尔马林。

（四）种属关系（属种关系、属性关系）

【题型特征】

种属关系即事物和所属的关系，是一个概念的外延包容并大于另一个概念的外延，其逆向关系即为属种关系。属性是事物具有的某些性质，分为本质属性和非本质属性。本质属性是事物固有的属性，具有必然性，如月亮对于月食，光对于亮等。进一步讲，这种属性关系可以抽象化，引申出一种代表关系，如"红灯：停止"，"红豆：思念"等。

例1 蝴蝶：昆虫（ ）

A. 香水：精华 B. 菊花：植物学

C. 形而上学：哲学 D. 颜色：明亮

【答案】C

【解析】蝴蝶是昆虫的一种，是种属关系。

（五）因果关系

【题型特征】

因果关系是一个事物导致另一个事物发生的原因和结果之间的关系。因果关系有必然因果关系，非学术场合，其逻辑属性与充分条件关系类似。此外，还有或然因果关系，指事物间的原因和结果存在某种联系，但不充分也不必要，如地震：海啸等；再者，还有反变因果关系，如阳光：黑暗，即有阳光，就必然不黑暗。

例1　努力：成功(　　)

A. 耕耘：收获　　B. 城市：乡村

C. 原告：被告　　D. 生根：发芽

【答案】A

【解析】此为或然因果关系。

(六) 对应关系(特别是互补、场所、动宾、对象等关系)

【题型特征】

对应关系也可以定义为映射关系，是一方唯一对应着另一方。

例1　西施：沉鱼(　　)

A. 杨玉环：落雁　　B. 王嫱：羞花

C. 貂婵：闭月　　D. 窦娥：飞雪

【答案】C

【解析】美女和其代称之间的对应关系。中国古代四大美人分别是：沉鱼-西施，落雁-王昭君，闭月-貂蝉，羞花-杨玉环。

(七) 作者与作品关系(包括作品与作品中人物的关系)

【题型特征】

此类题型也可看作对应关系的一种，因为比较重要，所以单列一类。

例1　《静夜思》：李白(　　)

A.《示儿》：辛弃疾　　B.《春日》：朱熹

C.《清明》：王安石　　D.《题西林壁》：苏辙

【答案】B

【解析】《静夜思》作者为李白，A、C、D 错误，《示儿》作者陆游，《清明》作者杜牧，《题西林壁》作者苏轼，答案选 B。

(八) 事件发生先后关系

例1　消毒：手术(　　)

A. 动员：开会　　B. 消费：销售

C. 启动：驾驶　　D. 彩排：演出

【答案】C

【解析】手术之前必须消毒，此题考查事件发生的先后顺序。

（九）三项（三个词）关系

例1 国家：政府：行政（ ）

A. 公司：经理部：经理　　B. 野战军：作战部：参谋

C. 董事会：经理部：职员　　D. 总司令：军官：命令

【答案】B

【解析】政府是国家的重要组成部分，而行政又是政府部门的职责；作战部是野战军的重要组成部分，参谋是作战部的职责。

【真题回顾】

1. 要求在备选答案中找出一对与之在逻辑关系上最为贴近和相似的词。

水：农业相当于（ ）（中国石化）

A. 消费：经济　　B. 婚姻：人生

C. 文字：文化　　D. 娱乐：生活

2. 要求在备选答案中找出一对与之在逻辑关系上最为贴近和相似的词。

血管对于（ ）相当于（ ）对于城市（中国石化）

A. 血液 国家　　B. 健康 居民

C. 循环 运输　　D. 身体 道路

3. 要求在备选答案中找出一对与之在逻辑关系上最为贴近和相似的词。

影响：音量相当于（ ）（中国石化）

A. 性情：脆弱　　B. 哭：呼喊

C. 小费：舞会　　D. 蒸馏：纯度

4. 要求在备选答案中找出一对与之在逻辑关系上最为贴近和相似的词。

林黛玉：《红楼梦》相当于（ ）（中国石化）

A.《西游记》：唐僧　　B. 林冲：《三国演义》

C. 宋江：《水浒传》　　D.《骆驼祥子》：骆驼

5. 要求在备选答案中找出一对与之在逻辑关系上最为贴近和相似的词。

清新：空气相当于（ ）（中国石化）

A. 高兴：开心　　B. 郑重：答案

C. 肥沃：土地　　D. 得意：生气

6. 要求在备选答案中找出一对与之在逻辑关系上最为贴近和相似的词。

公鸡：家禽相当于（ ）（中国石化）

A. 母鸡：矮脚鸡　　B. 小虾：有袋动物

C. 卷发：头发　　D. 母马：牲畜

7. 要求在备选答案中找出一对与之在逻辑关系上最为贴近和相似的词。

大海：鱼相当于(　　)(中国石化)

A. 天空：小鸟　　B. 大地：高山

C. 猪：森林　　D. 果子：核

【参考答案与解析】

1. A【解析】题干为必要条件关系，水是农业的必要基础条件，同样，消费是经济发展的必要条件，答案为A。其他选项没有此类关系。所以选择A选项。

2. D【解析】身体中有血管，血管是身体的组成部分；城市中有道路，道路是城市的组成部分。故选D项。

3. D【解析】题干中的两词是原因与结果的关系，选项中“蒸馏”的效果直接影响“纯度”，与题意“音量”的大小与“影响”的关系相符，故选D项。

4. C【解析】题干中的两个词是作品中的人物与作品的关系，答案中只有“宋江”与《水浒传》符合题意，故选C项。

5. C【解析】题干中的“清新”可以用来修饰“空气”，选项C中“肥沃”可以用来形容“土地”，故选C项。

6. D【解析】题干中的两个词是构成部分与其整体的关系，答案中的“母马”属于“牲畜”的一种，故选D项。

7. A【解析】题干中的“鱼”可以游弋在“大海”中，选项A中“小鸟”可在“天空”中翱翔。其与题干的关系相符，故选A项。

四、逻辑判断

(一) 解题方法

虽然逻辑判断并不考逻辑学知识，题目直接用到的逻辑学知识也有限，但是这部分考题本身并不简单。其主要原因来源于两个方面：一是，逻辑判断考试涉及的面很广，试题内容几乎包括自然科学、人文社会科学、思维科学和一般性常识在内的一切领域；二是，题目的信息量很大，要求考生能够快速阅读，并擅于撇开不相干信息，提取和把握关键信息，从而迅速找出答案。

可以说，只要不受时间限制，未学过任何逻辑学的多数考生初次做逻辑判断题也可以答对大部分考题，但这是远远不够的，由于考试时间有限，要取得逻辑判断高分，就一定既要答得对还要答得快。而要做到这点，一个基本方法就是：边读题边用箭头、符号、图表等在草稿上标记来简化推理关系，明确逻辑主线，从而迅速找到解题突破口。下面提供七种逻辑解题方法：

1. 画线法

考生要善于抓住关键性信息。由于逻辑考题的阅读量较大，时间有限，所以

不可能慢慢地阅读，而要在快速阅读中抓住关键信息，那么，什么样的信息是关键性信息？一句话，与题干中问题相关的信息就是关键性信息，否则就是冗余的起干扰作用的信息。加快阅读的考试技巧是阅读时圈阅题眼。所谓“题眼”，就是关键的字词、语句。边阅读边给题眼做明显的标记，将大大提高做题的速度和准确性。具体做法是，边读题边列出重点或将待处理的元素、条件都在读题过程中记在草稿纸上。

2. 排除法

通常，逻辑题的四个选项中只有一个难以排除，其它两个选项可能根本与问题无关，所以排除法是提高解题速度的关键。其实，命题人在编写逻辑选项时也非常困难，既要保证一个选项正确性，又要使其他选项具有迷惑性，所以许多逻辑题目的三个错误选项的设计也具有很大的价值，考生必须从大量训练中领悟正确选项与错误选项的区别。

在解题过程中，在排除法不复杂的情况下，尽可能使用排除法，首先上来就先划掉绝对不可能的选项，从而简化做题的步骤。

3. 列表法

对一些综合型和匹配型的题目，可边读题边把题干中的已知条件列在表上，并在表中进行进一步的推理，这样可以较快地找到正确答案。

4. 画图法

对一些集合型题目，有时需要画个示意图，辅助完成推理。

5. 假设反证法(归谬法)

当正确选项难以确定，错误选项又难以排除时，往往需要运用假设反证法，特别是对一些综合推断、真话假话型考题，用假设反证法非常有效。具体的做法是，先假设某一备选项成立，然后代入题干，如果出现矛盾，说明该选项不成立，要排除掉；如果只剩一项不能导致矛盾，该选项就是正确答案。

6. 抽象思维法

抽象思维是做逻辑的基本方法，逻辑推理是排斥形象思维的。如果在做题时想象段落所描述的形象，而不能迅速抽象出题干的逻辑推理关系，这是做逻辑的大忌。应该说快速阅读能力和抽象思维能力是逻辑考试成功的两大关键能力。

对问题的抽象指的是把文字叙述转化为形式化的表达，也就是用一些符号、字母来表达事物间的联系，具体地说，逻辑试题内容涉及的自然或社会科学的专业知识并不影响解题，可以对题目的专有名词或有关命题用 A 或 B 等符号抽象出来即可，而不用去探究其内容的正确性，只要推理合乎逻辑即可。加快解题的考试技巧是用适当的符号或关键词去表示相应的命题、推理或论证。由于符号和关键词非常简短，可以大大节省时间，从而加快解题速度。

7. 求同与求异法

绝大部分逻辑试题都可从本质上看成是对题干段落逻辑主线的支持或削弱作用。这里提供的求同与求异法很有利于从待选选项中寻找支持与削弱的选项。

求同就是支持，即与原文一致的选项；求异就是削弱，即与原文较为对立的选项。求同、求异主要是辨别选项是否与原文一致或对立，这一点往往对于难题来讲，特别是当仅仅剩下两个选项需要辨别的时候，非常有用。

（二）解释说明类

【题型特征】

解释说明类的题型特征是：给出一段关于某些事实或现象的客观描述，要求你对这些事实、现象、结果或矛盾做出合理的解释。其主要表现形式是：在题干中给出某种需要说明、解释的现象，再问什么样的理由、根据、原因能够最好地解释该现象，或最不能解释该现象。

【考点提炼】

根据解释的侧重点把考题分为解释结论或现象，解释差异或缓解矛盾。

【解题指南】

解答这类题型有时需要一些相关的背景知识，但这些知识都属于语言常识和一般性常识，并且已经在题干或选项中给出，只是要求从中做一些选择和判断而已。

1. 解释结论或现象

本类考题是指给出一段关于某些事实或现象的客观描述，让我们从4个选项中寻求一个选项来解释事实或现象发生的原因，找到一个能直接说明结论成立或现象为什么发生的选项即可。因此，在解题时，应抓住要解释的对象，一般首先要明确解释的关键概念，从而来定位选项。

例1　研究发现，人类利用婴儿和成人之间形态上的典型差异作为重要的行为线索，幼年的特征可以唤起成年人的慈爱和养育之心，许多动物的外形和行为具有人类婴儿的特征，人们被这样的动物所吸引，把它们培养成宠物。

这一结论最适宜用来解释的现象是(　　)。

A. 某些对童年时代过分留恋的人会在穿衣打扮方面表现出明显幼稚化的倾向

B. 子女长大成人离开家庭后，老人们喜欢养宠物，寄托抚爱之情，打发寂寞时光

C. 长期以来，迪斯尼的艺术家赋予温良可爱的卡通形象米老鼠越来越年轻

化的外形

D. 在生活方面被过度照顾的孩子，心理成长会受到一定影响，往往表现得比较脆弱

【答案】B

【解析】本题的题干可简化为“培养具有人类婴儿特征的宠物可唤起成年人的慈爱和养育之心”，B 选项是通过例子表达了跟题干一致的内容，属重复题干的选项。A、C、D 选项属于无关项。

2. 解释差异或缓解矛盾

对于解释矛盾或差异型的题目，解题技巧的关键是抓住题干中的矛盾点，把题干中的矛盾点解释清楚即为答案。

例 2 萝卜、西红柿和其他一些蔬菜含有较丰富的β–胡萝卜素，β–胡萝卜素具有防止细胞癌变的作用。近年来提炼出的β–胡萝卜素被制成片剂并建议吸烟者服用，以防止吸烟引起的癌症。然而，意大利博洛尼亚大学和美国德克萨斯大学的科学家发现，经常服用β–胡萝卜素片剂的吸烟者反而比不常服用β–胡萝卜素片剂的吸烟者更易于患癌症。

以下哪项如果为真，最能够解释上述矛盾(　　)。

A. 有些β–胡萝卜素片剂含有不洁物质，其中有致癌物质

B. 意大利博洛尼亚大学和美国德克萨斯大学地区的居民吸烟者中癌症患者的比例都较其他地区高

C. β–胡萝卜素片剂不稳定，易于分解变性，从而与身体发生不良反应，易于致癌。而自然β–胡萝卜素片剂性质稳定，不会致癌

D. 吸烟者吸入体内烟雾中的尼古丁与β–胡萝卜素发生作用，生成一种比尼古丁致癌作用更强的有害物质

【答案】D

【解析】D 项解释吸烟者吸入体内烟雾中的尼古丁与β–胡萝卜素发生作用，生成一种比尼古丁致癌作用更强的有害物质，这就造成经常服用β–胡萝卜素片剂的吸烟者反而比不常服用β–胡萝卜素片剂的吸烟者更易于患癌症。结合题干有力地解释了这一看似矛盾的现象。此题 A、B 选项比较容易排除。C 选项是较为有干扰性的选项，本题简化题干针对的是吸烟者，而 C 项解释的是全体人，主体错误。

（三）假设前提类

【题型特征】

逻辑考题由段落、问题以及四个选项组成。我们从结构上对此类逻辑题进行

分析。

一般而言，段落陈述论点，论点一般由论据(或前提)和论点组成。论点的结构与解答逻辑考题关系密切。在逻辑题中，假设、支持、反对、评价多是围绕论点与论据设置问题。因此，在解答逻辑题时，应该带有目的去读段落，这目的就是提炼论据(或前提)和论点。而两者比较，论点比论据(或前提)更重要。

假设、支持、反对、推断这四种题型在整个逻辑推理题中占了较大的比重，而支持、反对这两种题型的答案方向多是针对段落推理的隐含假设，再加上推断题型的推理题有时就是隐含假设，所以假设在逻辑推理中占有基础性的地位和作用。

【考点提炼】

假设题型主要表现形式有：

1. 加上一个条件就变成了一个有效的三段论(有关三段论的知识将在《高分突破教程》中深度讲解)，比如题目中问到“上面的逻辑前提是哪个”、“再加上什么条件能够得出结论”。

2. 题干给出前提和结论，然后提问“假设是什么”，或者要求考生提出正面的事实或有利于假设的说明，则加强论点，否则削弱论点。比如问到“上文的说法基于以下哪一个假设”、“上述结论中隐含着下列哪项假设”、“上述议论中假设了下列哪项前提”。

3. 以题干为结论，要求在选项中确定能推出题干的前提，或者需要补充什么样的前提，才能使题干中的推理成为逻辑上有效的推理。

【解题指南】

由于这种题型是题干推理中的前提不足以充分推出结论，要求在选项中补充上前提或论据，从而合乎逻辑地推出结论或有利于提高推理的证据支持度和结论的可靠性。因此，做这类题的基本思路是紧扣结论，简化推理过程，从因果关系上考虑，从前提到结论，中间一定有适当的假设，寻找断路或是因为“显然”而省略掉的论述，即“搭桥”。很多题目可凭语感或常识就可以找到所要问的隐含的前提。

下面给出假设的具体含义：假设是提出新问题、新方案的前缀。

1. 假设是使推理成立的一个必要条件。

2. 若一个推理在没有某一条件时，这个推理就必然不成立，那么这个条件就可以是段落推理的一个假设。若 A 是 B 的一个必要条件，那么非 A→非 B。

由于假设仅仅是推理成立的一个必要条件，所以我们找到了推理的一个假设，并不能够肯定段落推理必然成立。在做题过程中，我们只需要找到一个使推理成立的必要条件，尽管不能保证推理一定正确，但由于答案不需要充分性，因此这样即可做对“假设”的题目。

例1 王教授说：“总的说来，工商管理学院的大学生的家庭困难情况比起以前有了大幅度的改观。这种情况十分明显，因为我的学生现在课余要求学校安排勤工俭学的人越来越少了”。

上面的结论是由下列哪个假设得出的(　　)。

A. 现在，大学生父母亲的收入随着改革开放的深入发展而增加，使得大学生不再需要勤工俭学来自己养活自己了

B. 尽管家境有了改善，也应当参加勤工俭学来锻炼自己的全面能力

C. 课余要求学校安排勤工俭学是学生家庭是否困难的一个重要标志

D. 大学生把更多的时间用在学业上，勤工俭学的人就少起来了

【答案】C

【解析】本题的论据是“越来越少的王教授的学生要求勤工俭学”，结论是“工商管理学院的大学生的家庭困难情况比起以前有了大幅度的改观”。我们发现，本题推理的前提对象与结论讨论的对象属性并不完全一致，前提与结论之间有差异，即前提与结论之间有明显的跳跃：做勤工俭学的少就必然家庭困难有了改观吗？因此，段落推理成立需要依赖选项C这个假设“课余要求学校安排勤工俭学是学生家庭是否困难的一个重要标志”，即选项C把前提与结论之间的一个跳跃搭了桥，所以C项正确。

其实，本题推理的成立还依赖另外两个假设，即：①王教授教的学生是工商管理学院的学生；②王教授教的学生是整个工商管理学院学生的代表。在这三个假设的共同作用下，本题推理必然成立。但由于“答案不需要充分性”，我们只需要找出C，就是找到了一个假设，所以C就是正确答案，但正是由于我们仅仅只是找到了推理成立的一个假设，所以我们说假设题型(包括支持、反对、评价)的段落推理是“有待评价的推理”。

那么到此，我们要进一步探讨去如何排除干扰项。

如何来排除不是假设的选项呢？我们可以加入否定来判断。

根据假设的定义，若某条件是推理成立所做的假设，那么没有这个条件，推理必不成立。

如果某备选项加入否定以后，对段落推理不起任何作用，推理仍然可以成立，那么该备选项必然不是一个假设。

例2 据最近的统计，在需要同等学历的十个不同职业中，教师的平均工资五年前排列第九，而目前上升到第六；另外，目前教师的平均工资是其他上述职业的平均工资的86%，而五年前只是55%。因此，教师工资相对偏低的状况有了较大的改善，教师的相对生活水平有了很大的提高。

上述论证基于以下哪项假设(　　)。

Ⅰ. 近五年来的通货膨胀率基本保持稳定

Ⅱ. 和其他职业一样，教师中的最高工资和最低工资的差别是很悬殊的

Ⅲ. 学历是确定工资标准的主要依据

Ⅳ. 工资是实际收入的主要部分

A. 仅Ⅰ、Ⅲ　　B. 仅Ⅱ、Ⅳ　　C. 仅Ⅳ　　D. 仅Ⅲ、Ⅳ

【答案】C

【解析】什么是假设？就是把待选的选项取否定后放到段落中去，能使段落推理不成立的选项就是正确答案。

Ⅰ. 并不是必需的假设，即如果近五年来的通货膨胀率不稳定，也不影响题干段落推理的成立。

Ⅱ. 并不是必需的假设，即如果教师中的最高工资和最低工资的差别不大，也不影响题干段落推理的成立。

Ⅲ. 并不是必需的假设，即如果学历并不是确定工资标准的主要依据，不影响题干段落推理的成立。(题干只是对同等学历的十个职业的收入作比较而已，并不隐含学历是确定工资标准的主要依据，也许职称职位的作用更大)

Ⅳ. 是所必需的假设，否则，工资如果不是实际收入的主要部分，则即使教师工资相对偏低的状况有了较大的改善，教师的相对生活水平也不一定有很大的提高。

1. 单一假设

在解答单一假设题时，首先应能寻找出段落推理的论点与已存在的前提，并利用段落中的核心关键词来定位选项；再利用下面介绍的三小类方法即能找到答案。

1) 完善三段论

三段论(syllogism)是传统逻辑中的一类主要推理。又称直言三段论。古希腊哲学家亚里士多德首先提出了关于三段论的系统理论。形式逻辑间接推理的基本形式之一，由大前提和小前提推出结论。如“凡金属都能导电”(大前提)，“铜是金属”(小前提)，“所以铜能导电”(结论)。这称为三段论法或三段论式。出题人往往只给出结论和其中一个前提。需要我们补充另外一个前提，从而成为一个完整的三段论。比如“科学是真理，因此，科学是不怕批评的。”这个推理，就需要加上“真理都是不怕批评的”这么一个大前提。

例 3　某年，国内某电视台在综合报道了当年的诺贝尔各项奖金的获得者的消息后，做了以下评论：今年又有一位华裔科学家获得了诺贝尔物理学奖，这是中国人的骄傲。但是到目前为止，还没有中国人获得诺贝尔经济学奖和诺贝尔文

学奖，看来中国在人文社会科学方面的研究与世界先进水平相比还有比较大的差距。

以上评论中所得出的结论最可能把以下哪项断定作为隐含的前提(　　)。

A. 中国在物理学等理科研究方面与世界先进水平的差距在逐步缩小

B. 中国的人文科学有先进的理论基础和雄厚的历史基础，目前和世界先进水平的差距是不正常的

C. 诺贝尔奖是衡量一个国家某个学科发展水平的重要标志

D. 诺贝尔奖的评比在原则上对各人种是公平的，但实际上很难做到

【答案】C

【解析】题干的逻辑主线是“没有中国人获得诺贝尔经济学奖和诺贝尔文学奖→中国在人文社会科学方面的研究与世界先进水平相比还有比较大的差距”，其推理成立的假设就是要说明这两者之间有本质联系。选项C就类似一个三段式推论的前提，如果没有隐含C，那么，就无法得出题干结论。其他的选项均不是题干推论所必须假设的，其中选项D还对题干推论有质疑。

2）补充必要条件

若能使一个推论可行或有意义，那么这样的假定就是段落推理成立的必要条件。因为若推论根本就不可行或没有实际意义，那么段落推理必然不成立，所以这个假定是假设。

请体会这个例子：某企业为减人增效，决定把最无价值的员工精简掉。

本题推理为“为达到一个目的而提出一个方法”，这个推理若想成立，那么依赖的假设是“该企业能够辨别员工是否有价值”，即“推论可行”。若这个企业不能辨别员工是否有价值，那么就不可能达到“减人增效”的目的。所以“推论可行或有意义”是推理成立的一个很好的假设。

例4　心脏的搏动引起血液循环。对同一个人，心率越快，单位时间进入循环的血液量越多。血液中的红血球运输氧气。一般地说，一个人单位时间通过血液循环获得的氧气越多，他的体能及其发挥就越佳。因此，为了提高运动员在体育比赛中的竞技水平，应该加强他们在高海拔地区的训练，因为在高海拔地区，人体内每单位体积血液中含有的红血球数量，要高于在低海拔地区。

以下哪项是题干的论证必须假设的(　　)。

A. 海拔的高低对运动员的心率不发生影响

B. 不同运动员的心率基本相同

C. 在高海拔地区训练能使运动员的心率加快

D. 运动员在高海拔地区的心率不低于在低海拔地区

【答案】D

【解析】D项是题干的论证必须假设的，否则，如果事实上运动员在高海拔地区的心率低于在低海拔地区，那么即使在高海拔地区，人体内每单位体积血液中含有的红血球数量，要高于在低海拔地区，但由于心率较慢，单位时间进入循环的输血量较少，因而单位时间里血液中运输氧气的红血球并不见得就多，因而通过血液循环获得的氧气并不见得就多，因而在高海拔地区训练的运动员的体能及其发挥并不能较佳。

A项的断定过强，不是题干的论证必须假设的。如果事实上海拔越高，运动员的心率越快，即A项的断定不成立，但题干的论证并不因此不成立。

C项能加强题干的论证，但同样不是题干的论证必须假设的。

B项不是题干的论证必须假设的。

3）排除他因

当段落推理是要达到一个目的而提出一个方法或建议，或由一个调查、数据、研究或实验等而得出解释性结论时，推理成立所做的隐含假设多为"没有别的因素影响推论"。

例5　在当前的音像市场上，正版的激光唱盘和影视盘销售不佳，而盗版的激光唱盘和影视盘却屡禁不绝，销售异常火爆。有的分析人员认为这主要是因为在价格上盗版盘更有优势，所以在市场上更有活力。

以下哪项是这位分析人员在分析中隐含的假定(　　)。

A. 正版的激光唱盘和影视盘往往内容呆板，不适应市场的需要

B. 与价格的差别相比，正版与盗版盘在质量方面的差别不大

C. 盗版的激光唱盘和影视盘比正版的盘进货渠道畅通

D. 正版的激光唱盘和影视盘不如盗版的盘销售网络完善

【答案】B

【解析】题干的逻辑主线是"盗版盘比正版盘便宜→盗版盘比正版盘销售好"，要使推理成立，必须保证没有别的因素影响这个推论。盗版盘价格上有优势，所以就畅销，这中间暗含着一个假设，就是盗版盘的质量差别不大，至少比它那个价要值得多。其实还有的一个假设就是不会损坏机器。这在选项中没有，要有也该选。

2. 综合假设

在解答综合假设题时，首先应能寻找出段落推理的论点与已存在的前提，并利用段落中的核心关键词来定位选项；其次用上面的三种思维方向去判断该选项是否为正确答案；最后，当只剩下两个选项而不知谁为假设时，则通过对选项加入否定的方法来判断推理是否成立。若加入否定，题干的结论必不成立，则其必为正确选项；若加入否定，题干的结论仍可成立，则绝对不是答案。

注意：假设一定是支持，但支持不一定是假设。因此，命题者加大假设题难度无一例外的是在加大阅读的前提下设计出一个支持选项，而这时的易混淆支持选项必然不是段落推理成立的必要条件，所以可用加入否定的方法去掉这个易误选的支持选项。

由于在考试时，不可能也没必要迅速判断假设究竟属于哪一类，所以在平时练习假设题型时，要训练迅速读出段落推理的论点与已存在的前提的能力，然后根据其关系做出判断。本部分“综合假设”指的是要使段落推理成立，需要多个假设，是前面三个假设方向的综合运用。

例 6 近五年来，共有五架 W-160 客机失事。面对 W-160 设计有误的指控，W-160 的生产厂商明确加以否定，其理由是，每次 W-160 空难的调查都表明，失事的原因是飞行员的操作失误。

为使厂商的上述反驳成立，以下哪项是必须假设的(　　)。

Ⅰ. 如果飞行员不操作失误，W-160 就不会失事

Ⅱ. 飞行员的操作失误，和 W-160 任一部分的设计都没有关系

Ⅲ. 每次对 W-160 空难的调查结论都可信

A. 只有Ⅰ　　B. 只有Ⅱ　　C. 只有Ⅲ　　D. 只有Ⅱ和Ⅲ

【答案】D

【解析】复选项Ⅰ不是必须假设的。厂商的反驳需要假设的是：如果飞行员不操作失误，W-160 也会失事，但这种失事和 W-160 的设计无关。

复选项Ⅱ是必须假设的。否则，如果飞行员的操作失误，和 W-160 的设计有关，那么，就不能否定对 W-160 设计有误的指控。

复选项Ⅲ是必须假设的。否则，如果对 W-160 空难的调查结论有的不可信，那就题干中厂商的反驳的根据也就不可信。

(四) 推断结论类

【题型特征】

本题型的常用形式的标志是“从这段文字可以推出(或得出)……”、“这段话告诉我们……”、“上述文字的结论是……”、“从以上陈述，可推出如下哪个结论”等一些问句。

【考点提炼】

此种类型主要包含确定条件推断和不确定条件推断，对于确定条件推断，可根据条件之间的逻辑关系，推导出结论；而不确定条件推断，可利用假设条件确定推论。

【解题指南】

1. 对于一般的推断结论型试题，因为其具体形式主要是以题干为前提，要求在选项中确定合乎逻辑的结论；或者，从题干出发，不可能推出什么样的结论。这种考题相对简单，主要是考查考生对语言的理解及考生的抽象概括能力，考生只需要从题干出发，运用日常的逻辑推理去寻找隐含的结论或内在的含义就可得出答案，或者可借鉴言语理解与表达中的片段阅读的解题方法。

2. 对于较严格的逻辑推论试题，通常在题干中给出若干条件，要求考生从这些条件中合乎逻辑地推出某种结论，因此，考生要认真分析给出条件，综合运用列表、画图、假设反证等方法。

1. 直接推断

这类题型的具体形式是：以题干为前提，要求在选项中确定合乎逻辑的结论；或者，从题干出发，不可能推出什么样的结论。解决直接推断型考题，考生只需运用日常逻辑推理就可以找到答案，几乎没有什么技巧可言。

例1　大多数工人的专业知识和技能都会逐渐过时，而从掌握到过时所需的时间目前由于新的生产工艺(AMT)的出现而被缩短。考虑到AMT的更新速度，一般的工人从技能的掌握到过时的时间逐渐缩短为4年。

以下哪项如果可行，将使企业在上述技能的加速折旧中，能最充分地利用工人的技能(　　)。

A. 公司把能力强的雇员在他们进入公司的6年之后送去培训

B. 公司每年都对其为期5年的AMT计划追加投资

C. 在AMT计划实行之前，公司将开设一个教育机构来向雇员说明AMT计划将对他们产生的影响

D. 公司为其雇员定期开办培训，使他们不断适应工作的需要

【答案】D

【解析】A项和B项的时间周期过长，跟不上AMT的更新速度。C项无法说明如何充分地利用工人的技能。相比之下，D项如果可行，将使企业在上述技能的加速折旧中，能充分地利用工人的技能。

2. 确定论点及继续推论

确定论点及继续推论型题型的具体表现形式是给出一段文字或对话，要求总结它们所表达的中心内容是什么、什么内容没在题干中、表达或段落最强调的是什么。或给出一段论述，要求推出结论或段落的主要观点(确定论点型及继续推论型的变种：我们不可能得出的结论是什么)。其解题基本思路是对语言的理解，解此类题型主要是要凭语感、常识和日常的逻辑推理能力去寻找隐含的结论或内在的含义。

例2 有一种通过寄生方式来繁衍后代的黄蜂，它能够在适合自己后代寄生的各种昆虫的大小不同的虫卵中，注入恰好数量的自己的卵。如果它在宿主的卵中注入的卵过多，它的幼虫就会在互相竞争中因为得不到足够的空间和营养而死亡；如果它在宿主的卵中注入的卵过少，宿主卵中的多余营养部分就会腐败，这又会导致它的幼虫的死亡。

如果上述断定是真的，则以下哪项有关断定也一定是真的(　　)。

Ⅰ. 上述黄蜂的寄生繁衍机制中，包括它准确区分宿主虫卵大小的能力

Ⅱ. 在虫卵较大的昆虫聚集区出现的上述黄蜂比在虫卵较小的昆虫聚集区多

Ⅲ. 黄蜂注入过多的虫卵比注入过少的虫卵更易引起寄生幼虫的死亡

A. 仅Ⅰ　　B. 仅Ⅱ　　C. 仅Ⅲ　　D. 仅Ⅰ和Ⅱ

【答案】A

【解析】复选项Ⅰ一定是真的。否则，如果上述黄蜂的寄生繁衍机制中，不包括它准确区分宿主虫卵大小的能力，那么，它就不能在适合自己后代寄生的各种昆虫的大小不同的虫卵中，注入恰好数量的自己的卵。

复选项Ⅱ不一定是真的，因为完全可能虫卵较大的昆虫数量比虫卵较小的昆虫少得多，这样，上述黄蜂就会相对集中在虫卵较小的昆虫聚集区。

复选项Ⅲ显然不一定是真的，题干并未对二者之间的关系加以说明及比较。

3. 充分必要条件推断

此类题考察学生最基本的充分必要条件知识。考生需要分别熟悉常见的表示充分条件和必要条件的关联词。“如果……那么(则)”、“只要……就”是考察最多的表充分条件的关联词。“只有……才”则是考得最多的必要条件关联词。除此之外，考生还需知道原命题与逆否命题等价。

例3 如果李生喜欢表演，则他报考戏剧学院；如果他不喜欢表演，则他可以成为戏剧理论家；如果他不报考戏剧学院，则不能成为戏剧理论家。

由此可推出，李生将(　　)。

A. 不喜欢表演　　B. 成为戏剧理论家

C. 不报考戏剧学院　　D. 报考戏剧学院

【答案】D

【解析】本题是一道复合命题推理的题型，其解题方法是边读题边抽象出推理关系，并记在草稿纸上，通过递推，即可找到答案。由本题题干，可得出以下推理关系：

喜欢表演→报考戏剧学院(1)

不喜欢表演→能成为理论家(2)

不报考戏剧学院→不能成为理论家(3)

因此，(3)等价于它的逆否命题：能成为理论家→报考戏剧学院(4)，由(2)和(4)得出，不喜欢表演→报考戏剧学院(5)，所以，由(1)和(5)，不管李生喜不喜欢表演，都将报考戏剧学院。

4. 单一事件推断

此类题的条件明显比充分必要条件的条件简单，往往只会论述一件事情，比如"捐款"、"犯罪"、"上大学"等等。但是会有好几个人在论述，这里面往往有的人说的是事实，有的说的不是事实。解答此类题，往往需要去寻找矛盾关系，比如"甲是罪犯"和"甲不是罪犯"。这两句话必定一真一假。

例4 学校抗洪抢险献爱心捐助小组突然收到一大笔没有署名的捐款，经过多方查找，可以断定是赵、钱、孙、李中的一个人捐的。经询问，赵说："不是我捐的"；钱说："是李捐的"；孙说："是钱捐的"；李说："我肯定没有捐。"最后经过详细调查证实四个人中只有一个人说的是真话。

根据以上已知条件，请判断下列哪项为真(　　)。

A. 赵说的是真话，是孙捐的　　B. 李说的是真话，是赵捐的

C. 钱说的是真话，是李捐的　　D. 李说的是假话，是李捐的

【答案】B

【解析】首先找矛盾关系，李、钱矛盾。由只有一真可知赵与孙说的是假话，因此是赵捐的，因此选择B答案。

5. 复合事件推断

这类题跟单一事件的题，最大的区别在于往往涉及多件事情。比如既有看电视的，又有听音乐的，还有玩游戏的。这种题往往给出的条件都是跟事实相符的。采用的方法可以是前面介绍的列表法或者代入选项进行验证。

例5 A、B、C三个大学生到某乡镇当村官，一个上了富村，一个上了穷村，一个上了不富不穷的村。但究竟谁到了哪个村，人们开始不清楚，于是作了如下猜测：

甲：A上了富村，B上了穷村

乙：A上了穷村，C上了富村

丙：A上了不富不穷的村，B上了富村

后来证实，甲、乙、丙三人的猜测都是只对了一半。

由此可以推出(　　)。

A. A上了富村，B上了穷村，C上了不富不穷的村

B. A上了穷村，B上了富村，C上了不富不穷的村

C. A上了不富不穷的村，B上了富村，C上了穷村

D. A上了不富不穷的村，B上了穷村，C上了富村

【答案】D

【解析】用代入法，假设A项是正确的，那么甲的说法全都正确，与题干不符；假设B项是正确的，那么甲的说法全都错误，也与题干不符；假设C项是正确的，那么丙的说法全都正确，与题干不符；假设D项是正确的，符合题干。故正确答案为D。

6. 模态命题推断

这类试题当中包含有表示事情发生可能性大小关系判断的词语，如“可能”、“必然”等。解答的方法就是等价替换。

例6 并非任何战争都必然导致自然灾害，但不可能有不阻碍战争的自然灾害。

以下哪一项与上述断定的含义最为接近(　　)。

A. 有的战争可能不导致自然灾害，但任何自然灾害都可能阻碍战争

B. 有的战争可能不导致自然灾害，但任何自然灾害都必然阻碍战争

C. 任何战争都不可能导致自然灾害，但有的自然灾害可能阻碍战争

D. 任何战争都可能不导致自然灾害，但有的自然灾害必然阻碍战争

【答案】B

【解析】考查模态命题的转化。根据“并非所有……都”等价于“有的……不”，“不必然”等价于“可能不”，题干第一句话“并非任何战争都必然导致自然灾害”，即“有的战争不必然导致自然灾害”等价于“有的战争可能不导致自然灾害”。根据“不可能不”等价于“必然”，题干第二句话“不可能有不阻碍战争的自然灾害”等价于“所有的自然灾害都不可能不阻碍战争”等价于“所有的自然灾害都必然阻碍战争”。故答案选B。

7. 数理逻辑类推断

这类试题是求集合里面的元素最多最少的问题。首先找出集合的绝对包含和绝对不包含关系，绝对包含关系如“黑龙江人”必然包含在“北方人”里面，绝对不包含与此类似。第二步要求人数最多时就让集合之间尽量不包含，要求人数最少就尽量包含。第三步算集合里面的人数。

例7 某宿舍住着若干个研究生，其中一个是黑龙江人，两个是北方人，一个是云南人，两个人这学期只选修了逻辑哲学，三个人这学期选修古典音乐欣赏。

假设以上的介绍涉及了这宿舍中所有的人，那最少可能是几个人，最多可能是几个人(　　)。

A. 最少可能是3人，最多可能是8人

B. 最少可能是5人，最多可能是8人

C. 最少可能是 5 人，最多可能是 9 人

D. 最少可能是 3 人，最多可能是 9 人

【答案】B

【解析】黑龙江人一定是北方人，两个选修了逻辑哲学的人不可能与选修古典音乐欣赏的三个人重合，故此，人数最少就是令条件尽量重合，为 3(古典音乐)+2(逻辑哲学)= 5 人；人数最多就是令条件相互独立 2(北方人，其中包含一个黑龙江人)+1(云南人)+3(古典音乐)+2(逻辑哲学)= 8 人。

(五) 加强支持类

【题型特征】

在逻辑考试中，围绕前提和结论之间的支持或反驳关系，设计了多种形式的考题，主要有加强前提型和削弱结论型。

前提对结论的支持或反驳程度，有许多推理或论证尽管不满足保真性，即前提的真不确保结论的真，但前提却对结论提供一定程度的支持，或者前提对结论构成一定程度的反驳。一个推理的证据支持度越高，则在前提真实的条件下，推出的结论可靠性越大。

【考点提炼】

在批判性思维以及逻辑判断考试中，重点考察的就是思维的论证性，即对各种已有的推理或论证做批判性评价：对某个论点是否给出了理由？所给出的理由真实吗？与所要论证的论点相关吗？如果相关，对论点的支持度有多高？是必然性支持(若理由真，则论点或结论必真)还是或然性支持(若理由真，结论很可能真，也可能假)？是强支持还是弱支持？给出什么样的理由能够更好地支持该结论？

【解题指南】

支持型考题的特点是在段落中给出一个推理或论证，但由于前提的条件不够充分，不足以推出其结论；或者由于论证的论据不够全面，不足以得出其结论，因此需用某一选项去补充其前提或论据，使推理或论证成立的可能性增大。但由于“答案不需要充分性”的原因，所以只要某一选项放在段落推理的论据(前提)或结论之间，对段落推理成立或结论正确有支持作用，使段落推理成立、结论正确的可能性增大，那么这个选项就是支持的正确答案。所以支持的答案既可以是段落推理成立或结论正确的一个充分条件，也可以是一个必要条件(这时等同于假设，因为假设答案必将可以支持推理)，可以是非充分条件，也可以是非必要条件。

1. 加强前提与结论之间的联系

如果支持题型的逻辑主线的前提和结论之间存在跳跃，要支持结论或论证，就必须“搭桥”，即找一个选项把前提与结论联系起来。

例 1 壳牌石油公司连续三年在全球500家最大公司净利润总额排名中位列第一，其主要原因是该公司比其他公司有更多的国际业务。

下列哪项如果为真，则最能支持上述说法(　　)。

A. 与壳牌公司规模相当但国际业务少的石油公司的利润都比壳牌石油公司低

B. 历史上全球500家大公司的净利润冠军都是石油公司

C. 近三年来，全球最大的500家公司都在努力走向国际化

D. 近三年来，石油和成品油的价格都很稳定

【答案】A

【解析】本题的逻辑主线是“国际业务多→利润高”，这两者之间存在跳跃，必须“搭桥”，即找一个选项把“国际业务”与“利润”这两者之间联系起来。

与同类的(规模相当)的石油公司比较，壳牌石油公司位列第一，原因可能有多种。但A中举出它们的国际业务量不同，可以作为题干中说的“主要原因是该公司比其他公司有更多的国际业务”的论据。

B、D与国际化无关；C项谈论的是“500家公司”都在“国际化”，而题干强调的是各公司的国际化程度的差异。

2. 假设类支持

如果支持题型的某个备选选项，是题干推理成立的必要条件，也就是说该选项的存在使题干推论可行或有意义，那么该选项就是正确答案。

由于假设是段落推理的必要条件，找到了段落推理的一个假设，那么其推理成立的可能性就必然增大，这个假设对段落推理起到了支持作用，所以假设必然是支持，因此，这类支持题型相当于寻找段落推理成立的一个假设。

例 2 在美国，近年来在电视卫星的发射和操作中事故不断，这使得不少保险公司不得不面临巨额赔偿，这不可避免地导致了电视卫星的保险金的猛涨，使得发射和操作电视卫星的费用变得更为昂贵。为了应付昂贵的成本，必须进一步开发电视卫星更多的尖端功能来提高电视卫星的售价。

以下哪项，如果为真，和题干的断定一起，最能支持这样一个结论，即电视卫星的成本将继续上涨(　　)。

A. 承担电视卫星保险业风险的只有为数不多的几家大公司，这使得保险金必定很高

B. 电视卫星目前具备的功能已能满足需要，用户并没有对此提出新的要求

C. 卫星的故障大都发生在进入轨道以后，对这类故障的分析及排除变得十分困难

D. 电视卫星具备的尖端功能越多，越容易出问题

【答案】D

【解析】由题干，进一步开发电视卫星更多的尖端功能的初衷是提高电视卫星的售价，用以应付昂贵的成本。若选项 D 成立，则会出现如此推理：功能多推出出问题，出问题推出巨额赔偿，巨额赔偿推出保险金猛涨，保险金猛涨推出费用昂贵，所以成本继续上涨。所以除 D 项外，其余各项均不足以说明电视卫星的成本将继续上涨。

3. 排除其他因素导致结论的可能

如果支持题型的题干是由一个调查、研究、数据或实验等得出一个解释性的结论时，那么“没有别的因素影响推论”就是支持其结论或论证的一种有效方式。

例 3　帕金森氏病是一种严重危害大脑的疾病。那些在体内不能生成细胞色素 P405 的人，和那些体内能生成这种细胞色素的人相比，在他们进入中老年后，患帕金森氏病的可能性要大三倍。因为细胞色素 P405 具有使大脑免受有毒化学物质侵害的功能，所以有害化学物质很可能是造成帕金森氏病的重要原因。

以下哪项如果为真，最能加强上述论证(　　)。

A. 人类很快就能人工合成细胞色素 P405，并把它用于治疗因体内不能生成这种细胞色素而导致的疾病

B. 那些体内无法生成细胞色素 P405 的人，往往同时无法生成其他多种人体有用物质

C. 细胞色素 P405 除了能使大脑免受有毒化学物质侵害之外，对大脑没有其他影响

D. 多巴胺是一种在大脑中自然生成的化学物质，当对帕金森氏病患者使用多巴胺进行治疗时，他们的症状大都明显缓解

【答案】C

【解析】本题题干的结论是：“有害化学物质很可能是造成帕金森氏病的重要原因”。要使这个结论成立，有一个条件必须满足，这就是细胞色素 P405 除了能使大脑免受有毒化学物质侵害之外，对大脑没有其他影响。否则，如果细胞色素 P405 除了能使大脑免受有毒化学物质侵害之外，对大脑还有其他影响，那么，很可能正是此种影响，而不是抗有毒化学物质侵害的功能，与有效抵制帕金森氏病有关，这样，就缺乏理由认为有害化学物质是造成帕金森氏病的原因。C 项断定的正是上述条件，因此，如果 C 项为真，最能加强题干的论证。

4. 直接支持推论

由于支持的选项最终要对题干推理尤其是结论起作用，因此找到题干结论的

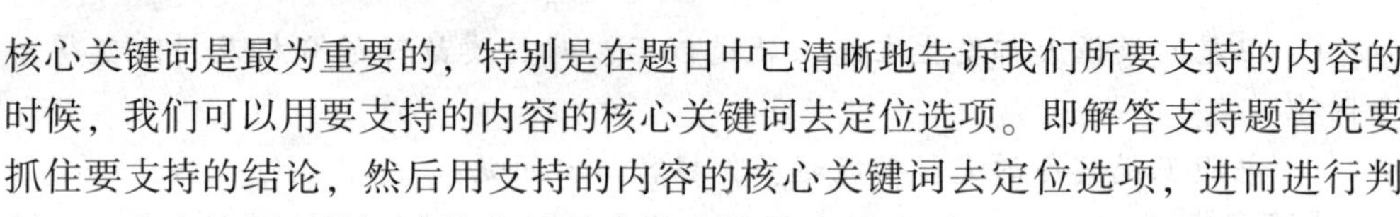

核心关键词是最为重要的，特别是在题目中已清晰地告诉我们所要支持的内容的时候，我们可以用要支持的内容的核心关键词去定位选项。即解答支持题首先要抓住要支持的结论，然后用支持的内容的核心关键词去定位选项，进而进行判断。一些支持题型的正确答案就是直接支持结论的选项。

例4 玫瑰城需要100万美元来修理所有的道路。在一年内完成这样的修理之后，估计玫瑰城每年将因此避免支付大约300万美元的赔偿金，这笔赔偿金历年来一直作为因道路长年失修而损坏的汽车的修理费。

以下哪项如果为真，最能支持题干的估计(　　)。

A. 与玫瑰城邻近的其他城市，同样也要为它们年久失修的道路赔偿车辆修理费

B. 该地的道路修理好之后，在近几年内不会因道路原因对行驶车辆造成损坏

C. 恶劣天气对道路造成的损害在不同年份之间差别很大

D. 道路的损坏主要是由卡车造成的，但是其车主同样为劣质路面造成的车辆损坏进行索赔

【答案】B

【解析】如果B项为真，显然能有力地支持题干的估计。完成道路修理之后，在几年内不会再对车辆造成损失，玫瑰城每年才能避免赔付赔偿金。

5. 前提不可或缺

与直接支持相对应的还有一类，就是做一个反面实验。在生物试验当中我们称之为对照实验。也就是去掉推理的前提之后，结论也不再正确了。从反面说明该结论正是由该前提导致的。

例5 具有大型天窗的百货商场的经验表明，商场内射入的阳光可增加销售额。该百货商场的大天窗可使商场的一半地方都有阳光射入，这样可以降低人工照明需要，商场的另一半地方只有人工照明。从该商场两年前开张开始，天窗一边的各部门的销售量要远高于其他各部门的销售量。

如果正确，最能支持上面论述的一项是(　　)。

A. 除了天窗，商场两部分的建筑之间还有一些明显的差别

B. 在某些阴天里，商场中天窗下面的部分需要更多的人工灯光来照明

C. 在商场夜间开放的时间里，位于商场中天窗下面部分的各部门的销售额不比其他部门高

D. 位于商场天窗下面部分的各部门，在该商场的其他一些连锁店中也是销售额最高的部门

【答案】C

【解析】首先找到题干的推理"光照能增加销售"。如果C项为真，也就是没有了阳光，销售额不会增加。正好属于没有了前提，就没有了结论。所以是正确答案。

（六）削弱质疑类

【题型特征】

削弱题型是逻辑判断考试的一个重点，归结为此类题型的考题是数量最大的。考试难度增加的主要的一个方面就是削弱题型增加，由于这类题型对考生来说有一定难度，看来这是今后的一个方向，要引起考生足够的重视。其提问方式为："以下哪项如果为真，能够最有力地削弱上述结论"、"以下哪项如果为真，最能削弱上述论证"等。

【考点提炼】

削弱的主要方式有：前提与结论没有联系、推论不可行或没有意义、直接削弱等。

【解题指南】

削弱题型的解题技巧与支持题型的解题技巧大致一样，只不过是其答案对段落推理的作用刚好相反。只要将某选项放入前提与结论之间，使段落推理成立或结论正确的可能性降低，这个选项就是正确答案，所以削弱答案既可以是段落推理不成立的必要条件，也可以是充分条件，还可以是既非充分又非必要条件。

削弱题型的解题关键是首先应明确原文的推理关系，即什么是前提，什么是结论；在此基础上，寻找削弱的基本方向是针对前提、结论还是论证本身。下面对如何削弱，做一个详细分析。首先要明确，要使一个结论为真，必须满足两个条件：①前提真实，②推理或论证形式有效。于是，要反驳或削弱某个结论，通常有这样几条途径：削弱论题（推理的结论）、削弱论据（推理的前提）和削弱论证方式（推理形式）。

如果是削弱结论，那么首先要搞清题干中的结论是什么。

如果是反对什么观点，特别要注意的是问题问的是反对的是谁的观点，什么观点。

如果对推理提出质疑，那么就要搞清题干的推理结构和前提条件是什么，一个有效的推理必须前提成立，推理形式正确，才能得出正确的结论。这类题目要求在选项中确定哪一项为真，能构成对题干中论证的一个反驳，从而也就削弱了该论证的结论。另外，在削弱结论型考题中，有时虽然要确立的选项不直接构成对论题、论据或推理形式的反驳，但作为前提加入到题干的原前提中以后，会减低证据支持度，减低结论的可靠性，从而削弱题干的论证。

如果是削弱论证，那么一定要搞清要削弱什么，这就要求我们要对题干部分的论证进行尽可能的简化，抓住中间最主要的推理关系。解题技巧是寻找一种弱化的方式，使其既可以是肯定选项中与题干的结论不相容的选项，也可以从选项中找到一个使题干的论证不能成立的条件。要构成对题干中的推理的一个反驳，归谬法是一种有效方法，具体就是举出另一个推理，它有同样的形式并且有真实的前提，却得出了假的结论。

1. 前提与结论之间没有联系或有差异

如果前提与结论之间没有联系或有差异，那么，就从这个前提不能必然得出结论，也就很好地起到了削弱作用。

例 1 过去，大多数航空公司都尽量减轻飞机的重量，从而达到节省燃油的目的。那时最安全的飞机座椅是非常重的，因此只安装很少的这类座椅。今年，最安全的座椅卖得最好。这非常明显地证明，现在的航空公司在安全和省油这两方面更倾向重视安全了。

以下哪项，如果为真，能够最有力地削弱上述结论(　　)。

A. 所有航空公司总是宣称他们比其他公司更加重视安全

B. 与安全座椅销售不好的那些年比，今年的油价有所提高

C. 由于原材料成本提高，今年的座椅价格比以往都贵

D. 由于技术创新，今年最安全的座椅反而比一般的座椅重量轻

【答案】D

【解析】题干的逻辑主线是“航空公司购买了更多安全座椅→航空公司在安全和省油这两方面更倾向重视安全”，要削弱这个推理，就是要说明这两者之间是没有联系的。

本题的答案是明显的。题干的论证必须基于一个假设，即今年出售的最安全的座椅，仍然如同过去的那样，由于比一般座椅较重而导致较多的耗油量。否则，就没有理由因为今年最安全的座椅卖得最好，而得出结论：现在的航空公司在安全和省油这两方面更倾向重视安全。D 项断定这一假设不能成立，因此，有力地削弱了题干的结论。其余各项均没有削弱，并且事实上支持了题干的论证。

2. 推论不可行或没有意义

削弱的另一种重要方式是指出推论不可行或没有意义，或直接反对原因，即直接说明原文推理的前提不正确，就达到推翻结论的目的。

例 2 因偷盗、抢劫或流氓罪入狱的刑满释放人员的重新犯罪率，要远远高于因索贿受贿等职务犯罪入狱的刑满释放人员。这说明，在狱中对上述前一类罪犯教育改造的效果，远不如对后一类罪犯。

以下哪项如果为真，最能削弱上述论证(　　)。

A. 与其他类型的罪犯相比，职务犯罪者往往有较高的文化水平

B. 对贪污、受贿的刑事打击，并没能有效地扼制腐败，有些地方的腐败反而愈演愈烈

C. 刑满释放人员很难再得到官职

D. 职务犯罪的罪犯在整个服刑犯中只占很小的比例

【答案】C

【解析】索贿受贿等职务犯罪的条件是具有一定的职务和权力。C项指出了这样一个事实，即刑满释放人员很难再得到官职，这说明职务犯罪的刑满释放人员，和因偷盗、抢劫或流氓罪入狱的刑满释放人员相比，较难具备重新犯罪的条件，因此，不能根据偷盗、抢劫或流氓罪入狱的刑满释放人员的重新犯罪率高于职务犯罪的刑满释放人员，而得出结论：在狱中对上述前一类罪犯教育改造的效果，远不如对后一类罪犯。这就有力地削弱了题干的论证。其余各项均不能削弱题干。

3. 存在别的因素影响推论

如果题干是以一个事实、研究、发现或一系列数据为前提推出一个解释上述事实或数据的结论，要削弱这个结论，就可以通过指出有其他可能来解释原文事实，即存在别的因素影响推论。

例3　被疟原虫寄生的红血球在人体内的存在时间不会超过120天。因为疟原虫不可能从一个它所寄生衰亡的红血球进入一个新生的红血球，因此，如果一个疟疾患者在进入了一个绝对不会再被疟蚊叮咬的地方120天后仍然周期性高烧不退，那么，这种高烧不会是由疟原虫引起的。

以下哪项如果为真，最能削弱上述结论(　　)。

A. 由疟原虫引起的高烧和由感冒病毒引起的高烧有时不容易区别

B. 携带疟原虫的疟蚊和普通的蚊子很难区别

C. 引起周期性高烧的疟原虫有时会进入人的脾脏细胞，这种细胞在人体内的存在时间要长于红血球

D. 除了周期性的高烧只有到疟疾治愈后才会消失外，疟疾的其它某些症状会随着药物治疗而缓解乃至消失，但在120天内仍会再次出现

【答案】C

【解析】如果C项为真，则能说明：如果一个疟疾患者在进入了一个绝对不会再被疟蚊叮咬的地方120天后仍然周期性高烧不退，那么，这种高烧仍然可能是由进入人的脾脏细胞的疟原虫引起的，这就有力地削弱了题干的结论。其余各项均不能削弱题干。

4. 直接削弱推论

首先明确题干的结论或观点是什么，如果我们找到一个选项与其刚好相违背即为正确答案，这种削弱方式就是“直接削弱推论”。

例 4 美国的一个动物保护组织试图改变蝙蝠在人们心目中一直存在的恐怖形象。这个组织认为，蝙蝠之所以让人觉得可怕和遭到捕杀，仅仅是因为这些羞怯的动物在夜间表现出特别的活跃。

以下哪项如果为真，将对上述动物保护组织的观点构成最严重的质疑(　　)。

A. 蝙蝠之所以能在夜间特别活跃，是由于它们具有在夜间感知各种射线和声波的特殊能力

B. 蝙蝠是夜间飞行昆虫的主要捕食者。在这样的夜间飞行昆虫中，有很多是危害人类健康的

C. 蝙蝠在中国及其他许多国家同样被认为是一种恐怖的飞禽

D. 美国人熟知的浣熊和中国人熟知的食蚊雀，都是些在夜间特别活跃的羞怯动物，但在大众的印象中一般并没有恐怖的印象

【答案】D

【解析】题干中所陈述的动物保护组织的观点是：蝙蝠之所以让人觉得可怕并遭到捕杀，仅仅是因为这些羞怯的动物在夜间表现出特别的活跃。D 项如果为真，则对上述观点提出了一个有力的反例：浣熊和食蚊雀，都是在夜间特别活跃的羞怯动物，但在人们的印象中一般并没有恐怖的印象，因而对题干的观点形成有力的质疑。

5. 以偏概全

以偏盖全是不完全归纳推理时容易出现的逻辑错误，如果题干的推理出现了这种逻辑错误，削弱的方式就是找出理由，说明用这种不完全归纳得出的结论是错误的。其实这类题型的削弱方式是“前提与结论没有联系或有差异”的一种特例。

例 5 为了估计当前人们对管理基本知识掌握的水平，《管理者》杂志为读者开展了一次管理知识有奖答卷活动。答卷评分后发现，60%的参加者对于管理基本知识掌握的水平很高，30%左右的参加者也表现出了一定的水平。《管理者》杂志因此得出结论，目前社会群众对于管理基本知识的掌握还是不错的。

以下哪项如果为真，则最削弱以上结论(　　)。

A. 管理基本知识的范围很广，仅凭一次答卷得出结论未免过于草率

B. 管理基本知识的掌握与管理水平的真正提高还有相当的差距

C. 并非所有的《管理者》的读者都参加了此次答卷活动

D. 从定价、发行渠道等方面看，《管理者》的读者主要集中在高等学历知识阶层

【答案】D

【解析】题干的逻辑主线是："《管理者》杂志的读者管理知识水平高→社会群众对于管理知识掌握得好"，要削弱这个推理，就是要说明这两者之间是有差异的，即《管理者》杂志的读者不是社会群众的代表，题干推理犯了以偏概全的错误。如果D项为真，则由于事实上《管理者》的读者主要是高学历者和实际的经营管理者，不能代表所有人群，形成了以偏概全的选项。选项B与题干结论无关，选项A、C对题干结论构成轻度质疑，C在质疑抽样数据的可靠性与可信性，但比较而言，D项的质疑最根本。

6. 因果倒置

如果某两类因素A和B紧密相关，题干就指出A是造成B的原因，那么要削弱它，就可以说明B是造成A的原因，这就是所谓的"因果倒置"。

例6　一项调查统计显示，肥胖者参加体育锻炼的月平均量，只占正常体重者的不到一半，而肥胖者的食物摄入的月平均量，基本和正常体重者持平。专家由此得出结论，导致肥胖的主要原因是缺乏锻炼，而不是摄入过多的热量。

以下哪项如果为真，将严重削弱上述论证(　　)。

A. 肥胖者的食物摄入月平均量总体上和正常体重者基本持平，但肥胖者中有人是在节食

B. 肥胖者由于体重的负担，比正常体重者较为不乐意参加体育锻炼

C. 某些肥胖者体育锻炼的平均量，要大于正常体重者

D. 体育锻炼通常会刺激食欲，从而增加食物摄入量

【答案】B

【解析】B项说明肥胖者是因为体重负担才缺乏锻炼的，将题干中的因果关系倒置，从而削弱了题干的论证关系。注意因果倒置的削弱方式强调先后问题。

（七）评价类

【题型特征】

此种类型题目的提问方式一般为："为了对上述断定做出评价，回答以下哪个问题最为重要"、"为了评价上述论证的正确性，回答以下哪个问题最为重要"、"为了评价上述结论的确切程度，以下哪项操作最为重要"、"下面哪一个选项与题干中的……最为类似"、"下面哪一个选项与题干中的……不同"等。

【考点提炼】

评价考题主要考查我们评价论点的能力，由于评价在很多情况下是针对段落推理成立的隐含假设起作用，所以读题时要注意体会段落推理的隐含假设，然后去寻找一个能对段落推理起到正反两方面作用的选项。

形式比较型考题是主要从形式结构上比较题干和四个选项之间的相同或不同，即比较几个不同推理在结构上的相同或者不同。

【解题指南】

评价的要领：什么样的选项才可以称之为评价？

当选项为一般疑问句时，对这个问句有两方面的回答——“是”和“否”。若对这个问句回答“是”是对段落推理起到了支持作用，同时对这个问句回答“否”，就对段落推理起到了驳斥作用；若对这个问句回答“是”对段落推理起到了反对作用，同时对这个问句回答“否”，就对段落推理起到了支持作用。于是，这个问题就对段落推理有评价作用。要特别引起注意的是，正确的选项一定是对这个问句的“是”与“否”的回答都起作用，如果仅仅对一方面回答起作用，则不是评价。

解形式比较型题目的基本思路是，从具体的、有内容的论述中抽象出一般的形式结构。做这类题型只考虑推理结构和形式，而不考虑其内容的对错，一种出题方式就是题干本身的推理是错误，来对考生造成一定的思维困扰。

例 1 一支攻击型军队必须具有“三大件”：一是航母编队，一是战略机，一是海外军事基地。目前中国“一无所有”，根本无法形成攻击链。因此，聪明的兰德公司认为：“中国距离‘破坏’地区军事平衡还相差很远。”

下面哪一选项在论证方式上与题干相同（　　）。

A. 崛起的中国必须以强大的军事力量支撑自己的脊梁。中国要崛起，所以，中国必须拥有强大的军事力量

B. 只有聪明且勤奋，才能有大成就；李明既不聪明也不勤奋，所以，他不会有大成就

C. 如果吃高蛋白、高热量和高脂肪的食品过多，就会发胖；我很少吃这类食品，所以，我不会发胖

D. 如果 139 是偶数，则它就能够被 2 整除；139 不能被 2 整除，所以，139 不是偶数

【答案】B

【解析】寻找相似的论证方式。首先题干中的论证方式是：只有 P 才 Q，非 P，所以非 Q。A 项的论证方式是：只有 P 才 Q，Q，所以 P。与题干论证方式不同。B 项的论证方式也是：只有 P 才 Q，非 P，所以非 Q。与题干相同。C 项的论证方式是：如果 P，那么 Q；非 P，所以，非 Q。与题干不同。D 项的论证方式是：如果 P，那么 Q；非 Q，非 P。与题干不同。故答案选 B。

例 2 哈丁争论说，人们使用起共同拥有的（即对任何使用者开放的）牧场比使用私人的牧场更不注意。每个放牧者都有过度使用公地的冲动，因为从中获得

的利益将归于个人，而由于过度使用土地而引起的土地质量下降的成本由所有使用者分摊。但一项研究比较了2.17亿英亩的公用牧场和4.33亿英亩的私人牧场，表明公用牧场的条件更好。

与哈丁的宣称做比较，评价以上描述的这项研究的意义时，以下哪一个问题的答案将最有用(　　)。

A. 有没有一些放牧者，他们的土地属于被研究之列，既使用公用又使用私人土地

B. 那些自己的土地属于被研究之列的放牧者是否倾向于更愿意使用公地而不使用私人土地来放牧

C. 在用来放牧之前，该研究中的私人土地是否与公地的质量相当

D. 该研究中的公地使用者是否至少与私人土地的使用者一样有钱

【答案】C

【解析】哈丁的宣称是因为过度使用，公地比私人牧地条件恶化更快。研究表明，公地现在的状况更好，但如果在放牧前，私人土地与公地的质量不相当，公用牧地的条件就远远好于私人牧地，该研究中指出的现象就不会削弱哈丁的宣称。反之，如果在放牧之前私人土地与公地的质量确实相当，那么该研究中指出的现象就能削弱哈丁的宣称。因此，C能起到评价作用。A不合适，因为不管某些放牧者使用两种土地还是只使用公地，该研究都可削弱哈丁的宣称；同样，不管放牧者是否更喜欢使用公地，如B所说，该研究都可削弱哈丁的宣称；而D不合适是因为如果公地的使用者更加富有，或更不富有，都不会使研究的说服力减小。

当选项为特殊疑问句或陈述句时，如果对这些选项的回答的精确信息，可以使上面的推理成立或不成立，即对这个精确的信息，加入“否定”之后，对段落推理成立方向刚好与原来相反，那么这个选项就为评价。

【真题回顾】

1. 现有如下假设：所有纺织工都是工会成员；部分梳毛工是女工；部分纺织工是女工；所有工会成员都投了健康保险；没有一个梳毛工投了健康保险。

下列结论中从上述假设中推不出来的是(　　)。(中国石化)

A. 所有纺织工都投了健康保险

B. 有些女工投了健康保险

C. 有些女工没有健康保险

D. 工会的部分成员没有投健康保险

2. 某公司所有的销售人员都是男性，所有的文秘都是女性，所有的已婚者都是文秘，公司的总经理尚未结婚。据此，我们可以知道(　　)(中国石化)

A. 总经理是男性

B. 已婚者中有男性

C. 女工中可能有未婚者

D. 销售人员中有的已经结婚

3. 宏远期货拿到牌照以后打算在北京、上海、天津、广州四个城市开展A、B、C三类资管业务，据可靠消息，北京和广州开展了的是同一类资管业务，天津和上海开展的不是A类资管业务。

下面推断不准确的是：(　　)(中国工商银行)

A. 天津开展B类资管业务

B. 北京开展A类资管业务

C. 上海开展C类资管业务

D. 广州开展C类资管业务

4. 几位同学对物理竞赛的名次进行猜测。

小钟说"小华第三，小任第五。"

小华说："小闽第五，小官第四。"

小任说："小钟第一，小闽第四。"

小闽说："小任第一，小华第二。"

小官说："小钟第三，小闽第四。"

已知本次竞赛没有并列名次，并且每个名次都有人猜对。那么，具体名次应该是：(　　)(中国石化)

A. 小华第一、小钟第二、小任第三、小闽第四、小宫第五

B. 小闽第一、小任第二、小华第三、小官第四、小钟第五

C. 小任第一、小华第二、小钟第三、小官第四、小闽第五

D. 小任第一、小闽第二、小钟第三、小官第四、小华第五

5. 有红、蓝、黄、白、紫五种颜色的皮球，分别装在五个盒子里。甲、乙、丙、丁、戊五人猜测盒子里皮球的颜色。甲：第二盒是紫的，第三盒是黄的。乙：第二盒是蓝的，第四盒是红的。丙：第一盒是红的，第五盒是白的。丁：第三盒是蓝的，第四盒是白的。戊：第二盒是黄的，第五盒是紫的。猜完之后打开盒子发现，每人都只猜对了一种，并且每盒都有一个人猜对。由此可以推测：(　　)(中国石化)

A. 第一个盒子内的皮球是蓝色的

B. 第三个盒子内的皮球不是黄色的

C. 第四个盒子内的皮球是白色的

D. 第五个盒子内的皮球是红色的

6. 甲、乙和丙，一位是山东人，一位是河南人，一位是湖北人。现在只知道：丙比湖北人年龄大，甲和河南人不同岁，河南人比乙年龄小。

由此可以推知(　　)(交通银行)

A. 甲不是湖北人

B. 河南人比甲年龄小

C. 河南人比山东人年龄大

D. 湖北人年龄最小

7. 甲、乙、丙、丁四个人分别来自北京、天津、上海和重庆，现在，确定不了他们分别来自哪一个省份，现在知道：

(1)甲和丙奉命去外地出差，他们到了上海。

(2)来自天津的那个人曾经请乙和来自重庆的那个人一起吃饭。

(3)来自重庆的那个人喜欢和甲、丁聊天。

以下说法正确的是(　　)(中国银行)

A. 甲来自上海，乙来自重庆，丙来自天津，丁来自北京

B. 甲来自天津，乙来自重庆，丙来自上海，丁来自北京

C. 甲来自北京，乙来自上海，丙来自重庆，丁来自天津

D. 甲来自重庆，乙来自天津，丙来自北京，丁来自上海

8. 在某餐馆中，所有的菜点或属于川菜系或属于粤菜系，张先生的菜中有川菜，因此，张先生点的菜中没有粤菜。

以下哪项最能增强上述论证？(　　)(中国石化)

A. 餐馆规定，点粤菜就不能点川菜，反之亦然

B. 餐馆规定，如果点了川菜，可以不点粤菜，但点了粤菜，一定也要点川菜

C. 张先生是四川人，只喜欢川菜

D. 张先生是广东人，他喜欢粤菜

9. 如果面粉价格继续上涨，佳食面包店的面包成本必将大幅度增加。在这种情况下，佳食面包店将会考虑以扩大饮料的经营来弥补面包销售利润的下降。但是，佳食面包店只有保证面包销售利润不下降，才可避免整体收益明显减少。以下哪项陈述可以从上文得出？(　　)(中国石化)

A. 如果佳食面包店的整体收益减少，它购买面粉的成本将继续增加

B. 如果佳食面包店的整体收益减少，要么扩大饮料的经营，要么减少面包的销售

C. 如果面粉的价格继续上涨，佳食面包店的整体收益将明显减少

D. 即使佳食面包店的整体收益不减少，购买面粉的成本也不会降低

10. 人们一直认为“逻辑思维是人类所特有的”。然而，一流的棋手却输给了计算机。但这并不表明“逻辑思维是人类所特有的”这一观点是不正确的。下列选项中，能解释上述结论的是：(　　)(中国石化)

A. 计算机“棋手”是按人类编制的程序来下棋的

B. 许多人认为逻辑思维并不是人类所特有的

C. 计算机可以在许多方面超过人类并帮助人类

D. 许多人的下棋水平都很低

11. 某大学邀请经济学家甲来做报告，结果到场人数超过1000人；该大学准备邀请经济学家乙来做报告，到场人数仍会超过1000人。那么，以下哪项假设为真，上述推断成立？(中国银行)

A. 这次报告会比上次多出一小时的时间，应该吸引更多的学生

B. 经济学家甲和经济学家乙对学生的吸引程度差不多

C. 很多同学错过了前面的报告，正好在这次得到精神上的补偿

D. 该大学加大了这次报告的宣传力度，有更多的学生知晓

12. 黑脉金蝴蝶幼虫先折断含毒液的乳草属植物的叶脉，使毒液外流，再食入整片叶子。一般情况下，乳草属植物叶脉被折断后其内的毒液基本完全流掉，即便有极微量的残留．对幼虫也不会构成威胁。黑脉金蝴蝶幼虫就是采用这样的方式以有毒的乳草属植物为食物来源直到它们发育成熟。以下哪项最可能是上文所作的假设？(中国石化)

A. 幼虫有多种方法对付有毒植物的毒液，因此，有毒植物是多种幼虫的食物来源

B. 乳草属植物的叶脉没有进化到黑脉金蝴蝶幼虫不能折断的程度

C. 除乳草属植物外，其它有毒植物已经进化到能防止黑脉金蝴蝶幼虫破坏其叶脉的程度

D. 黑脉金蝴蝶幼虫成功对付乳草属植物毒液的方法不能用于对付其它有毒植物

13. 婴儿期的记忆缺失现象，是指婴儿不能记住生命中最初的两年或三年里发生的事情，以往对这一现象的解释是：婴儿这一时期不能形成持久的关于自身经验的表征，即没有相关的记忆的存在，因此无法利用早期记忆。但近来的研究却发现事实并非如此，婴儿能够回忆较早的经验，并且在婴儿期内相隔相当长的一段时间内都能回忆。因此，研究者认为并不是所有婴儿都存在记忆缺失的现象。上述推论中隐含的假设是(　　)。(中国石化)

A. 婴儿的短期记忆优于长期记忆

B. 自身经验的表征和记忆密切相关

C. 能够回忆相关经验意味着一定存在记忆

D. 记忆缺失常常是由于难以提取记忆线索引起的

14. 某个推销员对顾客说：机芯是洗衣机的核心部件。白鸽牌洗衣机采用与小汤姆牌洗衣机相同的机芯——产自德国菲洛品牌的高质量机芯。但是小汤姆牌洗衣机的价格远远高于白鸽牌洗衣机，所以，如果你想花少的钱却能得到好的洗衣效果，那你就应该选择购买白鸽牌洗衣机而不是小汤姆牌洗衣机。以下哪项如果被证实，能合理地推出该推销员的结论？（　　）（中国石化）

A. 白鸽牌洗衣机是国产的，小汤姆牌洗衣机是进口的，白鸽牌洗衣机的保修更方便快捷

B. 推销员推销-台白鸽牌洗衣机所得到的收入比卖出-台小汤姆牌洗衣机得到的收入要多

C. 生产白鸽牌洗衣机的工厂与德国菲洛公司的合作历史悠久，而小汤姆牌洗衣机只是最近才采用德国菲洛公司的机芯

D. 洗衣机的洗衣效果仅仅是由它的机芯质量决定的

15. 测谎器已被证明有时可能被蒙骗。如果受测者真的不知道自己在说谎，而实际上他说了假话，那么测谎器就没有价值了。

据此可知：（　　）（中国石化）

A. 测谎器经常是不准确的

B. 测谎器在设计上是没什么价值的

C. 有些撒谎者可以轻易地蒙骗测谎器

D. 测谎器有时也需要使用者的主观判断

16. 科技工作者因尽到了道德义务而受到社会的尊重。如果个别科技工作者出于私利支配，背离真善美的良知，做出危害社会的科技行为选择，如为法西斯侵略战争服务，他们就要受到社会舆论的谴责，就要受到社会的制裁。还有一类不正当的科技行为，如非法占有他人成果，这也应受到谴责和制裁。要防止类似事情的发生，科技人员的良知作用非常大。可见（　　）。（中国石化）

A. 对于剽窃他人成果的人要处以重罚

B. 科技人员应遵守的道德规范要比普通人高

C. 科技的发展与进步，需要科技工作者道德素质的提高

D. 要用法制来规范科研工作

17. 西方发达国家的大学教授几乎都是得到过博士学位的。目前，我国有些高等学校也坚持在招收新教员时，有博士学位是必要条件，除非是本校的优秀硕士毕业生留校。

根据以上论述，最可能得出以下哪一结论？（　　）。（中国石化）

A. 在我国，大多数大学教授已经获得了博士学位，少数正在读在职博士

B. 在西方发达国家，得到博士学位的人都在大学任教

C. 在我国，有些高等学校的教师都有了博士学位

D. 在我国一些高校，得到博士学位的大学教师的比例在增加

18. 一个人在用餐之后是昏昏欲睡还是精神饱满与所用食物中的蛋白质有关。多数蛋白质中都含有一种叫酪氨酸的氨基酸，它进入大脑，促使多巴胺和新肾上腺素的形成，从而使人易兴奋。禽类和鱼类含酪氨酸最多。不过并非所有含酪氨酸的食品都能使大脑兴奋。猪肉中含酪氨酸，但脂肪妨碍了它的吸收。由上可以推出(　　)。(中国石化)

A. 含蛋白质越多的食物越利于智力增长

B. 鱼类中的蛋白质易于消化吸收

C. 鱼类中含丰富的多巴胺类物质

D. 猪肉中脂肪含量多于鱼类

19. 据某省卫生防疫部门统计，被狗咬伤后到医疗机构接种狂犬疫苗的人中，仅有1%感染上了狂犬病。但也有些人被狗咬伤后仅是在家自行处理。该省卫生防疫部门据此推测，被狗咬伤的人群中，感染狂犬病的人所占比例高于1%。

以下最有力支持这一推测的是(　　)。(中国石化)

A. 该省的狂犬病预防知识普及工作做得不好

B. 该省境内饲养的狗大都没有注射狂犬疫苗

C. 感染狂犬病的病例必须上报省级防疫部门

D. 及时接种疫苗是预防狂犬病的最有效方法

20. 科学家研究发现，由能承担部分母亲角色的机器替代母亲“养育”的雌性大猩猩幼崽，当它们有后代时，难以承担母亲的角色。而人类与大猩猩具有很大的相似性，所以婴儿不应该由保姆或日托中心来管，而只应该由他们的亲生母亲来抚育。

下列哪一陈述为真，最能加强作者的结论(　　)(中国石化)

A. 研究表明大猩猩的个体差异不显著

B. 当由机器替代母亲“养育”长大的雌性大猩猩有后代时，可以教会它们一些抚育技能

C. 即使由亲生母亲抚育较短一段时间的大猩猩幼崽，长大后也能承担母亲的角色

D. 由亲生母亲之外的其他雌性大猩猩抚育的大猩猩幼崽，当它们有后代时，都不能承担母亲的角色

21. 青春中学的一些数学老师取得了硕士学位。因此，青春中学的有些男老

师取得了硕士学位。

以下哪项为真，最能支持上述论证的成立？(　　)(中国石化)

A. 青春中学的数学老师都是男教师

B. 青春中学的男教师中有些是教数学的

C. 青春中学的数学教师中有些是男教师

D. 一些青春中学的女性数学教师并没有取得硕士学位

22. 近年来，A 凉茶饮料的销量有了明显的增长，同时，生产该饮料的公司用于该饮料的保健效用的研发费用也同样明显的增长。业内人士认为，A 凉茶饮料的增长，得益于其保健效用的提升。

以下哪项为真，最能削弱上述结论？(　　)(中国石化)

A. 在饮料消费市场中，凉茶饮料所占的份额只有 10%

B. 市面上保健效用被公认为最好的 B 凉茶饮料的销量并不如 A 凉茶饮料

C. 近年来，市面上不少品牌的凉茶饮料的销售量都有了大幅度提升

D. 消费者购买 A 凉茶饮料，是因为该饮料的口味宜人、包装时尚

23. H 市的交通管理部门表示，和去年相比，今年我市市区的道路通行有明显改善。该部门负责人认为，这是由于我市聘用了大量的交通协管员。

以下哪项最不能削弱该负责人的结论？(　　)(中国石化)

A. 今年初，H 市专门召开会议对交通问题进行认真研究和整顿

B. 许多专家认为，聘用大量的交通协管员的成本巨大，得不偿失

C. 今年初，H 市市区的道路新建扩建工程刚刚结束

D. 今年 H 市对驶入市区的车辆进行了严格的限制，许多大货车、外地车在交通“高峰”时期不能进入市区

24. 自“酒驾”入刑以来，由于“酒驾”而导致的交通事故已经下降了 40%. 因此，刑罚比思想教育在塑造人们的行为方面更有效。

以下信息如果为真，能够最有效反驳上述结论的是(　　)(中国农业银行)

A. 部分因“酒驾”被判刑的人员在获释后依然还有“酒驾”行为

B. 大部分民众表示自己由于考虑到“酒驾”可能造成的严重后果而放弃了“酒驾”行为

C. 自“酒驾”入刑以来，因“酒驾”而导致的严重交通事故并没有明显减少

D. 自“酒驾”入刑以来，社会各界均加大了对“酒驾”严重后果的宣传和教育力度

25. 科学家在北极地区的一个岛—埃尔斯米尔岛上发现了一片 5500 万年前的森林化石，化石中，有长度大约 1 米的树根，也有长度超过 10 米的树干。因此研究人员推断，这里原来应该是一片巨大茂密的森林，并且曾经和北极、欧洲、

北美是同一片大陆。

以下哪项如果为真，不能支持上述结论？(中国农业银行)

A. 北极地区在5500万年前气候相比现在要暖和得多，可见今天的北极地区在当时是没有冰雪的

B. 这片化石中发现了不同的植物种类，其中最多的是大红杉遥。尽管大红杉是耐寒植物，但它的原产地却在今天的美国西部

C. 这片森林与今天大西洋两岸的植物之间有很大的生物相似性，可以推断它们曾经是一片连接的森林

D. 埃尔斯米尔岛所在地区在最近一次冰川期地形发生变化冰川的压力使其与欧洲和北美连接的部分陆地沉到海平面以下，形成了今日的北极群岛

【参考答案与解析】

1. D【解析】由“所有工会成员都投了健康保险”而“所有纺织工都是工会成员”可推出“所有纺织工都投了健康保险”，即A；又由“所有纺织工都投了健康保险”，而“部分纺织工是女工”可以推论出“有些女工投了健康保险”，即B；由“没有一个梳毛工投了健康保险”，而由“部分梳毛工是女工”可以推出“有些女工没有健康保险”，即C；D与陈述“所有工会成员都投入了健康保险”矛盾，所以答案为D。

2. C【解析】用欧拉图或文氏图表示比较直观。题目仅仅说总经理是未婚者，那么总经理也可能是女性，A项错误；已婚者都是女性，B项错误；女员工中可能有未婚者，C项正确；销售人员都未婚，D项错误。所以，选C。

3. B【解析】四个选项中，B、D项矛盾，B、D项必然一真一假，A、C项为真，则北京和广州开展的是A类资管业务，B项正确，D项错误。所以答案选B。

4. C【解析】每个名次都有人猜对。那么根据题中信息可以列出以下内容，猜第一名的有：小钟，小任；猜第二名的有：小华；猜第三名的有：小华，小钟；猜第四名的有：小官，小闽；猜第五名的有：小任，小闽。因为每个名次都有人猜对，所以猜第二名的只有小华，所以小华是第二名。因为答案只有C是小华排第二。继续推的话，小华第二，所以第三名中只能是小钟，那么第一名就只有小任了，第五名除掉小任就剩下小闽了，最后的第四名只剩下小官了。验证后选C项。

5. C【解析】我们发现提到第一个盒子只有一次，又因为每盒都有一个人猜对，所以第一盒必然是红的。根据甲的话，可知第三盒是黄的，根据乙的话可知第二盒是蓝的，根据丁的话可知第四盒是白的。第五个盒子为紫色。故选C。

6. D【解析】题干中最后两条信息同时涉及河南人，所以我们以河南人为突破

口。“甲和河南人不同岁”说明河南人不是甲；同理，“河南人比乙年龄小”说明河南人不是乙，所以河南人只能是丙。题干中“丙(河南人)比湖北人年龄大”和“河南人比乙年龄小”说明湖北人年龄最小。同时我们还可以进一步推出，湖北人不是乙，所以湖北人是甲，而山东人是乙。所以年龄从大到小是山东人、河南人、湖北人。

7. C【解析】由(2)可知来自重庆的不是乙，由(3)可知来自重庆都不是甲或丁，则来自重庆的是丙，因此选C项。

8. A【解析】考查相容选言推理规则。将前提中的相容选言改为不相容选言，因此选A。

9. C【解析】复言命题推理。题干逻辑关系为：(1)面粉价格上涨→面包成本增加，面包销售利润下降；(2)避免整体收益明显减少→保证面包销售利润不下降。面包店的整体收益减少，否定了(2)的前件，根据推理规则，不能得到否定后件，A、B两项无法推出。面粉的价格继续上涨，由(1)得，面包销售利润下降，否定了(2)的后件，可得到否定的前件，即整体收益明显减少，故C项正确。面包店的整体收益不减少，由(2)得，面包销售利润不下降，又由(1)得，面粉价格不上涨，故D项错误。故答案选C。

10. A【解析】思维是人脑对客观现实的概括和间接的反映，反映的是事物的本质和事物间规律性的联系，包括逻辑思维和形象思维。思维是人类所特有的，计算机之所以能赢，源于它是按照人类编制的程序来下棋的，其实也是一种思维，所以答案为A。

11. B【解析】题干当中论据讲的是经济学家甲做报告的到场人数，最终得出经济学家乙做报告的到场人数，显然两者无任何关联，那么B选项给二者建立了联系属于搭桥，因此答案选B。

12. B【解析】前提型题目。题干由“乳草属植物叶脉被折断后其内的毒液基本完全流掉，即便有极微量的残留，对幼虫也不会构成威胁”得出结论“黑脉金蝴蝶幼虫通过折断乳草属植物的叶脉的方式以有毒的乳草属植物为食物来源直到它们发育成熟”。B项是必须假设的，否则，黑脉金蝴蝶幼虫不能采用这样的方式以乳草属植物为食物来源，题干结论将不成立；A项与题干论证无关；C、D两项也不是必须假设的，因为即使黑脉金蝴蝶幼虫能以其它有毒植物为食物来源，题干结论仍然成立。故答案选B。

13. C【解析】研究者是通过婴儿能回忆相关经验，得出并不是所有婴儿都存在记忆缺失的现象。需要把相关经验和记忆联系起来，排除A、D项。比较B、C项，C项更能支持题干结论，缺少C项就不能使题干成立。

14. D【解析】题干结论是最后一句，论据是：白鸽牌洗衣机价格更低但机芯

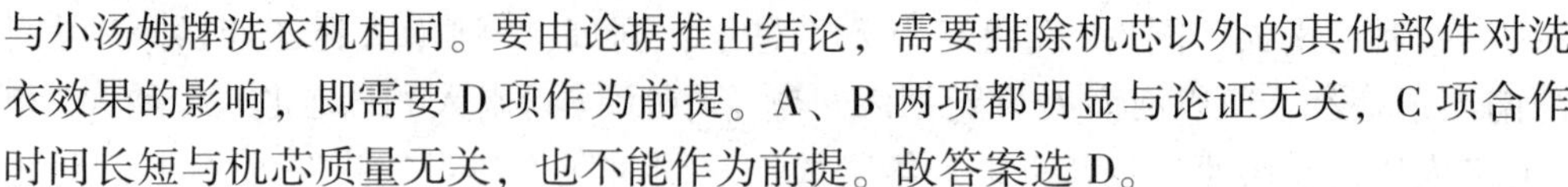

与小汤姆牌洗衣机相同。要由论据推出结论，需要排除机芯以外的其他部件对洗衣效果的影响，即需要 D 项作为前提。A、B 两项都明显与论证无关，C 项合作时间长短与机芯质量无关，也不能作为前提。故答案选 D。

15. D【解析】A 项“经常”不正确，题干说的是“有时”；B 项过于绝对，题干说的是受测者不知道自己在说谎时测谎器可能被蒙骗；C 项说法不准确，由于测谎器有时可能被蒙骗，因此也需要使用者的主观判断，D 项正确。故答案选 D。

16. C【解析】“对于剽窃他人成果的人要处以重罚”不是陈述所要表达的主题“道德”、“良知”所能推论出来的，所以 A 不正确；陈述没有做科技人员与普通人应遵守道德规范高低的比较，所以无法直接从陈述中推出 B；陈述的主题是“道德”，“用法制来规范科研工作”偏离了道德主题，故排除 D；只有 C 符合题意。

17. D【解析】题干中谈到，西方发达国家的大学教授几乎都是得到过博士学位的，但是西方国家得到过博士学位的未必都在大学任教，所以选项 B 很难成立。题干中说，“我国有些高等学校也坚持在招收新教员时，有博士学位是必要条件”，并不意味着“我国有些学校的教师都有了博士学位”，也不意味着“我国大多数大学教授已经获得了博士学位，少数正在读在职博士”，所以选项 C 和 A 都很难成立。选项 D 最有可能，因为我国有些高等学校在招收新教员时要求必须有博士学位，这样在这些学校的教师中获得博士学位的就会增加。所以，正确答案是 D。

18. D【解析】陈述中只说“蛋白质……使人易兴奋”，而并无法推出有利于智力增长，故排除 A；陈述中没有关于“消化吸收的说明”，故排除 B；陈述中说“蛋白质酪氨酸……促使多巴胺……的形成”，而不是“含丰富的多巴胺”，故排除 C；由陈述可知猪肉和鱼类中都含有酪氨酸，由“猪肉中……脂肪妨碍了它的吸收”可以推断出“猪肉中脂肪含量多于鱼类”，即答案为 D。

19. D【解析】题干由“卫生部门统计在被狗咬伤后到医疗机构接种狂犬疫苗的人中，仅有 1%感染狂犬病，但有些人是在家进行自行处理”，得出推测“被狗咬伤的人群中，感染狂犬病的人占的比例高于 1%”。要支持这一推测，即要说明在家处理感染狂犬病的可能性更高，即 D 项。A、B、C 项都不足以支持这一推测。放答案选 D。

20. D【解析】题干是一个类比推理，通过大猩猩的实验得出婴儿不应由保姆或日托中心来照管的结论。D 项如果为真，则通过类比可以说明题干结论正确。A、B 两项都与作者的结论无关；C 项如果为真，说明婴儿只需由母亲抚育较短时间，削弱了结论。故答案选 D。

21. A【解析】考查概念间关系。“有些数学老师取得了硕士学位”，“数学老

师”与“硕士学位”的关系：(1)交叉关系；(2)包含(于)关系；(3)全同关系。“有些男教师取得了硕士学位”，“男教师”与“硕士学位”的关系：(1)交叉关系；(2)包含(于)关系；(3)全同关系。要想得到“有些男教师取得了硕士学位”的结论，则“数学老师”与“男教师”应该是全同关系或者包含于关系，即“所有数学教师都是男教师”，故选A。

22. D【解析】题干观点是最后一句，即认为A凉茶饮料的增长是因为其保健效用的提升。D项说明题干现象是“另有他因”，直接削弱了题干观点，是最削弱项；A、C两项是无关项；B项B凉茶饮料的销量可能还受到其他因素的影响，削弱程度不如D项。故答案选D。

23. B【解析】论点：和去年相比，今年我市市区的道路通行有明显改善，论据：该部门负责人认为，这是由于我市聘用了大量的交通协管员。A、C、D都指明论点的成立可能有另外的原因，属于他因削弱；B提到的重点是成本巨大，与道路通行改善无关，所以属无关选项。综上，故正确答案为B。

24. D【解析】削弱论证型。题干中的论点是，刑罚比思想教育在塑造人们的行为方面更有效。D选项中谈到酒驾入刑带动了社会各界对酒驾严重后果的宣传和教育力度，这就说明并不是因为刑罚有效地塑造人们的行为，而是思想教育的作用，直接削弱论点。故选D。

25. B【解析】研究人员的结论是“这里原来应该是一片巨大茂密的森林，并且曾经和北极、欧洲、北美是同一片大陆”。A、C、D三项分别从不同角度支持了题干观点；B项原产地在美国并不能说明和北美相连，因此不能支持题干结论，故答案选B。

第五部分 通用职业能力测试之资料分析

资料分析主要测查应试者对各种形式的文字、图形、表格等资料的综合理解与分析加工的能力，实质就是考察考生从资料中提取和整合信息的能力。

为了准确而快速地理解资料所传递的信息，必须提前消化一些常识性的概念，更重要的是要具备解决此类问题的系统方法和思路。

【必备概念】

1. 现期量、基期量

(1) 增加 N 倍：

现期量=基期量+基期量×N=基期量×(1+N)

基期量=现期量÷(1+N)

(2) 减少 M 倍：

现期量=基期量-基期量×M=基期量×(1-M)

基期量=现期量÷(1-M)

(3) 增长了 $x\%$：

现期量=基期量+基期量×$x\%$=基期量×(1+$x\%$)

基期量=现期量÷(1+$x\%$)

(4) 减少了 $y\%$：

现期量=基期量-基期量×$y\%$=基期量×(1-$y\%$)

基期量=现期量÷(1-$y\%$)

2. 增长量(增量)、减少量(减量)

增长量=现期量-基期量

减少量=基期量-现期量

3. 百分数

(1) 量 A 占量 B 的百分比例：$A÷B×100\%$

【例】某学校有 50 万学生，其中硕士有 17 万，则硕士占全校的百分之几？

【解】17÷50×100%=34%。

【例】某学校有硕士生 17 万，占全校学生的 34%，请问全校学生共有多少人？

【解】17÷34%=50万。

（2）成数：几成相当于十分之几

【例】某单位有300名员工，其中有60人是党员，则党员占总人数的几成？

【解】$60\div300=\frac{2}{10}$，即两成。

（3）折数：几折相当于十分之几

【例】某服装原价500元，现价380元，则该服装打了几折？

【解】$380\div500=\frac{7.6}{10}$，即七六折。

【注】打N折是指“便宜到原价的$\frac{N}{10}$”。

4. 百分点

和百分数基本类似，但百分点不带百分号，例如：增幅提高了5%，即提高了5个百分点。

（1）量之间的比较一般用“百分数”表示，需要先相减后再除以基期值；

（2）增长率或者增幅之间的比较一般用“百分点”来表示，直接相减即可。

【例】某地去年汽车销售总额比前年增加了8%，今年汽车销售总额比去年增加了13%，则今年汽车销售总额增幅提高了多少个百分点？

【解】13%-8%=5%，即5个百分点。

（3）“三角上溯”模型

【例】下表显示某国2004年、2005年、2006年三年GNP变化情况：

年份	2004	2005	2006
GNP（亿欧元）	X	Y	2500
GNP增长率（%）		r	20
GNP增长率变化			提高了5个百分点

【问】请问该国2004年GNP为多少？

提示：上例中演示了一个简单的倒推两年的计算过程，虽然条件只给了2006年的各种量，但却可以上溯求出2004的值。这个过程虽然看似简单，但在资料分析试题当中却经常难倒大量考生。希望各位考生对这个“三角上溯”的模型烂熟于心，在考场上即使遇到较为复杂的计算过程与数字，也应该保持清醒的头脑，迅速求解出答案。

5. 增长率（增长幅度、增长速度，三者为同一概念）

增长率=增长量÷基期量×100%=（现期量-基期量）÷基期量×100%

6. 减少率(减少幅度、减少速度，三者为同一概念)

减少率=减少量÷基期量×100%=(基期量-现期量)÷基期量×100%

7. 年平均增长率(复合增长率)

末期值=初期值×(1+增长率)^n，其中 n 为相差的年数

【例】某公司 2010 年固定资产总值 4 亿元，固定资产年平均增长率为 20%，则其 2012 年固定资产总值为 $4\times(1+20\%)^2=5.76$ 亿元。

8. 翻番

翻一番为原来的 2 倍；翻两番为原来的 4 倍；依此类推，翻 n 番为原来的 2^n 倍。

【例】1980 年中国国民生产总值为 2500 亿元，到 2010 年要达到国民生产总值翻三番的目标，即 2010 年的国民生产总值为 $2500\times2^3=20000$ 亿元。

9. 指数：用于衡量某种要素相对变化的指标量。

一般假定基期为 100，其他量和基期相比得出的数值即为指数。

常见指数包括：纳斯达克指数、物价指数、上证指数和区域价格指数等。

【注】(1) 相应两期实际值的比=相应两期指数的比；

(2) 指数的增长率=实际值的增长率。指数一般表示的是那些我们并不关心其绝对值大小，而只关心其相对变化的指标量。

10. 同比、环比

同比：与上一年的同一期相比；

环比：与紧紧相邻的上一期相比。

11. 顺差、逆差

在一个时期内，一个国家(或地区)的出口商品额大于进口商品额，叫做对外贸易顺差(又称出超)，即出口额-进口额=顺差；

在一个时期内，一个国家(或地区)的出口商品额小于进口商品额，叫做对外贸易逆差(又称入超)，即进口额-出口额=逆差。

12. 基尼系数

国际上通用的，用以衡量一个国家或地区人民收入差距的常用指标。基尼系数介于 0~1，基尼系数越大，表示不平等程度越高。

13. 恩格尔系数

指食品支出总额(生活必需品，非奢侈品)占家庭或个人消费支出总额的百分比例，是国际上通用的，用以衡量一个国家或地区人民生活水平的常用指标。这个比例越低，一般反映这个地区人民生活水平越高。

二【解题思路】

解答资料分析需要注意三点：①有效数据提取；②正确估算；③适当放弃。

1. 核心要点

具体在操作过程中需要注意以下核心要点：

(1) 简单着手，结合选项；生活常识，运用妥当

试卷的特点是计算量大，备战的难点是运算速度，考核的重点是运算和分析能力，临场的要点是心态要稳。合理的答题节奏，恰当的权衡取舍，有效地利用时间是对每一个考生提出的基本要求。因此，广大考生应当学会适当地放弃一些偏题、怪题，将更多的精力放在相对较为简单的题目上。

拿到一篇资料分析题，先把问题看一遍，并把问题中的关键词，比如时间、名词等作些标记，然后带着问题读材料，并把与问题中关键点有关的信息标出，提取有效信息。

"从较熟悉的材料着眼，从较容易的题目入手，从较简单的选项动笔"是资料分析部分备考的一条基本原则。

在相当多的情形下，一些题目中的数据(包括计算结果)常可以用于另外一道题目中，因此，适当的调整一下答题顺序，常常可以给人"山重水复疑无路，柳暗花明又一村"之感。

作为选项四选一的客观题，选项往往是获得解题的突破口，从选项着手能起到事半功倍的效果。题目的选项，不但可以提示应采用的速算技巧，而且有时选项有内在的逻辑关系，可以直接得到答案。

在解答需要判断四个选项正误的选择题时，综合利用以下三条原则：

1）都有的说法不用看；

2）都没有的说法不用看；

3）边做边排除。

如果四个选项都需要稍微复杂的计算，那此题目属于放弃题，但并非完全放弃，结合前面的方法，选择其中较容易计算的选项判断，如果符合题目要求，则选它，如果不符合，则从其他三个选项中选一个即可。

(2) 适当标记、巧用工具；数形结合、定性分析；正确估算

资料分析答题的过程中需要做大量的"适当标记"，一切以便于自己做题为准。适当合理的运用直尺、量角器等工具辅助答题。

直尺使用法则：在较大的表格型材料中利用直尺比对数据。

柱状图、趋势图判断量之间的大小关系时用直尺比对"柱"的长短或者"点"的高低得到。

在符合立体柱状图等数据不易直接得到的图形材料中，可以用尺量出长度代替实际值计算"增长率"。

量角器使用法则：在饼图中，如果各部分的比例没有直接给出，在精度要求

不高的情况下，可以用量角器量出该部分的角度，然后除以 360 度来得到。

在图形型材料中，在精度要求不高的题目中，要善于通过目测进行估计和判断：

① 柱状图、趋势图中数据的大小可以通过“柱”的长短或“点”的高低来判定；

② 柱状图、趋势图中数据的增减可以通过“柱”的长度增减或“点”的高低变化来判定；

③ 饼图中数据或者比例的大小可以通过所占扇形的大小来判定。

④ 某些比例的大小可以通过目测大致比例得到。

2. 估算法

掌握常用的估算技巧：尾数法、直除法、插值法、差分法等。

(1) 估算法

“估算法”毫无疑问是资料分析题当中的速算第一法，在所有计算进行之前必须考虑能否先行估算。所谓估算，是在精度要求并不太高的情况下，进行粗略估值的速算方式，一般在选项相差较大，或者在被比较数据相差较大的情况下使用。估算的方式多样，需要各位考生在实战中多加训练与掌握。

进行估算的前提是选项或者待比较的数字相差必须比较大，并且这个差别的大小决定了“估算”时候的精度要求。

2004 年全国大中型工业企业部分科技指标情况表

科技指标	2004 年
科技人员	141.1 万人
科技人员占从业人员的比例	4.5%
科技经费	1588.61 万元
科技经费占销售额的比例	1.65%

【例】2004 年，全国大中型工业企业平均每个从业人员创造销售额约为(　　)。

A. 30.7 万元　　B. 60.7 万元　　C. 382.7 万元　　D. 682.3 万元

【解】2004 年，全国大中型工业企业销售额为：$\frac{1588.61}{1.65\%}$

2004 年，全国大中型工业企业从业人员为：$\frac{141.1}{4.5\%}$

人均销售额约为：$\frac{1588.61}{1.65\%} \div \frac{141.1}{4.5\%} = \frac{1588.61}{141.1} \times \frac{4.5}{1.65} = 10^{+} \times 3^{-} \approx 30$(万元)。

(2) 直除法

“直除法”是指在比较或者计算较复杂分数时，通过“直接相除”的方式得到商的首位(首一位或首两位)，从而得出正确答案的速算方式。其在资料分析的速算当中有非常广泛的用途，并且由于其“方式简单”而具有“极易操作”性。

“直除法”从题型上一般包括两种形式：

1）比较多个分数时，在量级相当的情况下，首位最大/小的数为最大/小数；

2）计算一个分数时，在选项首位不同的情况下，通过计算首位便可选出正确答案。

“直除法”从难度深浅上来讲一般分为三种梯度：

1）直接能看出商的首位；

2）通过动手计算能看出商的首位；

3）某些比较复杂的分数，需要计算分数的“倒数”的首位来判定答案。

2004年广播、电视宣传基本情况表

项　目	自办节目时间/(小时/日)						
	总计	新闻节目	专题节目	教育节目	文艺节目	服务性节目	……
无线广播合计	17986	2403	3917	930	6709	2316	……

【例】2004年，所有无线广播自办节目中，新闻节目和专题节目所占比例分别为(　　)。

A. 13.36%、21.78%　　B. 37.81%、34.59%

C. 37.81%、21.78%　　D. 13.36%、34.59%

【解】2004年，所有无线广播自办节目中，新闻节目所占比例为：$\frac{2403}{17986}$

2004年，所有无线广播自办节目中，专题节目所占比例为：$\frac{3917}{17986}$

$\frac{2403}{17986}=0.1^{+}$，$\frac{3917}{17986}=0.2^{+}$，结合选项，选择A。

注：a^{+}表示一个比a稍大的数，用a^{-}表示一个比a稍小的数。

(3) 差分法

差分法：是比较两个分数大小时常用的一种高级技巧。

定义：分子、分母都较大的分数称为大分数，分子、分母都较小的分数称为小分数，大分数和小分数的分子、分母分别作差得到新的分数称为差分数。

基本准则：“差分数”代替“大分数”与“小分数”作比较。

1）若差分数>小分数，则大分数>小分数；

2）若差分数<小分数，则大分数<小分数；

3）若差分数=小分数，则大分数=小分数。

例如：比较$\frac{8}{5}$和$\frac{11}{7}$的大小。

解析：运用差分法，得差分数为$\frac{3}{2}=1.5$，比较差分数和小分数得，$\frac{3}{2}=1.5<1.6=\frac{8}{5}$（小分数），因此，由差分法则知：大分数<小分数。（提示“差分法”原理）

我们来阐述一下“差分法”到底是怎样一种原理，先看下图：

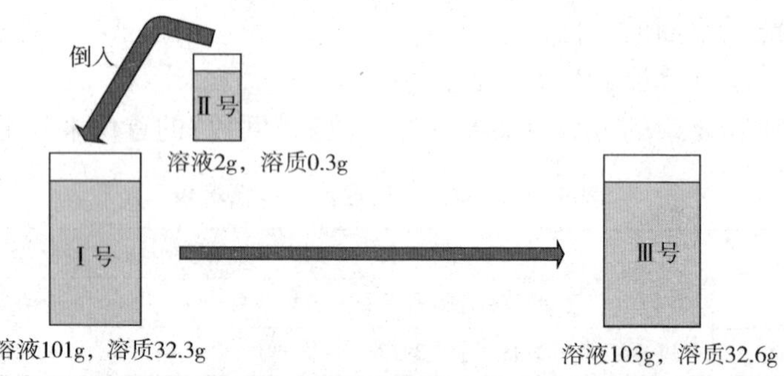

上图演示了一个简单的过程：将Ⅱ号溶液倒入Ⅰ号溶液当中，变成Ⅲ号溶液。其中Ⅰ号溶液的浓度为“小分数”，Ⅲ号溶液的浓度为“大分数”，而Ⅱ号溶液的浓度为“差分数”。显然，要比较Ⅰ号溶液与Ⅲ号溶液的浓度哪个大，只需要知道这个倒入的过程是“稀释”还是“变浓”了，所以，只需要比较Ⅱ号溶液与Ⅰ号溶液的浓度哪个大即可。

一、文字资料

【题型特征】

文字资料分析题是用陈述的方式将一系列相关信息罗列出来，要求考生对所提的问题进行解答，主要考查应试者对一段文字中的数据性、统计性资料进行综合分析与加工的能力。

文字资料分析题是资料分析测验中较难、较复杂的部分，因为它不像统计图像那样具有直观形象、一目了然等特点，其数据具有一定的“隐蔽性”，因为众多数据都隐藏包含在一段陈述中，需要应试者从中将需要的数据逐一找出，并将相关的数据串起来。这就要求应试者具备较强的阅读理解能力，能在较短的时间内迅速而准确地把握字里行间包含的各种数量关系及其逻辑关系，并进行分析、综合、判断才能得出准确的答案。通常要小心的是文字中的细节、伏笔，有些文字陷阱会误导应试者做出错误的选择。

【解题指南】

在所有的资料分析题中，文字资料题是最不易处理的一种。在遇到这类题时，切忌一上来就找数据。因为这种题是一种叙述，叙述就有语意，有语意就可能让人误解。如果一上来就直奔数据，而对材料陈述的内容不屑一顾的话，很可能背离材料的本意和要求，造成失误。

做文字资料分析题，在拿到题目之后，首先要将题目通读一遍，用大脑分析哪些是重要的，哪些是次要的，然后仔细看一下后面的问题，与自己原先想的印证一下，接下来再有针对性地认真读一遍材料，最后，开始答题。这样做，一方面，可以准确地把握材料；另一方面，对材料中的各项数据及其各自的作用有了一个明确的认识。

有些人可能不喜欢做那些统计表的问题，面对大堆的数据觉得无从下手，而以为文字资料非常容易，这种想法常会导致在文字资料题上丢分。前面就已经说过，在资料分析中，最难的一类就是综合性的判断，统计表分析题只涉及对数字的比较和处理，虽说复杂点，却相对比较容易得分；而文字资料题却加上了对语意的把握和理解，也就是说，它比统计表又多了一个环节。这对那些急躁而又轻视文字资料的考生来说，确实是一个严峻的考验。

文字资料一般是并列结构或总分结构的，可借用文章阅读中的段落结构分析法帮助查找有效数据。解决此类问题可分为三步：

第一步：快速浏览问题，划出关键点：在做此类题目之前，先把一篇资料包含的所有问题快速浏览一遍，并划出问题中的关键点，比如时间、地点等；

第二步：迅速把握文段结构，标出关键概念：很快把文字资料每一段的前两句话看一遍，分析出此资料的结构，是总分还是分总还是并列，然后阅读整篇资料，阅读过程中标出关键时间和概念，尤其与问题有关的信息更要着重标出；

第三步：对照问题，参照信息解答：结合问题中的关键词，找出文段中相应的信息点，解答有关题目，并且借助我们前面说的各种方法。

答题实用技巧：

第一，列出式子不要算。例如：外出打工男性为 A 万人，占总外出打工人数的 64%，问女性外出打工为多少人？一般常规解法需要用 A 除以 64% 得出总人数，然后用总人数乘以(100%-64%)，最少要 50 秒吧。那如何秒杀此题呢？男性占 64%，那女性应该占 36%，大约是男性人数的一半多一点，直接用 A 除以 2 即可。

第二，正误判断看选项。正误判断时有些选项计算量非常大，一般要做 5~6 个乘除，如果一开始算，会很耽误时间，因为往往计算量大的选项一般不需要计算，你只需要找出其他正确或者错误的选项即可，而其他选项很直观，一眼就能看出是对是错。

第三，实在要算只取三位数。特别是除法，取多无益。答案差距比较小的行测题有浙江、山东的真题，这个需要硬算了，但是，也不是没有技巧。除法看着答案去作商，如果答案的第二位出现差异，那只需要除到第二位即可，无需多除。

第四，比较大小找基准。从资料中找出几个项目比较大小是常出的题型，而且需要经过计算。先列式子，别算，然后找基准点，有些项可能大于四分之一，有些项小于四分之一，一眼观去，大小一目了然。

第五，加减互换，乘除互换，灵活掌握。例如：选项指标 A 占指标 B 的三分之一，一般思维是用指标 B 除以 3。但是，如果用指标 A 乘以 3 是不是要快得多呢？指标 A 与指标 B 的差距超过 900，一般思维指标 B 减去指标 A 得出结果与 900 相比较，那用 900 加指标 A 是不是更快呢？以往的考试中有很多这样的例子，表面上看需要大量计算，实际上一些小技巧即可秒杀。

第六，熟记一些百分比。现在，简单问你几个百分比，你能迅速转换成分数吗？20%（五分之一），25%（四分之一），12.5%（八分之一），15%（约六点六分之一）。

第七，带着问题去阅读。做短文章阅读时，先看问题，再看资料，带着第一道题读材料，能做了立即停止阅读，答题；在停止阅读处做好标记，以便接着读，答完第一题后再带着第二题接着读；依此类推。大家可根据自己的情况，灵活选用此步骤。

用此步骤答题，有如下优点：

1. 针对性强，准确率高；

2. 有时很多材料的段落根本用不上，可以节省时间；

3. 完全符合“应试”的思维。

【例】2003 年，国家财政科技拨款额达 975.5 亿元，比上年增加 159.3 亿元，增长 19.5%，占国家财政支出的比重为 4.0%。在国家财政科技拨款中，中央财政科技拨款为 639.9 亿元，比上年增长 25.2%，占中央财政支出的比重为 8.6%；地方财政科技拨款为 335.6 亿元，比上年增长 10%，占地方财政支出的比重为 1.9%。分执行部门看，各类企业科技活动经费支出为 960.2 亿元，比上年增长 21.9%；国有独立核算的科研院所科技活动经费支出 399.0 亿元，比上年增长 13.6%；高等学校科技活动经费支出 162.3 亿元，比上年增长 24.4%，高等学校科技活动经费支出占全国总科技活动经费支出的比重为 10.5%。各类企业科技活动经费支出占全国总科技活动经费支出的比重比上年提高了 1.2 个百分点。

1. 2003 年国家财政支出总额为（　　）。

A. 24387.5 亿元　　B. 5002.6 亿元　　C. 3979.6 亿元　　D. 816.3 亿元

2. 2003 年中央财政支出与地方财政支出之比约为(　　)。

A. 1∶6. 87　　B. 6. 87∶1　　C. 1∶2. 37　　D. 2. 37∶1

3. 与 2002 年相比，2003 年科技活动经费支出绝对增长量最大的执行部门是(　　)。

A. 各类企业　　B. 国有独立核算的科研院所

C. 高等学校　　D. 无法得知

4. 2003 年国家财政科技拨款额约占全国总科技活动经费支出的(　　)。

A. 43. 1%　　B. 63. 1%　　C. 77. 1%　　D. 83. 1%

5. 根据文中画线部分内容，可以求出的选项为(　　)。

[1]2002 年各类企业科技活动经费支出；

[2]2003 年全国总科技活动经费支出；

[3]2002 年全国总科技活动经费支出。

A. [1]　　B. [1]与[2]　　C. [2]与[3]　　D. [1]、[2]与[3]

解题思路点拨：

首先，不看资料看问题 1，划出关键词“国家财政支出总额”，也就是我们在材料中要找到的。当读完第一句话时，发现了要找的数据，在第一句话结尾处标记。一般解法为：975. 5÷4. 0%，这样的方法对这道题还可以，但对数字不规整的就会很繁琐。我们这样做：975. 5 估算成 1000，4. 0% 转换成分数，即 1/25，则可理解为 1000 是 1/25，求 1 是多少？显然 1000×25＝25000，和答案 A 近似，故答案为 A。

再看第二题，划出关键词“中央财政支出”和“地方财政支出”，只要这两个词组有了，答案就出来了。当读完第二句话时此题就可以做了。停止阅读、标记。先求“中央财政支出”，一般解法为：639. 9÷8. 6%，如此计算，麻烦、慢。我们所用的方法和原理同第一题，但技巧性更强了，639. 9 估算成 640，甚至 600 都可以，为了体现估算法在真题的资料分析中的实用性，下面我们用 600 计算，8. 6%转化成多少分之一，怎样转化呢？其实，只需考虑 8. 6 乘以多少大概等于 100 即可，8. 6×10＝86，和 100 差 14，那再加两个 8. 6 就差不多了，所以我们把 8. 6%估算成 1/12，则题意变为：600 是 1/12 的多少倍，那么“中央财政支出”即为 600×12＝7200；求“地方财政支出”，同理，335. 6 估算成 300，1. 9%转化为 1/50，则“地方财政支出”为 300×50＝15000，所以，答案约为 7200÷15000≈7÷15≈1∶2 点几，故选 C。在实际考试中，像 1/12≈8. 6%的分析过程是不需要的，这是平时的基本功训练。

第三题，同样带问题读。首先，要理解什么是“绝对增长量”，即为两年具体经费的差值，也就是具体的钱数差；一般方法为：算出上一年具体钱数，再和今年的做差，求解。我们还是使用上两题的原理，但稍微改变思路：以各类企业为例，题中给出“各类企业科技活动经费支出为 960.2 亿元，比上年增长 21.9%”，先把 960.2 估算成 960，再把 21.9%转化为约等于 1/5，则题意可以理解为：“今年比去年多 1/5”，也就是说如果去年是 5 份，那么今年就是 6 份，即 960 是六份，求五份是多少(去年)？但这道题求“绝对增长量”实际就是求一份是多少？所以，我们对于这道题只需用 960÷6，求出一份即可，B、C 选项同理，B 为 400÷8 或 9 都可(估算)，C 为 160÷5，还有一点要注意做资料分析尽量不计算，只列式。A、B、C 中 A 为 3 位数，B、C 为两位数，所以，最大的是 A。

第四题，方法同上：“国家财政科技拨款额”975.5 估算成 1000，“全国总科技活动经费”为 160×10＝1600，所以答案为 1000÷1600＝10÷16＝5÷8≈62%。所以，答案为 B。

第五题，考察题。[1]、[2]很简单，前面都涉及，所以可以求出；关键是[3]，因为画线部分不包括最后一句，所以不能得出，选 B。(有人用题中给出的各个部分求出 2002 年的具体数后相加等也可得出[3]，但个人认为题中没指出“分执行部门看”只包括题中给出的几个方面，所以不可以。

【参考答案与解析】

1. A【解析】由“2003 年国家财政科技拨款额达 975.5 亿元，占国家财政支出的比重为 4%”可得，2003 年国家财政支出总额为 975.5÷4%＝24387.5(亿元)。

2. C【解析】由题意可得，2003 年中央财政支出为 639.9÷8.6%≈7441(亿元)，地方财政支出为 335.6÷1.9%≈17663(亿元)。故中央财政支出与地方财政支出之比约为 1∶2.37，故选 C。

3. A【解析】由题意可得，2003 年各类企业的绝对增长量为$\frac{960.2\times21.9\%}{1+21.9\%}\approx$172.5(亿元)，2003 年国有独立核算的科研院所的绝对增长量为$\frac{399\times13.6\%}{1+13.6\%}\approx$47.8(亿元)，2003 年高等学校的绝对增长量为$\frac{162.3\times24.4\%}{1+24.4\%}\approx$31.8(亿元)。对比可知，A 项正确。

4. B【解析】由题意可得，2003 年国家财政科技拨款额为 975.5 亿元，2003 年全国总科技活动经费为 162.3÷10.5%≈1545.7(亿元)，故 2003 年国家财政科技拨款额约占全国总科技活动经费支出的比例为：975.5÷1545.7×100%≈63.1%。故 B 项正确。

5. B【解析】[3]只能通过“各类企业科技活动经费支出占全国总科技活动经费支出的比重比上年提高了 1.2 个百分点”得出，而这句话没有被划上线，故

[3]不能求出，[1]与[2]可以从画线部分求出。故B项正确。

【真题回顾】

请根据下方资料回答1~5题。

2008年底，我国网民数从1997年的62万增加到2.98亿，居世界第2位。其中宽带网民数达到2.7亿，手机网民数达到1.2亿。互联网普及率达到22.6%，超过全球平均水平。

2008年底，我国互联网的国际出口带宽由1997年的25.4Mbps增长到640286.7Mbps，11年间增长了25207倍。2008年底，我国IPv4地址数已从2001年底的0.2亿个增加到1.8亿个，全球排名由第9位上升到第3位；域名总数达到1682.6万个。其中国家CN域名在2007年平均每天增长2万个，2008年底已达到1357.2万个，网站总数由2000年的26.5万个增长到2008年的287.8万个，年均增长34.7%。2002年，我国的网页数为1.6亿个，2008年网页数达到160.9亿个。

2005年，我国电子商务交易额达到12992亿元人民币，相当于国内生产总值的7.1%。到2008年底，我国网络购物用户人数达到7400万，占网民总数的24.8%。2008年底，我国使用网络媒体的网民比例达到78.5%，使用电子邮件的网民比例达到56.8%，使用网上教育的网民比例达到16.5%，拥有博客的网民比例达到54.3%。(中国石化)

1. 2008年底，我国宽带网民数约占网民总人数的(　　)

A. 88.3%　　B. 89.7%　　C. 90.6%　　D. 92.1%

2. 2008年底，我国平均每万网民拥有的国际出口带宽约是1997年的多少倍？

A. 11.5　　B. 21.5　　C. 52.4　　D. 157.9

3. 下列说法与资料相符的是：(　　)

A. 2005年底，我国国内生产总值超过18万亿元人民币

B. 2008年底，全球互联网普及率的平均水平不低于25%

C. 2009年底，我国平均每网站拥有网页数超过6000个

D. 2007年初，我国国家CN域名数已达到627.2万个

4. 若我国手机网民全部使用网络媒体，则2008年底，非手机用户使用网络媒体的比例为：(　　)

A. 36%　　B. 50%　　C. 64%　　D. 78%

5. 下列说法与资料相符的是(　　)

A. 2008年底，我国使用网络购物用户数已超过手机网民数

B. 2008年底，我国使用网络媒体的人数比使用电子邮件的多0.65亿

C. 2008年底，我国的宽带网民中超过一半的人拥有博客

D. 2001~2008年，我国IPv4地址数几乎每年翻一番

请根据下方资料回答6~10题。

2009年前三个季度，我国规模以上电子信息制造业扭转了上半年下滑的势头，但比去年同期增速下降10个百分点以上，重点产品增长面逐步扩大。9月，重点监测的27个产品中，14个产品产量出现正增长，比上半年多了3个产品；其中计算机、显示器、彩电、数码相机继续保持增长，手机、集成电路扭转上个月下降的势头，分别增长2.4%、4.7%。1~8月，规模以上电子信息制造业实现主营业务收入29618亿元，同比下降4.8%，实现利润892亿元，同比下降21.5%，二者降幅分别比1~5月缩小3.7、19.5个百分点。电子信息11个行业中实现利润增长的行业扩大为4个，其中通信设备视听产品行业分别增长28.1%、6.4%，计算机电子元件行业分别下降35.5%、29.4%，电子器件行业扭亏为盈，实现利润35亿元。2009年1~9月，我国规模以上电子信息制造业完成出口交货值20329亿元，同比下降10.6%。1~9月全行业实现出口交货值占销售产值的比重为57.6%，比去年同期回落5.7个百分点。1~9月，电子信息产业500万元以上项目完成固定资产投资2808亿元，同比增长17.2%，增速低于去年同期12.1个百分点，低于同期全国制造业增速11.5个百分点。(中国石化)

6. 2008年1~9月，规模以上电子信息制造业出口交货值约为：(　　)

A. 20329亿元　　B. 22061亿元　　C. 22739亿元　　D. 31223亿元

7. 2009年1~8月，规模以上电子信息制造业主营业务收入利润率约为：(　　)

A. 2%　　B. 3%　　C. 4%　　D. 5%

8. 2008年1~9月，电子信息产业500万元以上项目完成固定资产投资额约为：(　　)

A. 2396亿元　　B. 2502亿元　　C. 2618亿元　　D. 2808亿元

9. 2008年1~9月，电子信息制造业全行业实现销售产值约为：(　　)

A. 33109亿元　　B. 35923亿元　　C. 37988亿元　　D. 40276亿元

10. 根据以上资料，无法推出的是：(　　)

A. 2009年上半年，在规模以上电子信息制造业重点监测的27个产品中有11个产品产量出现正增长

B. 2009年1~9月，电子信息产业500万元以上项目的固定资产投资同比增长超过10%，但增速低于去年同期

C. 2009年1~8月，电子器件行业的利润超过30亿元

D. 2009年前三季度，在规模以上电子信息制造业重点监测的产品中仅计算机显示器和彩电保持增长

请根据下方资料回答 11~15 题。

随着基础设施建设不断加快，公路路网日益优化和城乡居民收入水平的提高，某省各类民用车辆拥有量保持稳步增长。至 2012 年末，全省民用车(汽车、电车、摩托车、拖拉机、挂车和其他类型车等六类车)拥有量为 862.70 万辆，比上年增长 12.8%。其中，营运车 93.60 万辆，比上年增长 6.6%，非营运车 769.10 万辆，比去年增长 13.6%。全年新注册民用车 135.36 万辆，比上年增长 7.3%。

2012 年年末，全省民用汽车拥有量 340.18 万辆，占全部民用车辆总数的比重达 39.4%，比去年同期提高 1.4 个百分点。

2012 年年末，全省共有载客汽车 247.99 万辆，比上年同期增长 23.1%。其中，大型载客汽车 3.81 万辆，比上年同期下降 9.6%；中型载客汽车 4.59 万辆，比去年同期下降 7.4%；小型载客汽车 233.54 万辆，比去年同期增长 25.3%。

2012 年末，全省共有轿车 158.26 万辆，比去年增长 24.8%，其中个人轿车 141.48 万辆，比去年增长 27.2%，个人轿车占全部轿车的比重达 89.4%。

2012 年年末，全省民用挂车拥有量为 1.95 万辆，比上年增加 0.16 万辆。私人挂车拥有量为 0.61 万辆，比上年增长 10.0%。民用拖拉机拥有量 25.13 万辆，比上年增长 11.3%。其中，大中型拖拉机拥有量 12.89 万辆，比去年增长 6.8%；小型方向盘式拖拉机拥有量 10.04 万辆，比上年增长 13.0%。全省其他类型车 5.35 万辆，比去年增加 2.16 万辆，增长 67.8%，增速居各类民用车之首。

2012 年年末，全省机动车驾驶员数量为 908.77 万辆，比去年增加 121.47 万人。其中，汽车驾驶员数量为 622.65 万人，比去年增长 20.5%。(中国农业银行)

11. 2012 年年末，全年新注册民用车较 2011 年增长了(　　)万辆。

A. 9.21　　B. 5.68　　C. 11.13　　D. 7.64

12. 2011 年年末，全省非营运车数量约为(　　)万辆。

A. 725　　B. 692　　C. 677　　D. 583

13. 2011 年年末，全省民用汽车拥有量为(　　)万辆。

A. 189.75　　B. 290.62　　C. 340.18　　D. 420.81

14. 2011 年年末，汽车驾驶员数量占全省机动车驾驶员的比重为(　　)

A. 59.8%　　B. 65.6%　　C. 71.4%　　D. 75.6%

15. 下列说法正确的是(　　)

A. 2011 年，小型载客车汽车为 203.28 万辆

B. 2011 年，全省共有轿车 119.01 万辆

C. 2012 年，全省民用挂车拥有量比上年增长 5.6%

D. 2011 年，大中型拖拉机拥有量为 12.07 万辆

请根据下方资料回答 16-20 题。

2011 年末我国大陆总人口为 134735 万人，比上年末增加 644 万人，其中城镇人口为 69079 万人，占总人口比重首次超过 50%，达到 51.3%。全年出生人口 1604 万人，出生率为 11.93‰，自然增长率为 4.79‰。2011 年末我国大陆共有医疗卫生机构 953432 个，其中医院 21638 个，乡镇卫生院 37374 个，社区卫生服务中心(站)32812 个，诊所(卫生所、医务室)177754 个，村卫生室 659596 个，卫生技术人员 620 万人，其中执业医师和执业助理医师 251 万人，注册护士 224 万人，医疗卫生机构床位 515 万张，其中医院 368 万张，乡镇卫生院 103 万张。(中国石化)

16. 2011 年，我国大陆死亡人口约为(　　)万人。

A. 960　　B. 980　　C. 1000　　D. 1200

17. 2011 年，我国大陆平均约为(　　)人拥有一位执业医师或者执业助理医师。

A. 400　　B. 500　　C. 600　　D. 1000

18. 2011 年，我国大陆下列医疗机构中，数量最多的是(　　)。

A. 医院　　B. 乡镇卫生院

C. 诊所(卫生所、医务室)　　D. 村卫生室

19. 如果与 2010 年相比，2011 年我国大陆城镇人口约增长 5%，则 2010 年我国大陆非城镇人口约为(　　)万人。

A. 67000　　B. 68500　　C. 70000　　D. 71500

20. 下列说法正确的是(　　)。

A. 2011 年我国大陆出生人口 1604 万人，同比增长 4.79‰。

B. 从出生人口就可以判断，2011 年我国医疗机构的床位资源非常紧张。

C. 2011 年我国大陆卫生技术人员中，群体人数最小的不可能是注册护士。

D. 2011 年，我国大陆医院数量约占医疗卫生机构数量的 20%。

【参考答案与解析】

1. C【解析】由材料第一段可知，2008 年底，我国宽带网民数约占网民总人数的 2.7÷2.98≈90.6%，故正确答案为 C。

2. C【解析】2008 年底，我国网民的人口从 1997 年的 62 万增加到 2.98 亿，互联网的国际出口带宽由 1997 年的 25.4Mbps 增长到 640286.7Mbps，所求为(640286.7÷2980000)÷(25.4÷62)≈52.4 倍，选择 C 项。

3. A【解析】A 项，由第三段第一句可知，2005 年我国国内生产总值为 12992÷7.1%≈183000=18.3 万亿元人民币，故 A 项正确；

B 项，由第一段可知，2008 年底，我国互联网普及率达到 22.6%，超过全球

平均水平，所以全球互联网普及率的平均水平低于22.6%，故B项错误；

C项，由第二段最后两句话可知，2008年底，我国平均每网站拥有网页数为160.9×10000÷287.8≈5590<6000个，故C项错误；

D项，材料中只给出“国家CN域名在2007年平均每天增长2万个，2008年底已达到1357.2万个”，并没有给出2008年的变化情况，所以无法确定2007年初国家CN域名数，D项无法确定。

综上所述，A项为正确答案。

4. C【解析】由第一段和第三段可知，2008年底，非手机网民中使用网络媒体的比例为(2.98×78.5%−1.2)÷(2.98−1.2)≈64%，故C为正确答案。

5. B【解析】A项，2008年底，我国网络购物用户人数为7400万，手机网民数达到1.2亿，故我国网络购物用户人数小于手机网民数，A项错误；

B项，由第三段可知，2008年底，我国使用网络媒体的人数比使用电子邮件的人数多2.98×(78.5%−56.8%)≈0.65亿，B项正确；

C项，由第一段和第三段可知，材料中只给出了2008年底拥有博客的网民数和宽带网民数，无法确定2008年底我国的宽带网民中有多少人拥有博客，故C项无法确定；

D项，由第二段可知，若2001~2008年我国Ipv4地址数每年翻一番，那么2008年底我国Ipv4地址数为$0.2\times2^7=25.6$亿个>1.8亿个，故D项错误。

综上所述，B项为正确答案。

6. C【解析】由“2009年1~9月，我国规模以上电子信息制造业完成出口交货值20329亿元，同比下降10.6%”，则所求为20329÷(1−10.6%)≈22739亿元，故正确答案为C。

7. B【解析】由“1~8月，规模以上电子信息制造业实现主营业务收入29618亿元……实现利润892亿元”，则主营业务收入利润率为892÷(29618−892)≈3%。故正确答案为B。

8. A【解析】由“1~9月，电子信息产业500万以上项目完成固定资产投资2808亿元，同比增长17.2%”，则所求投资额为2808÷(1+17.2%)≈2396亿元，故正确答案为A。

9. B【解析】根据“1~9月全行业实现出口交货值占销售产量的比重为57.6%，比去年同期回落5.7个百分点”，可知2008电子信息制造业全行业实现出口交货值占销售产值的比重约57.6%+5.7%=63.3%，20329÷(1−10.6%)÷63.3%≈35923亿元。故正确答案为C。

10. D【解析】A选项，由“9月，重点监测的27个产品中，14个产品产量出现正增长，比上半年多了3个产品”可推出上半年有11个产品出现正增长；

B 选项，由“1～9 月，电子信息产业 500 万元以上项目完成固定资产投资 2808 亿元，同比增长 17.2%，增速低于去年同期 12.1 个百分点”可以推出同比增长超过 10%，增速低于去年同期；

C 选项，由“电子器件行业扭亏为益，实现利润 35 亿元”可以推出电子器件行业的利润超过 30 亿元；

D 选项，由“其中计算机、显示器、彩电、数码相机绩效保持增长”可以推出并不是仅计算机、显示器和彩电保持增长，故正确答案为 D。

11. A【解析】由第一段可知，2012 年年末全年新注册民用车 135.36 万辆，比上年增长 7.3%。则增长了 135.36÷(1+7.3%)×7.3%≈9.2 万辆，只有 A 项最接近。

12. C【解析】由第一段可知，2012 年非营运车数量为 769.10 万辆，比上年增长 13.6%。2011 年为 769.10÷(1+13.6%)≈677 万辆。

13. B【解析】由前两段可知，2011 年年末，全省民用汽车拥有量为 862.70÷(1+12.8%)×(39.4%-1.4%)≈290 万辆。

14. B【解析】由最后一段可知，2011 年汽车驾驶员数量占全省机动车驾驶员的比重为 622.65÷(1+20.5%)÷(908.77-121.47)≈65.6%。

15. D【解析】A 项，2011 年，小型载客汽车量为 233.54÷(1+25.3%)≈186 万辆，错误；

B 项，2011 年，全省共有汽车 158.26÷(1+24.8%)≈127 万辆，错误；

C 项，2012 年，全省民用挂车拥有量比上年增长 0.16÷(1.95-0.16)≈8.9%，错误；

D 项，2011 年大中型拖拉机拥有量为 12.89÷(1+6.8%)≈12.07 万辆，正确。

所以选择 D 项。

16. A【解析】根据材料“2011 年末我国大陆总人口为 134735 万人，比上年末增加 644 万，全国出生人口 1604 万人”，可得 2011 年，我国大陆死亡人口约为 1604-644=960 万人。因此，本题答案为 A 选项。

17. B【解析】根据材料“2011 年末我国大陆总人口为 134735 万人，其中执业医师和执业助理医师 251 万人”，可得拥有一位职业医师或者职业助理医师的人口数为 134735÷251，直除首位商 5。因此，本题答案为 B 选项。

18. D【解析】根据材料“2011 年末我国大陆共有医疗卫生机构 953432 个，其中医院 21638，乡镇卫生医院 37374 个，社区卫生服务中心(站)32812 个，诊所(卫生所，医务室)177754 个，村卫生室 659596 个”，可知村卫生室数量最多。因此，本题答案为 D 选项。

19. B【解析】根据材料“2011 年末我国大陆总人口为 134735 万人，比上年末增加 644 万，其中城镇人口为 69079 万人”，可知 2010 年末我国大陆总人口为

134735-644=134091 万，其中城镇人口为 69079÷(1+5%)≈69079-69079×5%≈65625 万人，则 2010 年我国大陆非城镇人口约为 134091-65625=68466 万人，结合选项可知 B 正确。因此，本题答案为 B 选项。

20. C【解析】A 选项：根据材料“全国出生人口 1604 万人，出生率为 11.93‰，自然增长率为 4.79‰”可知 A 选项错误；

B 选项：材料中只涉及到了床位数并未说资源紧张与否的问题，所以 B 选项错误；

C 选项：根据材料“卫生技术人员 620 万人，其中职业医师和职业助理医师 251 万人，注册护士 224 万人”，则其他技术人员为 620-251-224=145 万人，所以 C 选项正确；

D 选项：根据材料“2011 年末我国大陆共有医疗卫生机构 953432 个，其中医院 21638 个”，可知医院数量约占医疗卫生机构数量的比重明显低于 20%，所以 D 选项错误。

因此，本题答案为 C 选项。

二、表格资料

【题型特征】

统计表是把获得的数字资料，经过汇总整理后，按一定的顺序填在一定的表格之内得到的。统计表是系统提供资料和积累资料的重要形式，由表格的标题（包括单位）、横标目、纵标目、表格数据和注释等组成，其中数据具有直观性。

【解题指南】

在解答此类问题时，首先要看清试题的要求，通览整个材料，重点先把表格标题、横纵标目、注释等看明白，然后带着问题与表中的具体数值相对照，通过分析、比较和鉴别得出答案。当表格行列较多时，考生最好带一把直尺或三角板来加以参照，免得看错行。此类题型一般包含如下题目形式：

1. 通过直接观察表格数据得出答案；
2. 需要观察多个数据，进行分析比较；
3. 要综合利用数据间存在的各种关系，通过复杂的计算分析后得出答案。

例 1. 根据下面表 1、表 2 回答 1~5 题。

表 1　2001~2005 年世界主要国家和地区经济增长率比较　%

国家和地区	2001 年	2002 年	2003 年	2004 年	2005 年	2001~2005 年平均增长率
世界总计	2.4	3.0	4.1	5.3	4.9	4.0
发达国家和地区	1.2	1.5	1.9	3.2	2.6	2.1

续表

国家和地区	2001 年	2002 年	2003 年	2004 年	2005 年	2001~2005 年平均增长率
美国	0.8	1.6	2.5	3.9	3.2	2.4
欧盟	2.0	1.3	1.4	2.4	1.8	1.8
日本	0.2	-0.3	1.8	2.3	2.6	1.4
发展中国家和地区	4.1	4.8	6.7	7.7	7.4	6.3
中国	7.5	8.3	10.0	10.1	10.2	9.5
印度	3.9	4.7	7.2	8.0	8.5	6.4
俄罗斯	5.1	4.7	7.3	7.2	6.4	6.1
巴西	1.3	1.9	0.5	4.9	2.3	2.2
马来西亚	0.3	4.4	5.5	7.2	5.2	4.5
亚洲四小龙						
中国香港	0.5	1.9	3.2	8.6	7.3	4.3
中国台湾	-2.2	4.2	3.4	6.1	4.1	3.1
韩国	3.8	7.0	3.1	4.7	4.0	4.5
新加坡	-1.9	3.2	2.9	8.7	6.4	3.9

表 2　2001~2005 年国内生产总值居世界前 10 位国家比较(亿美元)

位次	2001 年			2005 年		
	国家和地区	国内生产总值	占世界的比重/%	国家和地区	国内生产总值	占世界的比重/%
	世界总计	315750	100	世界总计	443849	100
1	美国	100759	31.9	美国	124551	28.1
2	日本	41624	13.2	日本	45059	10.2
3	德国	18913	6.0	德国	27819	6.3
4	英国	14313	4.5	中国	22289	5.0
5	法国	13398	4.2	英国	21926	4.9
6	中国	13248	4.2	法国	21102	4.8
7	意大利	10904	3.5	意大利	17230	3.9
8	加拿大	7051	2.2	西班牙	11237	2.5
9	墨西哥	6221	2.0	加拿大	11152	2.5
10	西班牙	6084	1.9	巴西	7941	1.8

1. 2005 年和 2001 年相比较，国内生产总值占世界比重变化幅度最大的国家是(　　)。

A. 美国　　B. 日本　　C. 中国　　D. 法国

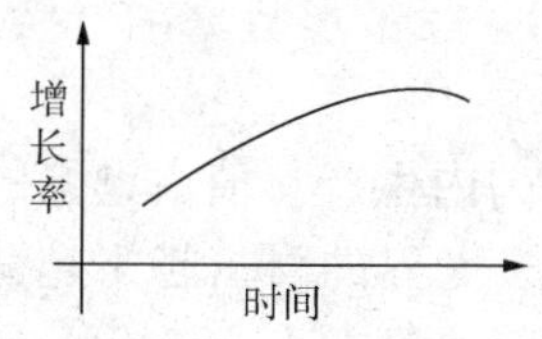

2. 2001 到 2005 年间，完全符合曲线所显示的经济发展趋势的国家和地区有(　　)。

A. 2 个　　B. 3 个

C. 4 个　　D. 5 个

3. 下面描述不正确的是(　　)。

A. 从 2001 年开始，我国国内生产总值及其占世界的比重一直在上升

B. 大部分国家和地区经济增速在 2001~2004 年不断加快，2005 年有所减缓

C. 从 2001 年开始，发达国家经济增长速度一般低于主要发展中国家和地区

D. 2001~2005 年间，中国香港经历了中国比台湾、新加坡更加剧烈的经济波动和发展

4. 下列说法正确的是(　　)。

Ⅰ. 2001~2005 年间，与主要发展中国家相比，亚洲四小龙的经济增长相对放慢

Ⅱ. 2001~2005 年间，日本经济开始摆脱“停滞”状态，经济形势逐渐好转

Ⅲ. 2001~2005 年间，国内生产总值在世界排名的变化趋势和其占世界比重的变化趋势是一致的

A. Ⅰ　　B. Ⅱ　　C. Ⅰ和Ⅱ　　D. Ⅱ和Ⅲ

5. 能从表 1、表 2 获得支持的说法是(　　)。

Ⅰ. 整个世界的财富越来越集中到少数几个发达国家中

Ⅱ. 传统的世界经济强国在世界经济中的排名和地位已经发生了根本性变化

Ⅲ. 主要的发展中国家在世界经济中扮演着越来越重要的角色

A. Ⅰ　　B. Ⅱ　　C. Ⅲ　　D. Ⅰ和Ⅱ

【参考答案与解析】

1. A【解析】本题需要注意“比重变化幅度最大”并不代表比重增加，比重减少幅度如果很大，也符合题意。美国国内生产总值占世界比重减少了 3.8 个百分点，它的变化幅度最大。

2. B【解析】该增长率曲线先单调增加之后略微下降，符合这个规律的只有美国、马来西亚和中国香港 3 个国家和地区。

3. D【解析】A 选项正确，中国国内生产总值的增长率始终保持正值且为表格所统计的所有国家中最高，因此中国国内生产总值及其占世界的比重一直在上升；B 选项正确，根据表 1 可以明显看出；C 选项正确，根据表 1 可以明显看出；D 选项不正确，因为新加坡的经济波动比中国香港更大。

4. C【解析】Ⅰ说法正确，从表 1 中亚洲四小龙的平均增长率比主要发展中国家低能够得到这个结论；Ⅱ说法正确，日本在 2001 年、2002 年两年经济增长率

在0%左右徘徊，从2003年开始经济增长率开始逐渐增大，经济形势逐渐好转。由此，直接选择C项即可。

5. C【解析】Ⅲ说法正确，主要发展中国家中国和巴西国内生产总值占世界的比重均增加，且排名上升；Ⅰ说法错误，由表2可以看出，世界的财富越来越分散到各个国家当中；Ⅱ说法错误，世界经济强国的排名和地位没有太大变化，比如美国、日本、德国仍然占据着前三的位置。

【真题回顾】

请根据下方资料回答1~5题。

2012年，重庆市实际利用内资项目16679个，同比增长10.5%；实际利用内资金额5914.64亿元，增长20.2%。合同资金千万元以上项目快速增长，实际引进内资5489.05亿元，增长18.6%。其中，到位资金上10亿元项目93个，引入资金1503.76亿元，为全市内资的生力军。千万元以下项目高速发展，实现引资425.59亿元，增长45.5%。(中国石化)

表1　2012年重庆主要行业实际利用内资情况

行业	金额/亿元	同比增长/%
总计	5914.64	20.2
第一产业	228.38	42.9
第二产业	2713.96	23.0
#制造业	2042.43	24.6
电力、热力、燃气及水生产和供应业	220.31	52.6
建筑业	353.33	20.1
第三产业	2972.30	16.4
交通运输、仓储和邮政业	261.64	22.6
房地产业	1750.43	19.0

表2　2012年东中西部地区资金到位情况

地区	金额/亿元	同比增长/%
总计	5914.64	20.2
东部地区	3998.80	14.6
北京市	1013.58	-7.2
广东省	893.27	19.6
中部地区	568.99	13.9
湖北省	197.18	24.5
西部地区	1346.85	44.6
四川省	970.48	49.2

1. 2011 年，重庆市项目平均实际利用内资：(　　)

A. 3117 万元　　B. 3260 万元　　C. 3403 万元　　D. 3546 万元

2. 2012 年，重庆市到位资金上 10 亿元项目平均引入资金是项目平均实际利用内资的：(　　)

A. 41.2 倍　　B. 43.4 倍　　C. 45.6 倍　　D. 47.8 倍

3. 下列行业中，2012 年重庆市实际利用内资同比增长最多的是：(　　)

A. 制造业

B. 电力、热力、燃气及水生产和供应业

C. 交通运输、仓储和邮政业

D. 房地产业

4. 2012 年，西部地区到位资金占东中西部地区到位资金总金额的比重同比：(　　)

A. 上升 1.9 个百分点　　B. 上升 3.8 个百分点

C. 下降 1.9 个百分点　　D. 下降 3.8 个百分点

5. 根据所给资料，下列说法中不正确的一项是：(　　)

A. 2011 年，重庆市合同资金千万元以上项目实际引进内资占实际利用内资金额的比重不足九五成

B. 2012 年，重庆市第二产业实际利用内资同比增长额是三次产业中最大的

C. 2011 年，北京和广东到位资金之和超过东部地区的一半

D. 2012 年，湖北到位资金对中部地区到位资金增长的贡献率不足 45%

请根据下方资料回答 6~10 题。

2000~2004 年全国大中型工业企业部分科技指标情况表

项　目	单位	2000 年	2001 年	2002 年	2003 年	2004 年
企业总数	个	22276	21776	22904	23096	22276
设有科技机构企业的比重	%	32	28.4	26.2	25.3	24.9
科技人员	万人	145.4	138.7	136.8	136.7	141.1
科技人员占从业人员的比例	%	4.6	4.78	4.88	5	4.5
科技经费	亿元	665.4	922.81	1046.65	1213.03	1588.61
科技经费占销售额的比例	%	1.35	1.65	1.67	1.73	1.65

6. 2004 年，全国大中型工业企业的销售额约为(　　)。

A. 96279 亿元　　B. 80241 亿元　　C. 10375 亿元　　D. 10026 亿元

7. 2004 年，全国大中型工业企业平均每个从业人员创造销售额约为(　　)。

A. 30.7 万元　　B. 60.7 万元　　C. 382.7 万元　　D. 682.3 万元

8. 全国大中型工业企业的从业人员数量最多的年份是(　　)。

A. 2001 年　　B. 2002 年　　C. 2003 年　　D. 2004 年

9. 全国设有科技机构的企业的数量的变化趋势是(　　)。

A. 一直上升　　B. 一直下降　　C. 先上升后下降　　D. 先下降后上升

10. 下列说法正确的是(　　)。

A. 全国大中型工业企业的从业人员数量呈现逐年上升趋势

B. 全国大中型工业企业的科技人员的减少幅度从 2000~2003 年一直低于其他从业人员的减少幅度

C. 全国大中型工业企业的科技经费的增长幅度从 2000~2004 年五年一直高于销售额的增长幅度

D. 以上说法都不对

【参考答案与解析】

1. B【解析】由材料第一句，可以列式【5914. 64÷(1+20. 2%)×10000】÷【16679÷(1+10. 5%)】≈3260。

2. C【解析】由文字部分第一、三句可知平均引入资金和项目平均实际利用内资的数额。二者相除，列式为(1503. 76÷93)÷(5914. 64÷16679)≈45. 6。

3. A【解析】制造业为 2042. 43÷(1+24. 6%)×24. 6%>2042. 43÷(1+20%)×20%=340；

电力、热力、燃气及水生产和供应业 220. 31÷(1+52. 6%)×52. 6%<220. 31；

交通运输、仓储和邮政业 261. 64÷(1+22. 6%)×22. 6%<261. 64；

房地产业 1750. 43÷(1+19%)×19%<2042. 43÷(1+24. 6%)×24. 6%；

比较可知，应该选 A。

4. B【解析】2012 年西部地区到位资金占东中西部地区的比重为 1346. 85÷5914. 64，2011 年比重为【1346. 85÷(1+44. 6%)】÷【5914. 64÷(1+20. 2%)】，化简后可以看出，比重是上升的。上升的幅度为(1346. 85÷5914. 64－1346. 85÷5914. 64×1. 202÷1. 446)×100≈3. 9%，最接近的是 B。

5. D【解析】A 项由文字部分第一二句，可知【5489. 05÷(1+18. 6%)】÷【5914. 64÷(1+20. 2%)】<95%，正确；

B 项，由表 1 可知，第一产业 228. 38÷(1+42. 9%)×42. 9%<228. 38，第二产业 2713. 96÷(1+23%)×23%<450，第三产业 2972. 30÷(1+16. 4%)×16. 4<430；所以 B 项正确；

C 项计算量过大，跳过；

D 项，由表 2 可知，【197. 18÷(1+24. 5%)×24. 5%】÷【568. 99÷(1+13. 9%)×13. 9%】≈56%，C 项错误。

综上，选择 D 项。

6. A【解析】1588. 61÷1. 65%≈96279 亿元。故选 A。

7. A【解析】2004 年从业人员为 141. 1÷4. 5%≈3135. 6 万人，全国大中型工业企业平均每个从业人员创造销售额为 96279×104÷(3135. 6×104)≈30. 7 万元。

8. D【解析】科技人员少，所占比重大，那么从业人员也就少。故由表格数据可得 2004 年的从业人员最多。

9. B【解析】列表如下(单位：个)：

年　份	2000 年	2001 年	2002 年	2003 年	2004 年
企业总数	22276	21776	22904	23096	22276
设有科技企业的比重/%	32	28. 4	26. 2	25. 3	24. 9
科技企业	7128	6184	6000	5843	5546

故选 B。

10. B【解析】由表中科技人员的数量可得：2000 年到 2003 年是逐年减少的。而 2000 年到 2003 年科技人员占从业人员的比重却逐年增加，故可得 2000 年到 2003 年其他从业人员的数量在逐年减少且减少的幅度要大于科技人员减少的幅度，故 A 项错误，B 项正确；同理可得，2004 年，科技经费增加了，而科技经费占销售额的比例却减少，故可得，2004 年销售额的增长幅度大于 2004 年的科技经费的增长幅度，故 C 项错误。

三、图形资料

统计图是根据统计数字，用几何图形、事物形象或地图等绘制的各种图形，它可以使复杂的统计数字简单化、通俗化、形象化。在资料分析测验中，统计图使用率比较高，是资料分析中的重点题型。它与统计表、文字资料有很大不同，它的数据蕴含在图形之中。

(一) 饼图

【题型特征】

此类图又叫扇形图，它用整个圆表示总体的数量，用圆内各个扇形的大小表示各部分数量占总体数量的百分比，或者直接把各部分的数量在圆内标出，在资料分析中，后者常用。饼图有两种形式：比例饼图和具体数量饼图。此类型图形的数据关系比较清楚，便于比较各部分之间的关系。

【解题指南】

在具体数量饼图中，可借助量角器来求某部分占总体(或另一较大部分)的百分比。我们可以用量角器来测量表示该部分的饼图的圆心角的角度，利用下面公式来进行估算：

百分比＝圆心角的度数÷360 度×100%

例 1. 根据下图回答 1~5 题。

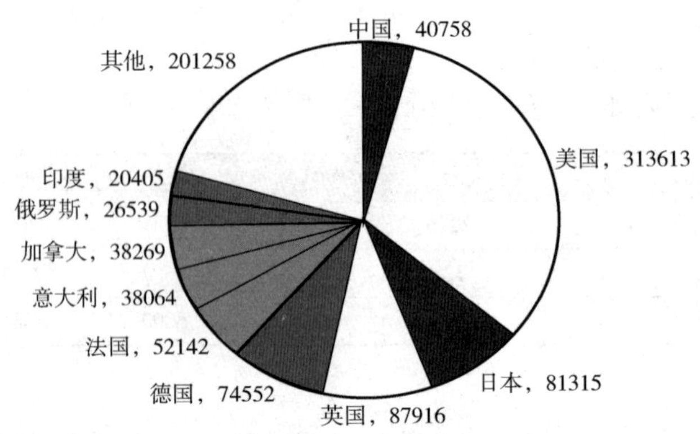

2002 年 SCI（科学引文索引）收录各国论文数

1. 图中所列国家为 SCI 的前十名，我国排名（　　）。

A. 第 4　　B. 第 5　　C. 第 6　　D. 第 7

2. 总数前三的国家的论文总数约占所有国家论文总数的（　　）。

A. 45%　　B. 50%　　C. 55%　　D. 60%

3. 2002 年 SCI 收录文章中，美国占 32. 17%，则我国约占（　　）。

A. 2%　　B. 3%　　C. 4%　　D. 5%

4. 日本比英国的论文数少（　　）。

A. 5%　　B. 8%　　C. 10%　　D. 12%

5. 从上图可以推出的结论是（　　）。

Ⅰ. 法国和中国的论文数量相差最少

Ⅱ. 前十之外的其他国家的论文数量多于德、法、意三国论文数量之和

Ⅲ. 在排名前十的国家中，后七名国家的论文数量之和仍然小于美国

A. 只有Ⅰ　　B. 只有Ⅱ　　C. 只有Ⅲ　　D. 只有Ⅱ和Ⅲ

【参考答案与解析】

1. C【解析】本题根据图形所列数字，可以观察出前五位分别为美国、英国、日本、德国、法国。

2. B【解析】根据题意前三位的论文和为 482844，而总论文数为 974831。482844÷974831×100%≈50%，故选 B。

3. C【解析】通过上题可知总论文数，则有 40758÷974831×100%≈4%。故选 C。

4. B【解析】根据题意可知(87916-81315)÷87916×100%≈8%。

5. D【解析】Ⅰ项，法国和中国的论文数量相差52142-40758=11384，英国和日本的论文数量相差87916-81315=6601，错误；Ⅱ项，十名开外的国家论文数共201258，德、法、意三国论文数量之和为74552+52142+38064远不足20万，正确；Ⅲ项，通过度数可看出在排名前十的国家中，后七名国家的论文数量之和仍然小于美国，正确，因此Ⅰ错误，Ⅱ和Ⅲ正确。

（二）条形图

【题型特征】

此类图也叫长条图、柱状图或直条图。这种统计图是用一个单位长度表示一定的数量，根据数量的大小画成长短不同的直条，然后把这些直条按一定的顺序排列起来得到的。条形图主要用于表示离散型数据资料，即计数数据，其特点是很容易看出各种数量的多少，并且便于比较各数量的大小关系。

【解题指南】

一般数据可从图中直接观察知，但对于两种相差无几的数据，可借助直尺比较两个数据之间的大小关系。

例1. 根据下图回答1~5题。

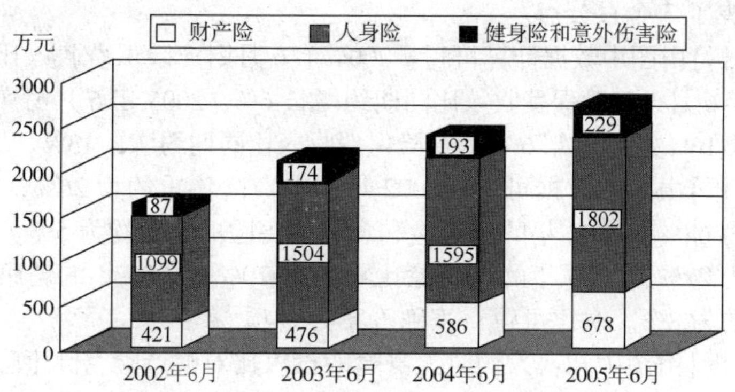

2002年至2005年同期某市保险业保费收入变化

1. 该市2005年6月的总保费收入比去年同期约增长了(　　)。

A. 14. 1%　　B. 24. 1%　　C. 34. 1%　　D. 68. 5%

2. 该市2005年6月人身险保费收入占总保费收入的比重与2003年同期相比(　　)。

A. 约增加了3%　　B. 约减少了3%　　C. 约增加了6%　　D. 约减少了6%

3. 与上一年同期相比增幅最大的是(　　)。

A. 2004 年 6 月财产险保费收入　　　　B. 2004 年 6 月人身险保费收入

C. 2005 年 6 月财产险保费收入　　　　D. 2005 年 6 月人身险保费收入

4. 2003 年 6 月，该市哪一种保险的保费收入占总保费收入的比重相对 2002 年 6 月有最大增长(　　)。

A. 财产险　　　　B. 人身险

C. 健康险和意外伤害险　　　　D. 无法判断

5. 根据四年来该市保费收入的变化，可以推出(　　)。

[1]该市的人均收入有较大增长

[2]人们的保险和理财意识不断增强

[3]人们对于人身险的投入明显高于对于其他险种的投入

A. [1]　　B. [3]　　C. [1]与[2]　　D. [2]与[3]

【参考答案与解析】

1. A【解析】由题意可得：2005 年 6 月的总保费收入为 229+1802+678=2709(万元)，2004 年 6 月的总保费收入为 193+1595+586=2374(万元)。故 2005 年 6 月的总保费收入比去年同期增长了(2709-2374)÷2374×100%≈14. 1%。

2. B【解析】由图可得：2005 年 6 月人身险保费收入占总保费收入：1802÷2709×100%≈66. 5%，2003 年同期为 1504÷2154×100%≈69. 8%，故 2005 年比 2003 年约减少了 3 个百分点。

3. A【解析】由图中数据计算可得：2004 年 6 月财产险保费收入比同期约增长 23%，2004 年 6 月人身险保费收入比同期约增长 6%，2005 年 6 月财产险保费收入比同期约增长 16%，2005 年 6 月人身险保费收入比同期约增长 13%。故选 A 项。

4. C【解析】由图中数据可得：2002 年的财产险比重约为 26%，2002 年的人身险比重约为 68%，2002 年的健康险和意外伤害险的比重约为 5%。2003 年的财产险比重约为 22%，2003 年的人身险比重约为 70%，2003 年的健康险和意外伤害险的比重约为 8%。对比可得，正确答案为 C 项。

5. B【解析】由图中知：人们对人身险的投入比对财产险、健康险和意外伤害险的投入要高，故[3]正确。从图中不能看出人们理财意识不断增强和该市人均收入有较大增长。故 B 项正确。

(三) 折线图

【题型特征】

此图也称趋势图，是按一定的时间间隔统计数据，利用曲线的连续变化来反映事物动态变化的图形。与条形图比较，折线图不仅可以表示数量的多少，而且可以反映同一事物在不同时间里的发展变化的情况。折线图不直接给出精确的数据，但只要掌握了一定的技巧，熟练运用“坐标法”可以很快确定某个具体的数据。折线图通常用直角坐标系表示，横坐标表示时间间隔，纵坐标表示事物数量尺度，根据事物动态数列资料，在直角坐标系上确定各图示点，然后将各点连接起来，即为折线图。

【解题指南】

借助直尺，利用坐标定位法，找出具体问题的相关数据。通观全图，判断变化趋势。

例 1. 根据所给的图形资料回答 1~5 题。

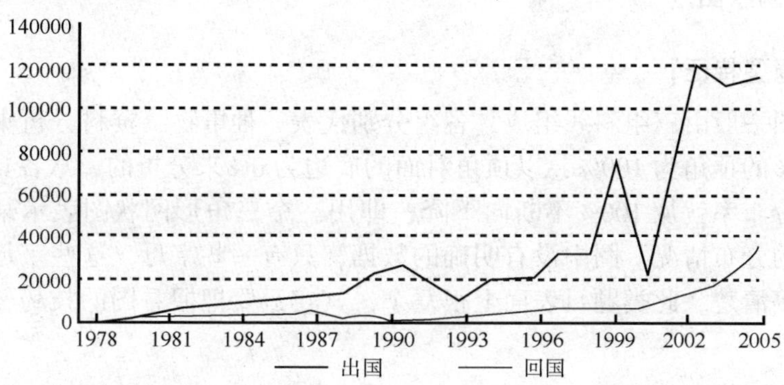

1978~2005 年我国留学出国与回国人数(单位：人)

1. 留学出国人数与回国人数是否都有逐渐增加的趋势(　　)。

A. 前者没有，后者有　　B. 前者有，后者没有

C. 都有　　D. 都没有

2. 1990—2005 年的各年中，留学出国与回国人数之比最小约是(　　)。

A. 1∶1　　B. 2∶1　　C. 3∶1　　D. 4∶1

3. 留学出国人数波动最大的时期是(　　)。

A. 1989~1992 年　　B. 1990~1994 年　　C. 2001~2005 年　　D. 1999~2002 年

4. 2005 年与 2000 年相比，留学出国人数增加了约多少人(　　)。

A. 60000　　B. 80000　　C. 85000　　D. 90000

5. 下列说法正确的是(　　)。

A. 进入新世纪以来，留学出国人员的回国人数明显增多

B. 改革开放以来，留学出国人员的回国人数逐年增加

C. 2000~2005 年期间，留学出国人数有减少趋势

D. 从 1980~2005 年这一期间，并非每-年的留学出国人数都比回国人数多

【参考答案与解析】

1. C【解析】直接从图中可得。

2. B【解析】留学出国与回国人数相差最小出现在 1992～1993 年，由曲线知最小比约为 2：1，所以选 B。

3. C【解析】观察曲线知：波动最大的时期是 2001～2005 年，选 C。

4. B【解析】观察曲线，简单计算知：120000－40000＝80000，选 B。

5. A【解析】从曲线变化趋势知 A 项正确；B 项并不是逐年增加情况；C 项看不出有减少趋势；D 项中，出国留学的曲线一直都在回国人数曲线上方，故其是每一年都比回国人数多。

（四）网状图

【题型特征】

此类图一般由三组斜线组成，各组分别代表一种事物。资料分析中的网状图是以三角形的顶角为 100%，以顶角对面的底边为 0%来分析的，从各自的顶端向下面走，分布率就从 100%不断向下降，即用一个三角形网状图表示某个对象在三个方面的分布情况。图中没有明确的数据，只有一些字母，这些字母代表的意义一定要搞清楚。此类题目表面上很复杂，其实只要把握看图的技巧，题目解答则很简单。

【解题指南】

100%可以用定点到对边垂线的长度代表，任何一点到一边的长度都可以与 100%做对比，得到要求的比例值。

例 1. 根据下面的统计图，回答问题。

图示是某省城市、郊区、农村各类学校的分布情况。A 代表大学，B 代表中专学校，C 代表师范学校，D 代表普通中学，E 代表职业中学，F 代表小学，G 代表私立学校。

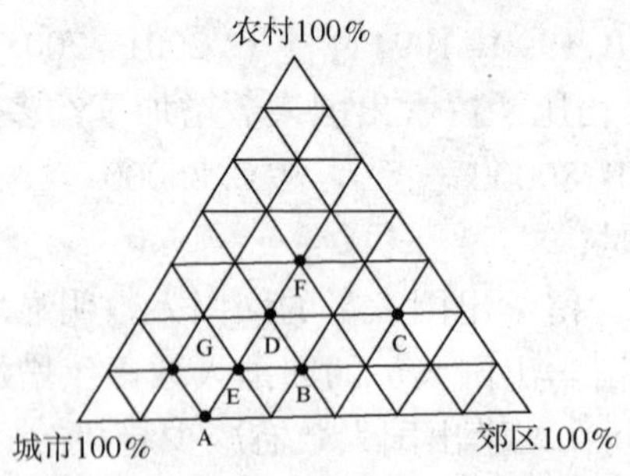

1. 农村分布率最高的是(　　)。

A. 小学　　B. 普通中学　　C. 师范学校　　D. 私立中学

2. 在农村分布率最低的是(　　)。

A. 私立中学　　B. 职业中学　　C. 中专学校　　D. 大学

3. 师范学校在城市的分布率，与普通中学在城市的分布率之比为(　　)。

A. 1∶2　　B. 1∶3　　C. 1∶4　　D. 1∶5

4. 哪一类学校在城市、郊区、农村的分布率基本相同(　　)。

A. 师范学校　　B. 中专学校　　C. 小学　　D. 职业中学

5. 下面叙述不正确的是(　　)。

A. 私立学校和大学在城市的分布率相同

B. 在农村分布率相同的是师范学校和普通中学

C. 在郊区分布率相同的有大学、职业中学和普通中学

D. 师范学校在郊区和农村分布比城市少 1/7

【参考答案与解析】

1. A【解析】观察图形，农村 100%居于最上方的顶角，通过比较我们很容易就会发现，F 距最上端的顶角最近，F 在农村的分布率最大，结合题外的说明知，F 代表的是小学，因此选 A。

2. D【解析】问的是在农村分布率最低的要素，在图上很容易找出 A 符合要求，它代表大学，对照答案选项，可知 D 为正确答案。

3. B【解析】师范学校在城市的分布率在图中是 C，因为七等分，所以在城市的分布率为 1/7，同理可以得出普通中学在城市的分布率为 3/7，两者相比得到本题答案为 B。

4. C【解析】因为 F 位置特殊，首先注意到它，经过观察，发现 F 基本上位于大三角形的中心，因此，选出 F 代表的小学。

5. D【解析】此题是比较复杂一点的判断分析题。通过观察对比可知 D 项的叙述是不正确的，从图中可以看出 C 代表的师范学校在郊区和农村分布都比城市多。

(五) 三维立体图

【题型特征】

三维图相对于平面图形来说明显地增大了读题的难度，主要考查考生对立体图形的感知能力和解读能力，这种图形相比其他类型更能直观反映出有三种指标限制的数据的大小。

【解题指南】

这种图形只要明确各个坐标的意义，运用三维坐标法很容易找到具体数据。

例 1. 根据下图回答 1~3 题。

下图反映的是美国高中毕业生参加 SAT(学习能力测验)和 GPA(平均积点)模拟考试的分数，以及 SAT、GPA 成绩与这些学生最终升入大学的百分比之间的关系。

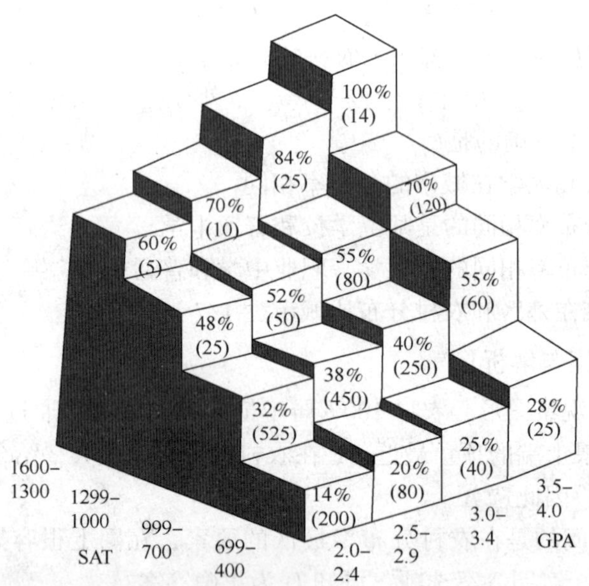

注：图中,%表示最终被大学录取的学生的百分比。(　　)表示每个分数段高中毕业生的总人数。受试学生 GPA 的成绩大于 2.0 的共 1959 人。受试学生中最终升入大学的共 744 人。

1. GPA 成绩在 3.5~4.0 之间，而 SAT 成绩在 1000~1299 之间的学生中有(　　)人没能升入大学。

A. 84　　B. 72　　C. 32　　D. 36

2. 升入大学的学生最多的一组是(　　)。

A. 3.0~3.4/700~999　　B. 2.0~2.4/700~999

C. 3.5~4.0/400~699　　D. 2.5~2.9/700~999

3. 在 1959 名学生中，SAT 的分数低于 700 未能升入大学的学生大约占(　　)。

A. 7.25%　　B. 14.5%　　C. 29%　　D. 58%

【参考答案与解析】

1. D【解析】120×(1−70%)=36 人。

2. D【解析】A 的值为 250×40%=100，B 的值为 525×32%=168，C 的值明显太小，D 的值为 450×38%=171，所以应选择 D。

3. B【解析】SAT 的分数低于 700 未能升入大学的学生人数为 200×(1−14%)+80×(1−20%)+40×(1−25%)+25×(1−28%)=172+64+30+18=284 人，那么所占比例为：284÷1959=14.5%。

(六) 环形图

【题型特征】

环形图的中间有一个空洞，总体中的每一部分数据用环中的一段表示，可用来同时绘制多个数据，每个数据为一个环，每个环又可以进行划分，因此可显示多个总体各部分所占的相应比例。

【解题指南】

正确理解图中数据的意义，可以帮助迅速找出解题关键点。

例 1. 请根据图表回答 1~5 题。

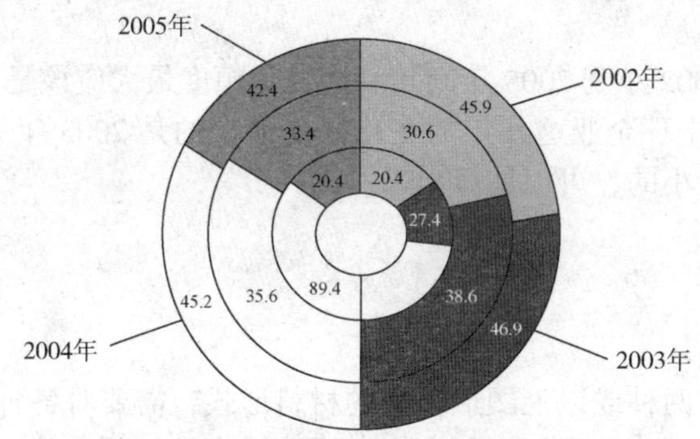

三企业年利润变化情况图表(亿元/年)

1. 在 2003~2005 年间，利润连续递减的有哪些企业(　　)。

A. 外、内环企业　B. 外、中环企业　C. 中、内环企业　D. 外环企业

2. 利润增幅排列前两名的是哪些企业(　　)。

A. 内环企业/2004 年，中环企业/2003 年

B. 中环企业/2004 年，外环企业/2003 年

C. 内环企业/2003 年，内环企业/2005 年

D. 内环企业/2004 年，内环企业/2003 年

3. 2004 年，中环企业利润减幅比 2005 年多几个百分点(　　)。

A. 2. 12 个百分点　B. 1. 86 个百分点　C. 1. 59 个百分点　D. 1. 38 个百分点

4. 2005 年，外、中、内环三企业年利润减幅为百分之多少(　　)。

A. 74. 83%　B. 67. 43%　C. 43. 48%　D. 32. 46%

5. 在 2002~2005 年间，按年利润变化幅度由大到小排列的企业(　　)。

A. 内、外、中环企业　B. 内、中、外环企业

C. 中、内、外环企业　D. 外、中、内环企业

【参考答案与解析】

1. B【解析】据图形外环企业 2003 年到 2005 年利润为 46. 9—45. 2—42. 4 属

于连续递减；中环企业从 38. 6—35. 6—33. 4 也是连续递减；内环企业从 27. 4—89. 4—20. 4 不是连续递减；因此选择 B。

2. D【解析】利润增幅看，2004 年内环企业增幅为(89. 4-27. 4)÷27. 4=2. 26 倍；是最高的，因此，排除 B、C；2003 年中环企业(38. 6-30. 6)÷30. 6=26%；2003 年内环企业(27. 4-20. 4)÷20. 4=34%；所以选择 D。

3. C【解析】2004 年中环企业利润减幅为(38. 6-35. 6)÷38. 6≈7. 77%；2005 年中环企业利润减幅为(35. 6-33. 4)÷35. 6≈6. 18%。所以，7. 77%-6. 18%=1. 59 个百分点。

4. C【解析】2005 年外、中、内三企业年利润和为 42. 4+33. 4+20. 4=96. 2；2004 年年利润和为 89. 4+35. 6+45. 2=170. 2，所以，减幅为(170. 2-96. 2)÷170. 2≈43. 48%。

5. B【解析】2002 年到 2005 年间年利润变化幅度最大应该是 2004 年内环企业为 226%；其次，中环企业这几年的变化幅度最大的是 2003 年为 26. 14%；外环企业变化幅度是最小的，可以估算出来。选择 B。

(七)综合图

【题型特征】

本类型包含有两种或以上图形类型的材料形式，需要对各种图形类型联系起来综合了解，才能正确地理解资料内容，回答给出的问题。

【解题指南】

熟练掌握各类图形的特点，综合各种数据信息解题，事实上，这种题型的数据信息更直观。

例 1. 根据下图回答 1~5 题。

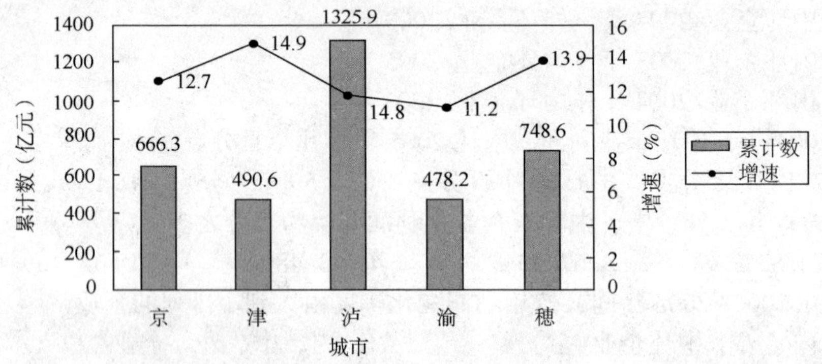

2003 年第一季度五市 GDP 情况图

注：增速是指与去年同期相比的增加速度。北京、天津、上海、重庆、广州五市 GDP 增速比去年同期的增速分别提高了 5. 4 个、2. 6 个、2. 2 个、2 个和 2. 6 个百分点。

1. 2003 年第一季度 GDP 总量增长最快的城市是(　　)。

A. 北京　　B. 天津　　C. 上海　　D. 广州

2. 2003 年第一季度 GDP 总量和增速均居同一位的城市有(　　)。

A. 1 个　　B. 2 个　　C. 3 个　　D. 4 个

3. 下列哪个组合的陈述可能正确(　　)。

Ⅰ. 2003 年，上述 5 个城市 GDP 增速均实现两位数增长

Ⅱ. 2003 年，广州经济总量首次超过北京

Ⅲ. 2002 年同期，重庆 GDP 总量也是第五位

A. Ⅰ　　B. Ⅰ和Ⅲ　　C. Ⅰ和Ⅱ　　D. Ⅰ、Ⅱ和Ⅲ

4. 2001 年同期 GDP 总量位居第一和最后的两个城市分别是(　　)。

A. 上海和天津　　B. 上海和重庆　　C. 北京和广州　　D. 北京和天津

5. 2002 年第一季度 GDP 总量和增速均居第四位的城市是(　　)。

A. 北京　　B. 天津　　C. 重庆　　D. 广州

【参考答案与解析】

1. B【解析】注意总量增加最快的是指增加速度最快的，而不是说增加最多的。

2. C【解析】2003 年第一季度 GDP 总量从高到低依次排列为沪-穗-京-津-渝，增速从高到低依次排列则为津-穗-京-沪-渝，二者均居同一位的城市有三个，即穗、京和渝故选 C。

3. D【解析】由图表可见，2003 年第一季度五市 GDP 增速均实现两位数增长，所以全年实现两位数增长也是完全有可能的，也就是说Ⅰ是有可能的；第一季度广州经济总量(748.6 亿元)已经超过北京(666.3 亿元)，那么全年超过北京也是有可能的，即Ⅱ也是有可能的；2003 年第一季度五市 GDP 总量中，重庆是第五位，五市的增速又相差不远，所以 2002 年同期重庆 GDP 总量也可能是第五位，Ⅲ也有可能。故三个陈述都有可能，D 为正确答案。

4. A【解析】由图表可见，北京市 2003 年第一季度 GDP 增速为 12.7%，又知增速比去年同期提高了 5.4 个百分点，因此北京市 2002 年第一季度 GDP 增速为 (12.7-5.4)%=7.3%；而北京市 2003 年第一季度 GDP 总量为 666.3(亿元)，可以算出北京市 2001 年第一季度 GDP 总量为 666.3÷(1+12.7%)÷(1+7.3%)=551(亿元)。同理可算出其他四市的 2001 年同期 GDP 总量，分别为 380，1082，394，591(亿元)。可见其中最高的是上海，最低的是天津，故选 A。

5. C【解析】用上题方法可算出 2002 年第一季度五市的 GDP 总量分别是 591，427，1186，430，657(亿元)，增速分别为 7.3%，12.3%，9.6%，9.2%，11.3%，所以二者均居第四位为重庆，故选 C。

【真题回顾】

请根据下方资料回答 1~5 题。

2012 年一季度，本市旅游市场开局良好，旅游总收入和接待旅游总人数同步增长。一季度，本市共接待旅游总人数 4371. 5 万人次，比 2011 年同期增长 9. 3%。实现旅游总收入 692. 2 亿元，增长 9. 0%。其中，接待国内旅游人数 4269. 1 万人次，增长 9. 3%，实现国内旅游收入 622. 9 亿元，增长 9. 0%；接待入境旅游人数 102. 4 万人次，增长 9. 2%，其中，接待外国游客 87. 9 万人次，增长 10. 3%。实现旅游外汇收入 10. 7 亿美元，增长 9. 2%。

从三大主要客源国接待量来看，一季度，累计接待美国、韩国、日本入境游客占全市入境游客总数的 34. 8%。其中，接待美国游客 14. 7 万人次，增长 6. 9%；接待日本游客 10. 7 万人次，增长 25. 7%；接待韩国游客 10. 4 万人次，下降 0. 4%。

从洲际客源市场来看，一季度，累计接待各大洲的入境游客数量全面增长。其中，接待亚洲游客 37. 3 万人次，增长 12. 4%；接待欧洲游客 25. 4 万人次，增长 9. 8%；接待美洲游客 19. 7 万人次，增长 7. 4%；接待大洋洲游客 3. 5 万人次，增长 28. 9%；接待非洲游客 1. 3 万人次，增长 30. 9%。(中国工商银行)

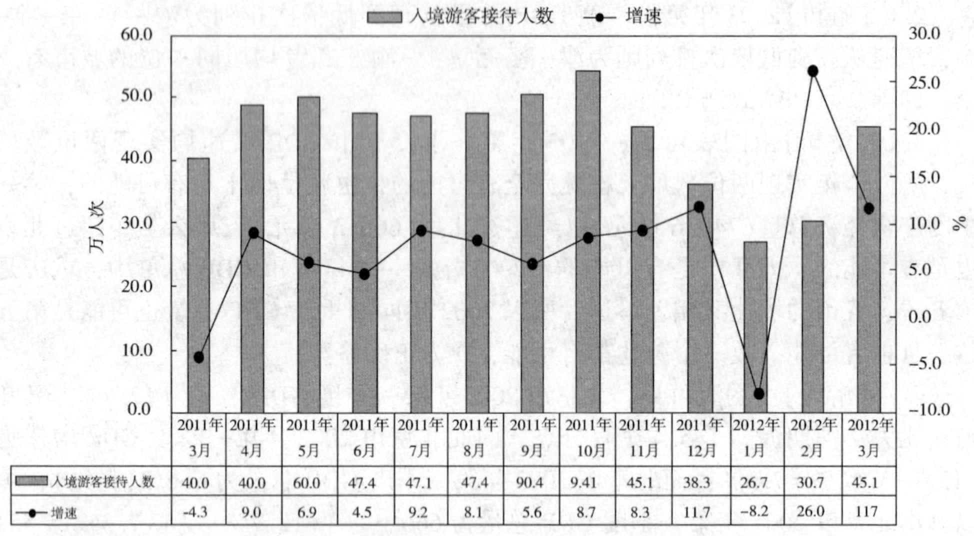

	2011年3月	2011年4月	2011年5月	2011年6月	2011年7月	2011年8月	2011年9月	2011年10月	2011年11月	2011年12月	2012年1月	2012年2月	2012年3月
入境游客接待人数	40.0	40.0	60.0	47.4	47.1	47.4	90.4	9.41	45.1	38.3	26.7	30.7	45.1
增速	-4.3	9.0	6.9	4.5	9.2	8.1	5.6	8.7	8.3	11.7	-8.2	26.0	117

1. 2012 年第一季度，北京市接待国内旅游平均人次旅游收入为(　　)元。

A. 1459. 1　　B. 1463. 2　　C. 1583. 4　　D. 1587. 8

2. 2011 年第一季度，北京市累计接待美国、韩国、日本入境旅客占全市入境游客总数的(　　)。

A. 29. 7%　　B. 32. 3%　　C. 34. 9%　　D. 35. 3%

3. 2012 年第一季度，北京市接待非洲游客占各大洲入境游客总数的比例为(　　)。

A. 1.5%　　B. 1.4%　　C. 1.3%　　D. 1.2%

4. 2011 年 3 月至 2012 年 3 月间，北京市接待入境游客数量的增速较上月有所下降的有(　　)个月份。

A. 6　　B. 5　　C. 3　　D. 2

5. 根据资料和图形，下列说法错误的是(　　)。

A. 2012 年第一季度，北京市接待入境游客人数同比增长 8.6 万人次

B. 2011 年第一季度，北京市接待亚洲游客比欧洲游客多 10.9 万人次

C. 2012 年第一季度，北京市接待日本入境游客占入境游客总数的 10.4%

D. 2011 年第一季度，北京市实现国内旅游收入 571.5 亿元

请根据下方资料回答 6~10 题。

下面的三角形表示甲、乙、丙、丁、戊五个城市的中学生对 X、Y、Z 三个电视节目的喜欢情况调查结果。如甲城喜欢 X 节目的占 30%，喜欢 Y 节目的占 70%，无人喜欢 Z 节目；而丙城 20%喜欢 X 节目，50%喜欢 Y 节目，30%喜欢 Z 节目。

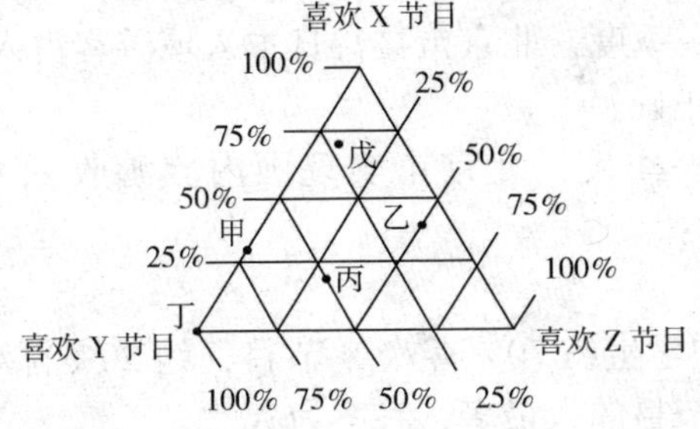

6. 戊城中学生最喜欢的节目是(　　)。

A. X　　B. Y　　C. Z　　D. 不能判断

7. 甲城中学生与丁城中学生共同特点是(　　)。

A. 不喜欢 X 节目　B. 不喜欢 Y 节目　C. 不喜欢 Z 节目　D. 没有共同点

8. Y 节目最受欢迎的城市是(　　)。

A. 丁城　　B. 甲城　　C. 戊城　　D. 丙城

9. Z 节目在丙城受欢迎的程度要达到 X 节目在戊城的水平，需增加的百分比例是(　　)。

A. 50%　　B. −20%　　C. 40%　　D. −30%

10. 就 X、Y、Z 三个节目比较而言，最受该五个城市中学生欢迎的节目是(　　)。

A. X　　B. Y　　C. Z　　D. 无法判断

【参考答案与解析】

1. A【解析】由第一段可知，2012 年第一季度，北京市共接待国内旅游人数 4269. 1 万人次，实现国内旅游收入 622. 9 亿元，所以 622. 9÷4269. 1×10000≈1459. 1 元，选 A 项。

2. C【解析】2011 年第一季度北京市累计接待入境游客总数为 102. 4÷(1+9. 2%)≈93. 77 万人次，累计接待美国、韩国、日本入境游客总数为 14. 7÷(1+6. 9%)+10. 7÷(1+25. 7%)+10. 4÷(1-0. 4%)≈32. 7 万人次，32. 7÷93. 77≈34. 9%。故选 C 项。

3. C【解析】2012 年第一季度，接待入境旅游人数为 102. 4 万人次，接待非洲游客 1. 3 万人次，故 1. 3÷102. 4≈1. 3%，选 C 项。

4. A【解析】根据折线图可知，增速较上月有所下降的有 2011 年 5、6、8、9 月，2012 年 1、3 月，共 6 个月份。

5. B【解析】A 项，由第一段可知，2012 年第一季度北京市接待入境游客人数同比增长 102. 4×9. 2%÷(1+9. 2%)≈8. 6 万人次，A 正确；

B 项，2011 年第一季度，北京市接待亚洲游客比欧洲游客多 37. 3÷(1+12. 4%)-25. 4÷(1+9. 8%)≈10. 06 万人次，故 B 错误；

C 项，2012 年第一季度，北京市接待日本入境游客占入境游客总数的 10. 7÷102. 4≈10. 4%，C 项正确；

D 项，2011 年第一季度，北京市实现国内旅游收入 622. 9÷(1+9. 0%)≈571. 5 亿元，D 项正确；

综上，应选 B 项。

6. A【解析】戊城中学生约 70%喜欢 X 节目，约 20%喜欢 Y 节目，约 10%喜欢 Z 节目，故喜欢 X 节目的人最多，答案为 A。

7. C【解析】丁城中学生无人喜欢 X 节目和 Z 节目，喜欢 Y 节目的人是 100%；再将其与甲城中学生相比较，可知他们都不喜欢 Z 节目，故正确答案为 C。

8. A【解析】丁城中学生喜欢 Y 节目的人是 100%，比其他城市都高，故正确答案为 A。

9. C【解析】通过分析表格中的数据容易得知 Z 节目在丙城受欢迎程度约为 30%，X 节目在戊城受欢迎程度约为 70%，二者相差 40%，故正确答案为 C。

10. B【解析】将三个节目在各个城市受欢迎的百分比相加，易知该题选 B。

四、综合资料

【题型特征】

综合资料是将文字资料、统计表和统计图两种或者两种以上综合在一起，同时出现在一道题目中。一般来说，文字资料具有一个中心含义，给出概述性的表

述；统计表相对具体，数据清晰；统计图直观，适合定性描述。三种统计资料综合考查就加大了信息量，增加了试题难度。综合题型的考核，可以单独看某一个材料出题，也可以几个材料结合起来出题，主要是要求熟练掌握三种形式，并熟悉它们的内在关系，熟练的进行快速切换。

【解题指南】

对于综合资料，要根据它们的特点来悉心解读不同标识、图像、表格或者其他形象标示的本身含义和相关含义，搞清楚文字、表格或者图形的实际含义和彼此之间的内在关系，特别是数理关系。

（一）文字+图形

本类题型的每道题涉及文字资料和图形资料两种。在图形资料中反映不出的信息，在文字资料里有效查找，准确定位。

例 1. 根据所给图表、文字资料回答 1~5 题。

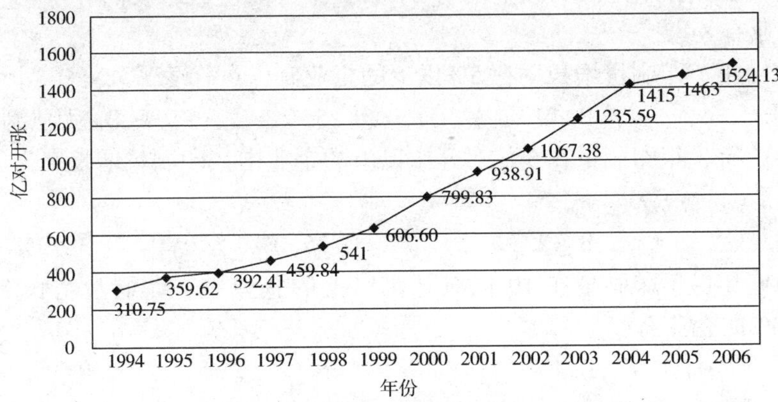

图 1　1994 至 2006 年全国报纸印刷量增长曲线

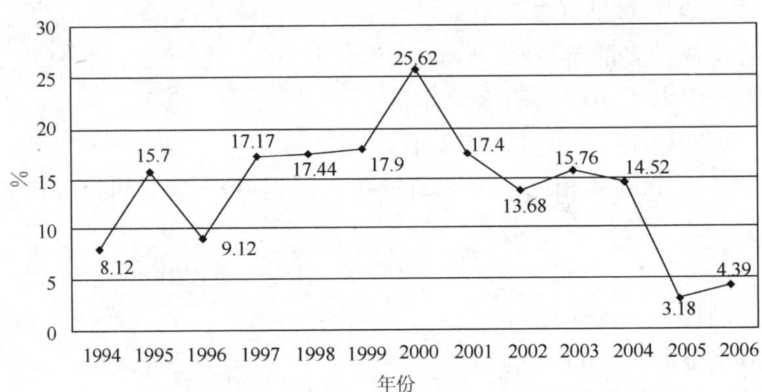

图 2　1994 至 2006 年全国报纸印刷量增长曲线

在1994~2006年间，全国报纸印刷总量持续增长。

以2004年为例，年印刷量在10亿对开张以上的企业有30家，其中印刷量增长的企业占90%，而且全部增长5%以上，增长率达两位数的企业占66.67%。年印刷量在5亿至10亿对开张之间的企业有26家，其中印刷量增长的有25家，增长率达到两位数的有19家。

到了2005年，年印刷量在10亿对开张以上的企业有29家，其中印刷量增长的有17家，增长5%以上的有11家，而保持两位数增长的有8家。印刷量减少的企业有11家。年印刷量在5亿至10亿对开张之间的企业有31家，其中印刷量增长的有20家，增长5%以上的有16家，保持两位数增长的有13家。印刷量减少的企业有10家。

再看2006年，年印刷量在10亿对开张以上的企业有31家，其中印刷量增长的有19家，增长5%以上的有14家，保持两位数增长的有10家。印刷量减少的企业有11家。年印刷量在5亿至10亿对开张之间的企业有28家，其中印刷量增长的有20家，增长5%以上的有14家，保持两位数增长的有7家。印刷量减少的企业有8家。

1. 2004年，印刷量增长率在5%以上的企业有(　　)家。

A. 19　　B. 49　　C. 55　　D. 无法判断

2. 2005年，年印刷量在5亿对开张以上的企业中，印刷量增长率为负的企业所占比例是(　　)。

A. 16.6%　　B. 32.3%　　C. 35.0%　　D. 38.3%

3. 2006年，年印刷量在10亿对开张以上的企业中，印刷量增长5%以上，且低于10%的企业有(　　)家。

A. 3　　B. 4　　C. 5　　D. 8

4. 以下关于1994~2006年年印刷量、年增长率的说法中，正确的是(　　)。

A. 年平均增长率在10%以上

B. 年增长量最多的是2001年

C. 年增长率大于10%的有8个年份

D. 1998年的年增长量不到2002年的一半

5. 2005年与2006年相比，年印刷量在5亿对开张以上的企业中，以下正确的是(　　)。

	2005	2006
A. 年印刷量减少的企业数	11	11
B. 年增长率低于5%的企业数	33	31
C. 年增长率为两位数的企业数	13	10
D. 年印刷量10亿对开张以上的企业占企业总数的百分比	49%	50%

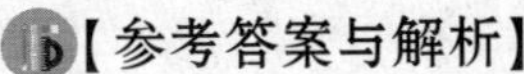

1. D【解析】以往这类问题的 D 选项“无法判断”从未作为正确选项出现过，然而这道题根据文字材料的第二段无法得出印刷量增长率在 5%以上的企业个数，因为根据“年印刷量在 5 亿至 10 亿对开张之间的企业有 26 家，其中印刷量增长的有 25 家，增长率达到两位数的有 19 家”这句话，只能知道印刷量增长率分别达到或超过 10%以及不到 10%(但也是增长)的企业个数。

2. C【解析】根据第三段中“年印刷量在 10 亿对开张以上的企业有 29 家，”以及“年印刷量在 5 亿至 10 亿对开张之间的企业有 31 家”两句资料可知，年印刷量在 5 亿对开张以上的企业一共有 60 家，其中 10 亿对开张以上有 11 家印刷量减少，5 亿至 10 亿对开张之间有 10 家印刷量减少，一共有 21 家印刷量增长率为负。因此这些企业占企业总量的比例为 21÷60＝35%。细心的考生会发现，两类企业中，印刷量增长的企业分别为 17 家与 20 家，合在一起为 37 家，而印刷量减少的有 21 家，还有两家企业哪里去了呢？根据材料推断，这两家企业应当是印刷量恰好不变。

3. B【解析】根据第四段中“增长 5%以上的有 14 家，保持两位数增长的有 10 家”可知，符合要求的企业有 4 家。

4. A【解析】这道题讲究解题策略。A 选项需要繁琐计算，因此先不进行判断；B 选项不正确，因为 2004 年增长量比 2001 年多；C 选项不正确，因为一共有 9 个年份的增长率大于 10%；D 选项不正确，1998 年的增长量(绝对量)为 541－459.81>540－460＝80，而 2002 年的增长量(绝对量)为 1067.38－938.91<1070－930＝140，因此 1998 年的增长量超过了 2002 年的一半。只可能是 A 选项正确。

5. B【解析】这道题需要耐心读材料找答案。A 选项不正确，因为 2005 年印刷量在 5 亿对开张以上的企业，有 11+10＝21 家印刷量减少的企业，11 家只是年印刷量 10 亿对开张以上的企业中印刷量减少的企业个数；B 选项较为繁琐，先不进行判断；C 选项不正确，因为 2005 年增长率在两位数的企业数为 8+13＝21 家，21 家只是年印刷量 5~10 亿对开张企业中保持两位数增长的企业数；D 选项不正确，因为 2006 年印刷量在 10 亿对开张以上的企业有 31 家，而印刷量在 5－10 亿对开张的企业有 28 家，因此年印刷量 10 亿对开张以上的企业占企业总数的百分比大于 50%。只可能是 B 选项正确，需要注意的是 B 选项当中年增长率低于 5%的企业包括了增长率为负的企业。

（二）文字+表格

本题型的每道题包含文字资料和表格资料两种形式。表格中的数据信息，结合文字资料的表述，是所有问题答案的来源，综合两者解答问题。

例 1. 根据以下资料，回答 1~5 题。

2006 年全国农村外出从业劳动力流向及从业情况统计表 %

	全国	东部地区	中部地区	西部地区	东北地区
外出从业劳动力从业地区构成					
乡外县内	19.2	29.9	13.5	15.2	26.9
县外市内	13.8	18.4	9.9	12.4	31.5
市外省内	17.7	33.1	9.0	12.8	24.2
省外	49.3	18.6	67.6	59.6	17.4
外出从业劳动力产业构成					
第一产业	2.8	2.5	2.2	3.6	4.2
第二产业	56.7	55.8	57.1	58.4	44.3
第三产业	40.5	41.7	40.7	38.0	?

2006 年，全国农村外出从业劳动力中，男性劳动力 8434 万人，占 64%。从年龄构成上看，20 岁以下占 16.1%；21~30 岁占 36.5%；31~40 岁占 29.5%；41~50 岁占 12.8%；51 岁以上占 5.1%。从文化程度上看，文盲占 1.2%；小学文化程度占 18.7%；初中文化程度占 70.1%；高中文化程度占 8.7%；大专及以上文化程度占 1.3%。

1. 全国农村外出从业的女性劳动力约有多少万人(　　)。

A. 4744　　B. 5397　　C. 9901　　D. 13178

2. 表中“?”处的数值应为(　　)。

A. 41.6　　B. 42.5　　C. 51.5　　D. 52.4

3. 假设不同性别劳动力会在三大产业间均匀分布，则全国男性农村外出从业劳动力从事第二产业的约有多少万人(　　)。

A. 3416　　B. 3736　　C. 4342　　D. 4782

4. 关于农村外出从业劳动力的描述，无法从上述资料中推出的是(　　)。

A. 外出劳动力大多从事第二产业

B. 东部和东北地区的劳动力大部分会留在省内

C. 各地区的劳动力流向主要取决于本地的生活习惯

D. 不同地区劳动力对从业地区选择的倾向性差异很大

5. 关于农村外出从业劳动力的描述，能够从上述资料中推出的是(　　)。

A. 东北地区劳动力对从业地的选择差异最小

B. 超过 7500 万男性劳动力为高中以下文化程度

C. 中、西部地区劳动力大部分流向东部和东北地区

D. 大专及以上文化程度仅占 1.3%，说明高学历的劳动力多数都在家从业

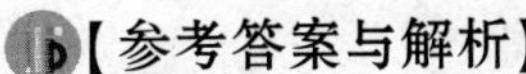

【参考答案与解析】

1. A【解析】男性劳动力为 8434 万人，占总外出从业劳动力的 64%，因此，女性占总外出从业劳动力的 36%，其数量为 8434÷64%×36% ≈4744 万人。

2. C【解析】从事第一产业、第二产业、第三产业的人相加起来应当恰好为 100%，因此，“?”处的数值应为 100-4. 2-44. 3=51. 5。

3. D【解析】如果不同性别的劳动力在三大产业间均匀分布，那么男性农村外出从业劳动力从事第二产业的人数占男性总人数的百分比则为 56. 7%。因此，男性农村外出从业劳动力从事第二产业的人数为 8434×56. 7%≈4782 万人。

4. C【解析】这道题很简单，只需要注意到 C 选项当中出现的“本地的生活习惯”在题目所给资料当中并未涉及，就可以断定 C 选项中的说法是无法根据资料推出的；第二产业从业人员的百分比几乎在各个地区都是最大的，因此 A 选项正确；东部和东北地区在省外从业人员占从业人员总数的百分比均不足 20%，因此 B 选项正确；结合 B 选项的说法，以及中部、西部地区在省外从业人员占从业人员总数的百分比超过 50%可知，不同地区的从业人员对于从业地区的选择倾向性差异较大，因此 D 选项正确。

5. A【解析】从表格可以看出，东北地区劳动力在四种从业地的劳动力人数最为均衡，因此劳动力对从业地的选择差异最小，因此 A 选项正确；注意到文字资料当中，高中及以上文化程度的劳动力有 10%，但是这是针对男性、女性一起统计的结果，不能代表男性劳动力中高中及以上文化程度的劳动力百分比，因此 B 选项无法知道；资料中并未涉及各地区劳动力的流向问题，因此 C 选项无法知道；高中以上文化程度的劳动力占 1. 3%与该部分劳动力的从业地之间没有任何关系，因此 D 选项纯属无中生有。

（三）表格+图形

本题型中的每道题都包含表格资料和图形资料两种形式。综合利用表格数据的查找技巧和图形资料的识别方法解答此类问题。

例 1. 根据下列统计资料回答 1~5 题。

表一　2001 年部分省(市)国民经济主要指标及在全国的位次

指标 / 省份	GDP(亿元)		年末总人口(万人)		城镇居民人均可支配收入(元)		农民人均纯收入(元)	
	绝对值	位次	绝对值	位次	绝对值	位次	绝对值	位次
上海	4951	8	1614	25	12883	1	5871	1
湖北	4662	9	5975	9	5856	17	2352	11

续表

指标 / 省份	GDP(亿元)		年末总人口(万人)		城镇居民人均可支配收入(元)		农民人均纯收入(元)	
	绝对值	位次	绝对值	位次	绝对值	位次	绝对值	位次
四川	4422	10	8640	3	6360	15	1987	19
福建	4254	11	3440	18	8313	6	3381	7
湖南	3983	12	6596	7	6781	11	2299	12
黑龙江	3561	13	3811	15	5426	27	2280	13
安徽	1290	14	6328	8	5669	21	2020	18
北京	2846	15	1383	26	11578	2	5026	2

表二　2002 年部分省(市)GDP 比 2001 年增长情况(%)

省份	上海	湖北	四川	福建	湖南	黑龙江	安徽	北京
增长率	10.9	9.1	10.6	10.5	9.0	10.3	8.9	10.2

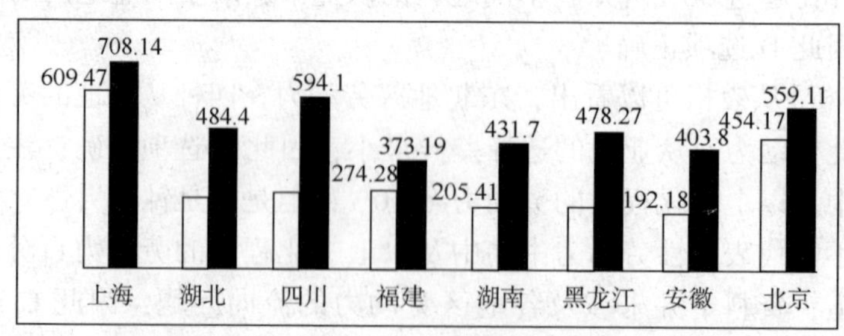

图一　2001 部分省(市)财政收支状况

1. 2002 年的 GDP 绝对值比较中，下列排名正确的是(　　)。

A. 上海>四川>福建>湖北　　B. 上海>湖北>四川>福建

C. 上海>四川>湖北>福建　　D. 四川>上海>福建>湖北

2. 根据各省(市)年末总人口推算，在 2001 年人均 GDP 比较中，下列正确的是(　　)。

A. 湖北>四川>福建>湖南　　B. 湖北>福建>湖南>四川

C. 福建>湖北>湖南>四川　　D. 福建>湖北>四川>湖南

3. 下列省(市)城镇居民可支配性收入与农村居民纯收入差距最大的是(　　)。

A. 上海　　B. 北京　　C. 福建　　D. 湖南

4. 假设各省市农村人口比例相同，则 2001 年农民总收入最高的省市是(　　)。

A. 四川　　B. 湖南　　C. 北京　　D. 上海

5. 从统计图中可以看出，2001 年北京、上海、福建三省市地方财政收入与财政支出差距十分接近，但从地方财政收入占 GDP 的比重看(　　)。

A. 北京>上海>福建　　B. 上海>北京>福建

C. 北京>福建>上海　　D. 上海>福建>北京

【参考答案与解析】

1. B【解析】首先，2002 年的 GDP 绝对值=2001 年的 GDP 绝对值×(1+增长率)，观察图表及选项，上海 2001 年 GDP 绝对值最大，且增长最快，故 2002 年 GDP 绝对值也最大，排除 D；然后再比较湖北和四川，经简单计算知：湖北 2002 年 GDP 绝对值大于四川，故只有 B 正确。

2. C【解析】首先，人均 GDP=GDP 绝对值÷人口总数。观察选项，先比较福建和湖北，福建的人均 GDP 值大于 1(亿元/万人)，而湖北小于 1(亿元/万人)，排除 A、B；再比较湖南和四川，湖南明显高于四川，故选 C。

3. A【解析】直接观察图表可知，上海差距最大。

4. A【解析】由于假设农村人口比例相同，那么农民总收入最高的省就可以看成是：农村人均纯收入和人口总数的乘积最大的省，观察图表，经简单估算知：四川省的值最大，为 8640×1987。

5. A【解析】由题意，观察图表知，北京最大，福建最小，故选 A。

【真题回顾】

请根据下方资料回答 1~5 题。

2009 年末我国广义货币供应量(M2)余额为 60. 6 万亿元，比上年末增长 27. 7%；狭义货币供应量(M1)余额为 22. 0 万亿元，增长 32. 4%；流通中现金(M0)余额为 3. 8 万亿元，增长 11. 8%。

2009 年末全部金融机构本外币各项存款余额 61. 2 万亿元，其中人民币各项存款余额 59. 8 万亿元。全部金融机构本外币各项贷款余额 42. 6 万亿元，其中人民币各项贷款余额 40. 0 万亿元。(中国石化)

2009 年全部金融机构本外币存贷款及其增长速度　　单位：亿元

指标	年末数	比上年末增长/%
各项存款余额	612006	22. 7
其中：企业存款	224357	36. 5
城乡居民储蓄存款	264761	1. 95
其中：人民币	260772	19. 7
各项贷款余额	425597	33. 0
其中：短期贷款	151353	17. 7
中长期贷款	235579	43. 5

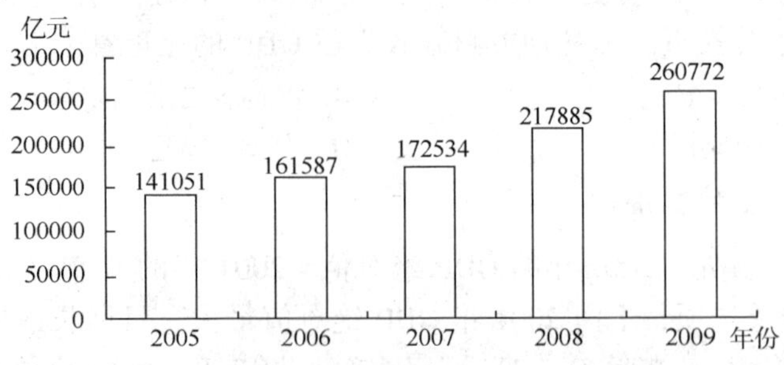

2005~2009 年城乡居民人民币储蓄存款余额

1. 2009 年末我国 M1 余额比上年末增长：（　　）

A. 5.4 万亿元　　B. 5.6 万亿元　　C. 5.8 万亿元　　D. 5.9 万亿元

2. 2008 年末，全部金融机构人民币各项存款余额占本外币各项存款余额的比重为：（　　）

A. 93.2%　　B. 95.6%　　C. 97.7%　　D. 无法计算

3. 2008 年末，全部金融机构短期贷款余额占本外币各项贷款余额的比重为：（　　）

A. 36.1%　　B. 40.2%　　C. 44.5%　　D. 无法计算

4. 2006~2009 年，城乡居民人民币储蓄存款余额增速最快的一年是：（　　）

A. 2006 年　　B. 2007 年　　C. 2008 年　　D. 2009 年

5. 根据给出的材料，下列说法不正确的一项是：（　　）

A. 2008 年末我国 M0 占 M2 的比重不到 7.5%

B. 2009 年末全部金融机构人民币各项存贷款余额占本外币各项存贷款余额的比重均超过 95%

C. 2009 年末全部金融机构短期中长期人民币贷款之和占人民币各项贷款余额的比重超过九成

D. 2006~2009 年，城乡居民人民币储蓄存款余额年均增速不足 18%

请根据下方资料回答 6~10 题。

2005 年底，全国城镇房屋建筑面积 164.51 亿平方米，其中住宅建筑面积 107.69 亿平方米，占房屋建筑面积的比重为 65.46%。东部地区房屋建筑面积 83.8 亿平方米，中部地区 45.22 亿平方米，西部地区 35.48 亿平方米，分别占全国城镇房屋建筑面积的 50.94%、27.49%和 21.57%。东部地区城镇住宅建筑面积 53.67 亿平方米，中部地区 30.33 亿平方米，西部地区 23.69 亿平方米，分别占全国城镇住宅建筑面积的 49.84%、28.16%和 22%。

2005 年全国城镇人均住宅建筑面积 26.11 平方米，其中东部地区 28 平方米，中部地区 23.9 平方米，西部地区 25.24 平方米。

全国城镇户均住宅建筑面积 83.2 平方米，户均成套住宅套数为 0.85 套。东部地区户均住宅建筑面积 85.32 平方米，中部地区 77.96 平方米，西部地区 85.75 平方米，户均成套住宅套数分别为 0.89 套、0.79 套和 0.83 套。

2005 年各地区城镇人均住宅建筑面积情况　　平方米

东部地区	28	中部地区	23.9	西部地区	25.24
北京	32.86	山西	24.79	内蒙古	22.96
天津	24.97	吉林	22.46	广西	25.23
河北	26.04	黑龙江	22.03	重庆	30.68
辽宁	21.96	安徽	22.56	四川	27.48
上海	33.07	江西	25.58	贵州	20.4
江苏	27.95	河南	23.4	云南	28.59
浙江	34.8	湖北	24.99	西藏	20.86
福建	32.28	湖南	26	陕西	23.4
山东	26.47			甘肃	23.28
广东	26.46			青海	22

6. 2005 年底，全国城镇房屋建筑面积中非住宅建筑面积为(　　)。

A. 58.62 亿平方米　　B. 56.82 亿平方米

C. 52.86 亿平方米　　D. 53.86 亿平方米

7. 2005 年底，东部地区房屋建筑面积高于西部地区(　　)。

A. 48.32 亿平方米　　B. 43.82 亿平方米

C. 42.83 亿平方米　　D. 52.83 亿平方米

8. 2005 年，在全国 31 个省市自治区中，城镇人均住宅建筑面积最大的是(　　)。

A. 北京市　　B. 上海市　　C. 福建省　　D. 浙江省

9. 2005 年，在全国 31 个省市自治区中，高于全国城镇人均住宅建筑面积的省市自治区有(　　)。

A. 8 个　　B. 9 个　　C. 10 个　　D. 11 个

10. 下列说法不正确的是(　　)。

A. 2005 年底，全国城镇住宅建筑面积占房屋建筑面积达到五成

B. 东部地区城镇人均住宅建筑面积高于中部和西部地区

C. 全国城镇户均成套住宅套数不足一套

D. 辽宁省城镇人均住宅建筑面积多于贵州省 1.56 平方米

【参考答案与解析】

1. A【解析】由材料可知，2009 年我国 M1 余额为 22.0 万亿元，增长 32.4%，则比上年末增长 22.0÷(1+32.4%)×32.4%≈5.4 万亿元，因此 A 项符合要求。

2. D【解析】由材料可知，2009 年末人民币各项存款余额为 59.8 万亿元，但 2008 年末人民币各项存款余额根据材料内容无法计算，故无法计算出其占本外币各项存款余额的比重，符合题意的为 D 项。

3. B【解析】由表格可知，2009 年末全部金融机构本外币各项贷款余额为 425597 亿元，增长 33.0%，其中，短期贷款余额为 151353 亿元，增长 17.7%，则 2008 年末全部金融机构短期贷款余额占本外币各项贷款余额的比重为[151353÷(1+17.7%)]÷[425597÷(1+33%)]≈40.2%。

4. C【解析】由材料可知，

年份	2005	2006	2007	2008	2009
城乡居民人民币存储存款金额(亿元)	141051	161587	172534	217885	260772
增量(亿元)	—	20536	10947	45351	42887
增速(%)	—	14.6%	6.8%	26.3	19.7%

比较可知，增速最快的一年是 2008 年，应选择 C 项。

5. B【解析】A 项，由材料可知，[3.8÷(1+11.8%)]÷[60.6÷(1+27.7%)]≈7.2%，正确；

B 项，由材料可知，2009 年末全部金融机构人民币各项存款余额占本外币各项存款余额的比重为 59.8÷61.2×100%≈97.7%>95%；人民币各项贷款余额占本外币各项贷款余额的比重为 40.0÷42.6×100%≈93.9%<95%，B 错误。

C 项，2009 年末全部金融机构短期、中长期贷款之和为 151353+235579=386932 亿元。386932÷400000≈96.7%，C 项正确；

D 项，如果按照 18% 的均速增长，那么 141051×(1+18%)4=273467>260772，所以年均增速不到 18%，D 项正确；

综上所述，选择 B 项。

6. B【解析】全国城镇房屋建筑面积为 164.51 亿平方米，减去其中住宅建筑面积 107.69 亿平方米，即为非住宅建筑面积，164.51-107.69=56.82 亿平方米。

7. A【解析】东部地区房屋建筑面积为 83.8 亿平方米，西部地区为 35.48 亿平方米，83.8-35.48=48.32 亿平方米。

8. D【解析】由表格数据可知，北京为 32.86，上海为 33.07，福建为 32.28，浙江为 34.80。浙江的城镇人均住宅建筑面积最大。

9. C【解析】2005 年，全国城镇人均住宅建筑面积 26.11 平方米，其中北京、上海、江苏、浙江、福建、山东、广东、重庆、四川、云南这 10 个省市自治区高于 26.11。

10. A【解析】A 选项，2005 年底全国城镇住宅建筑面积占房屋建筑面积 65.46%，已经超过六成，错误；

B 选项，东部地区城镇人均住宅建筑面积 28 平方米高于中部地区(23.9 平方米)和西部地区(25.24 平方米)，正确；

C 选项，全国城镇户均成套住宅套数 0.85 套，不足一套，正确；

D 选项，辽宁省城镇人均住宅建筑面积(21.96 平方米)多于贵州省(20.40 平方米)1.56 平方米，正确。因此答案选 A。

第六部分 通用职业能力测试之其他题型

在众多国企校园招聘考试中，有一些相对特别的题型在本部分单独介绍，这些题型只在部分考试中少量出现，多是非典型题目，形式多变且题量小，本部分题目不建议花时间复习，熟悉一下样式即可。

一、创新能力测试

创新能力测试是中国石化校园招聘笔试特有题目，主要综合考察应试者和多角度、分析思考能力。创造性思维，是中国大学生普遍的弱项。中国石化的创新能力测试，不同于传统单一题型，是多种题型灵活搭配，多角度考察思维的灵活性，以及创新性。从考过的题目来看，出现过的题型有“颜色数独”题，“蜘蛛网图形推理”题，“填字母”题等……

创新能力测试题目历史上只出现过五题，下面例举其中二题：

例 1. 在括号中填入你认为最合适的数字。

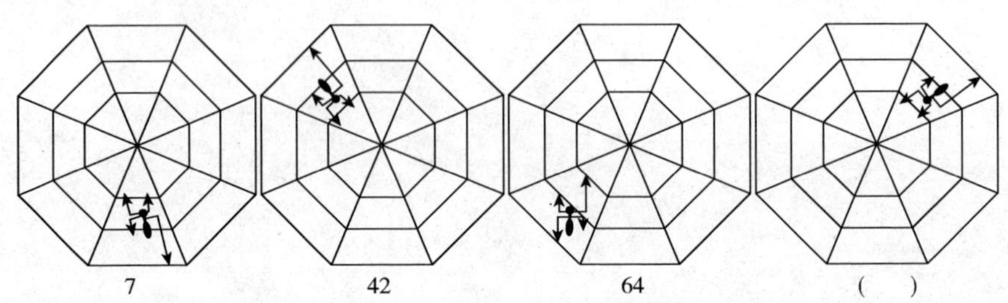

【答案】28

【解析】本题的考察要点 是对整体规则的归纳与图形推理、数字分析。通常拿到这类特殊的题目，第一步：先看整体的线索。数字是很明确的线索，四个图形明显有规律性，那么我们只要对应线索之间的相关逻辑，就可以解出答案。所有图形线索中规律感最强的是蜘蛛占据的三条蜘蛛网线，和 8 个“区域”。第二步：大胆假设，小心分析。从图形线索来看，第一图与第二图有相同的昆虫元素，下方又是一个最小的质数 7，必然是入手的关键。我们发现每个图片的不同只涉及两个因素，一个是昆虫脚所摆放的位置，另一个是昆虫的位置或方向不同。第一图与第二图中昆虫的元素几乎是一样的，但是仅仅因为昆虫所在的区域发生了变化，图片下方的数字则由7变成了42，所以我们要大胆分析7是如何构成？又如何变成42的？

看图一分析：7=1+1+2+3，刚好符合昆虫脚所处网线的规律(两脚在1号线，一脚在2号线，一脚在3号线)。

看图二分析：按照图一的逻辑，7是如何变成42呢？7×6=42。6是怎么来的呢？先看图三。

看图三分析：1+2+2+3=8，8是如何变成64呢？8×8=64。8又是怎么来的呢？

第三步：代入逻辑验证。很明显7×1=7，7×6=42，8×8=64，我们发现蚂蚁所在图形的“区域”刚好是8个“区域”如果图一是区域1，图二刚好是区域6，图三是区域8。

至此我们发现的规律汇总如下：(1+1+2+3)×1=7；(1+1+2+3)×6=42；(1+2+2+3)×8=64；(1+1+2+3)×4=28

例2. 在_中填入一个你认为最合适的英文字母。

r t e w n e t _ h e o

【答案】字母“o”

【解析】本题考察的是创新性思维，从不同角度考虑问题的能力。该题目更像脑筋急转弯，如果不善于归纳和联想，很难回答正确。

第一，题干中提到英文字母，排除拼音的可能；第二，这么长的单词少见，而且本次考试没有英文题目，所以即便是英文也是很容易很简单的英文；第三，排除图形推理，封闭对称等；第四，因为字母数量多，重复字母多，所以排除按照字母序号寻找规律的数字推理；第五，排除元音字母规律。最后发现还是无法解决。回到整体分析法重新归纳一下元素，r出现了一次，t出现了两次等。得到如下10个英文字母元素“r t t e e e w n h o”。从10个字母中，搜索极其简单的单词，可以得到one two three，答案为o。

总结一下这一类题目的变化模式：

原始状态：one　two　three　four　five

去空组合 onetwothreefourfive

元素提取 ooo eeee n tt w h rr ff u i v

元素打乱 oetwteoeofurrivhfne

例3. 本题目是一道6×6格的“颜色数独”，将6个颜色填入36个格子中保证每行每列都没有重复颜色。(用鼠标可以点击空白格子使其变色)

		蓝			
	绿		青	黄	
绿			黄		
		青			绿
	橙	绿		红	
			橙		

【答案】

青	红	蓝	绿	橙	黄
红	绿	橙	青	黄	蓝
绿	蓝	红	黄	青	橙
橙	黄	青	红	蓝	绿
黄	橙	绿	蓝	红	青
蓝	青	黄	橙	绿	红

【解析】快速解题原则：①先从已知信息最多的颜色入手。②再选取色块最密集处为突破口。

根据上述原则先观察到的是绿色，如图显示。

绿色最多，且各种颜色最密处在下边。

		蓝			
	绿		青	黄	
绿			黄		
		青			绿
	橙	绿		红	
			橙		

全部观察完毕，发现第六行只有一个空，根据每行每列颜色不可重复的原则，优先考虑在√处填入绿色。

		蓝			
	绿		青	黄	
绿			黄		
		青			绿
	橙	绿		红	
			橙	√	

新填入绿色后，即可得到第一行√处应填入绿色。

		蓝	√		
	绿		青	黄	
绿			黄		
		青			绿
	橙	绿		红	
			橙	绿	

填入后可得到全部绿色必然所在的位置。

		蓝	绿		
	绿		青	黄	
绿			黄		
		青			绿
	橙	绿		红	
			橙	绿	

现在换一个行与列颜色都集中的区域观察。

		蓝	绿		
	绿		青	黄	
绿			黄		
		青			绿
	橙	绿	√	红	
			橙	绿	

发现这一列只能填入蓝红两色，但下方的空格不能填入红色，所以只能是“红上蓝下”。

		蓝	绿		
	绿		青	黄	
绿			黄		
		青	红		绿
	橙	绿	蓝	红	
			橙	绿	

从这里开始我们发现，除了绿色以外其他每色均有两块。所以只能从色块密集处下手。

		蓝	绿		
	绿		青	黄	
绿			黄		
		青	红		绿
	橙	绿	蓝	红	
			橙	绿	

经过谨慎推理：空格处需要填入黄、橙、红，黄色只能在本列最下格，红橙不确定，可以先尝试性的放上同一种颜色。

		蓝	绿		
	绿	红?	青	黄	
绿		红?	黄		
		青	红		绿
	橙	绿	蓝	红	
		黄	橙	绿	

按照上述理论继续，填入并进行尝试。

		蓝	绿	橙?	
	绿	红?	青	黄	
绿		红?	黄	青?	
		青	红	蓝?	绿
	橙	绿	蓝	红	
		黄	橙	绿	

最后得到本题的结果。

青	红	蓝	绿	橙	黄
红	绿	橙	青	黄	蓝
绿	蓝	红	黄	青	橙
橙	黄	青	红	蓝	绿
黄	橙	绿	蓝	红	青
蓝	青	黄	橙	绿	红

二、古诗词理解

图古诗词鉴赏能力是中高考就要求的语文基础能力，本题型考察的是对古诗词的整体分析理解、古诗词的积累理解和运用。所以要想做好这类题目，临时抱佛脚一定不如之前积累来的踏实，这部分题目在中国石化校园招聘考试中少量出现过，不建议花太多时间复习。

例 1. 对宋代词人王观《卜算子 · 送鲍浩然之浙东》一词分析不当的一项是：(　　)

水是眼波横，山是眉峰聚。欲问行人去哪边？眉眼盈盈处。

才始送春归，又送君归去。若到江南赶上春，千万和春住。

A. 上阙一、二句用拟人手法，以山水寄寓了送行人的深情，同时点明了送别的地点。

B. “盈盈”，美好的样子。上阙三、四句说行人将去的地方，山清水秀，风景很美。

C. 下阙借惜春表达了惜别之情，同时也表达了王观对友人美好的祝愿，含蓄而别致。

D. 全词充满奇丽的想象，情景交融。笔下之景，与柳永的“杨柳岸晓风残月”一样，全然是心中之景。

【答案】A

【解析】第一、二句用的是比喻手法，不是拟人手法。

例 2. “茅檐人静，蓬窗灯暗，春晓连江风雨”是哪一种景象？(　　)

A. 安静、昏暗、滂沱大雨　　B. 乡村、夜深、春雨淅沥

C. 宁静、夜深、春日拂晓　　D. 寂静、昏暗、风雨凄迷

【答案】D

【解析】引自陆游的《鹊桥仙夜闻杜鹃》。这三句话中凸显了静、暗和风雨，描绘了春晚寂静、昏暗、风雨凄迷的景象。为后文表达词人飘零身世和凄凉的心境作了铺垫。

例 3. “故山犹自不堪听，况半世、飘然羁旅”表达了词人的思想感情是(　　)

A. 表达了词人壮志在胸、事业有成的无限感慨。

B. 表达了词人在半世岁月中一直旅游在山水之中的思想感情。

C. 表达了词人岁月蹉跎、壮志未酬、事业无成的无限感慨和悲叹。

D. 表达了词人虽然热爱家乡，但不得不四处飘流的无限感慨和悲叹。

【答案】C

【解析】"故山犹自不堪听，况半世飘然羁旅"，点明自己的处境，足见寄慨遥深：壮志未酬、抱负未展，即使身在故乡，听了杜鹃这悲切的啼声，精神上也禁受不住，何况身世苍茫，半生羁旅他乡，怎能不感慨万千、愁闷无穷呢？表达了诗人客居思乡之苦，志向难伸之悲。

例 4. 对陆游《书愤》诗分析不当的一项是(　　)

早岁哪知世事艰，中原北望气如山。楼船夜雪瓜洲渡，铁马秋风大散关。

塞上长城空自许，镜中衰鬓已先斑。出师一表真名世，千载谁堪伯仲间。

A. 首联写作者早年因为不知世事艰难，所以当时壮怀激烈，雄心勃勃。

B. 颔联追述宋人抗金的英雄业迹，颈联则写壮志未酬的感叹，情调由昂扬转入忧愤。

C. 尾联极力赞美诸葛亮，惭愧自己才德不能与之相提并论，惭愧自己未能在诸葛亮麾下建功立业。

D. 全诗表现了诗人虽历经艰难而矢志不渝，悲愤却并不消极的爱国激情。

【答案】C

【解析】应表现诗人渴望效法诸葛亮鞠躬尽瘁干一番事业的雄心壮志。

例 5. 关于下面袁枚的《马嵬》诗，解说错误的一项是：(　　)

莫唱当年《长恨歌》，人间亦是有银河。

石壕村里夫妻别，泪比长生殿上多。

(注：长生殿，又名集灵台，是唐玄宗祭祀天神的宫殿。)

A.《长恨歌》是唐朝著名诗人白居易写的一首长篇叙事诗。写的是唐玄宗和杨贵妃的爱情悲剧。

B. 人间的"银河"存在于人类社会生活中，这里运用的是借喻。

C. 第三句里的"夫妻别"写的是民间的爱情悲剧。

D. 第四句是说战乱给百姓带来的灾难远比李杨爱情悲剧深重。

【答案】C

【解析】"夫妻别"是借指一般百姓妻离子散的悲惨遭遇。

例 6. 下面是两首元曲，对它们理解错误的一项是：(　　)

《天净沙・秋思》马致远

枯藤老树昏鸦，小桥流水人家，古道西风瘦马。夕阳西下，断肠人在天涯。

《天净沙・即事》乔吉

莺莺燕燕春春，花花柳柳真真，事事风风韵韵，娇娇嫩嫩，停停当当人人。

A. 元曲分散曲和杂剧两大类，散曲又有小令和套数两种形式。此二首《天净沙》均属小令。

B.《天净沙》是曲牌名，《秋思》和《即事》都是曲题名。

C.《天净沙·秋思》全篇 28 个字，没用一个动词，全由名词和它的修饰语组合而成，但却构成了一幅有机的图画，有一字千金之感。

D.《天净沙·即事》全篇 28 个字是由 14 个重叠字构成的，其中没用一个动词，但却处处显示出动态。

【答案】C

【解析】《秋思》有动词，如“夕阳西下”的“下”，“断肠人在天涯”的“在”。